清代散見戲曲史料彙編

（詩詞卷·二編）（上）

趙興勤、趙韡 編

作者簡介

趙興勤，1949 年 7 月生，江蘇沛縣人，江蘇師範大學文學院教授，中國古代文學、戲劇戲曲學研究生導師。兼任中國元好問學會理事、中國元代文學學會理事、中國《金瓶梅》研究會（籌）理事，江蘇省明清小說研究會副會長、《西遊記》研究分會常務理事、常州市趙翼研究會副會長等職。已出版的學術著作有《古代小說與倫理》、《明清小說論稿》、《趙翼評傳》（南京大學版）、《中國古典戲曲小說考論》、《古代小說與傳統倫理》、《趙翼評傳》（江蘇人民版）、《理學思潮與世情小說》、《元遺山研究》、《話說〈封神演義〉》、《趙翼年譜長編》（全五冊）、《古典文學作品鑑賞集》、《趙翼研究資料彙編》（上、下冊）、《清代散見戲曲史料彙編（詩詞卷・初編）》（全三冊）、《趙興勤〈金瓶梅〉研究精選集》、《中國早期戲曲生成史論》等 22 種，主編、參編《中國風俗大辭典》、《中國古代戲曲名著鑑賞辭典》等 30 餘種，在海峽兩岸發表論文 180 餘篇。

趙韡，1981 年 4 月生，江蘇徐州人。大學二年級開始發表論文，迄今已有 70 餘篇，散見於《民族文學研究》、《文獻》、《戲曲研究》、《晉陽學刊》、《東南大學學報》、《中國礦業大學學報》、《中華詩詞》、《博覽群書》、《古典文學知識》、《社會科學論壇》、《長城》、《作品與爭鳴》、《語文月刊》、《中國文化報》、《中國社會科學報》、《中國勞動保障報》、《歷史月刊》（台灣）、《書目季刊》（台灣）、《戲曲研究通訊》（台灣中央大學）、《澳門文獻信息學刊》（澳門）等兩岸三地刊物，已出版的學術著作有《趙翼研究資料彙編》（上、下冊）、《清代散見戲曲史料彙編（詩詞卷・初編）》（全三冊）等，另參編（撰）《元曲鑑賞辭典》、《徐州文化博覽》等著作 7 種。代表作獲江蘇省高校第九屆哲學社會科學研究優秀成果二等獎。

提　要

清代戲曲價值大而研究者少，下筆易而突破難，關鍵問題是研究資料的難以蒐訪。儘管經過眾多學者的不懈努力，資料搜集工作已取得階段性成果，但相對清代戲曲史料尤其是散見戲曲史料的總量而言，搜羅還是相對有限，仍難以滿足研究者的需要。鑒於此，本書編者承前賢時彥之餘緒，計劃編纂一套《清代散見戲曲史料彙編》，分為《詩詞卷》、《方志卷》、《筆記卷》、《小說卷》、《詩話卷》、《尺牘卷》、《日記卷》、《文告卷》、《圖像卷》等，將依次推出，以期對清代戲曲的整體研究有所助推。已出版的《詩詞卷・初編》，收錄清代約 300 位作家的 1519 題（2000 首左右）涉劇詩、詞，本編則蒐訪得清代 365 位作家的 1057 題（約 2000 首）涉劇詩、詞。其中 41 位作家「初編」已收錄，本編新補得 165 題 266 首。本編散見戲曲史料的學術價值，主要表現在如下幾個方面：一是涉及劇目眾多，僅經常上演者就不下百種。其中有南戲、傳奇、雜劇，也有民間小戲，還有從不見於各家書目著錄者，資料彌足珍貴；二是對各類藝人的生平事蹟及伎藝專長均有載述，並為清代戲曲演出情狀的考察提供有力的文獻支撐；三是一些不甚知名的作品，在當時演出卻異常火爆，可以藉此考察戲曲傳播、演進的規律；四是涉及大量不同地域、場所的戲曲活動，對考察地方戲曲（包括少數民族戲劇）及特殊場所演劇（如禪堂）均有助益；五是對歷來不為正統文人所重視的民間流行的各類表演伎藝（如秧歌、俗曲、小調等）多所述及，可補一般戲曲史之未逮。

目次

前　言

　　今春，本人所編《清代散見戲曲史料彙編（詩詞卷・初編）》（全三冊）梓以問世。雖洋洋七十萬言，編竣時仍意猶未盡，深爲許多史料的未得入編而抱憾，有遺珠滄海之感喟。當時，之所以命名曰「初編」，是因爲在學術規劃中已作儘快推出「詩詞卷・二編」之想。在「初編」校改過程中，我又陸續發現了諸多新的材料。爲避免對已經排好的版面作大的調整，額外增加出版社負擔，故忍痛割愛，擬統一收入「二編」。眼下，「二編」亦告竣，共蒐訪得清代 365 位詩（詞）人敘及戲曲（含伎藝等）內容的 1057 題（約 2000 首）詩詞作品。其中，李雯、李漁、曹溶、余懷、吳綺、孫枝蔚、梁清標、徐倬、陳維崧、董以寧、朱彝尊、錢芳標、曹貞吉、王士禛、宋犖、李良年、徐釚、汪懋麟、周在浚、鄭熙績、查慎行、陳大章、胡榮、樓儼、孔傳鐸、沈德潛、孔傳銟、閔華、金德瑛、吳省欽、畢沅、王文治、吳翌鳳、秦瀛、張雲璈、凌廷堪、王曇、俞樾、陳作霖、樊增祥、易順鼎等 41 位詩（詞）人「初編」已收，「二編」對他們的涉劇詩詞又進行了增補，新輯得 165 題 266 首。

　　細細讀過「二編」所收戲曲史料，其豐富的戲曲史內容、多層面的各類伎藝表述、重要的文獻價值，再次令我眼界大開。在這裏，不妨就此略加申述：

一、「二編」所收戲曲史料涉及之演員及劇目

有清一代，統治者出於強化獨裁政治、鞏固封建政權的需要，一再強調崇儒重道，「立政之要，必本經學」〔註1〕，並將儒家學說視爲治世之大經，「國家列在學官，著之功令，家有其書，人人傳習，四始六義，曉然知所宗尚」〔註2〕。要求人們掌握五經之精義，習學修己治人之道，曉以福善禍淫之理，「繼往聖而開來學，闢邪說以正人心」〔註3〕，「敦孝弟以重人倫」〔註4〕，「黜異端以崇正學」〔註5〕。並進而指出：「厚風俗必先正人心，正人心必先明學術。」〔註6〕對程、朱理學，更竭力推崇，謂：「迨程子、朱子出，表章學庸，遂開千古道學之統」〔註7〕，故「凡立說一準於考亭」〔註8〕，以致產生「非孔孟之書不觀，非程朱之說不用，國無異學，學無他師」〔註9〕的萬馬齊暗局面。最高統治者如此一力鼓吹，方面大吏自然是聞風而動，用嚴酷的封建道德教條鉗制人心，稱：「爲政莫先於正人心，正人心莫先於正學術。」〔註10〕打著「表章經術，罷斥邪說」〔註11〕的旗號，排斥戲曲、小說，嚴禁賽會演劇，裁節梨園，禁蓄倡優，鄙斥民間演劇，認爲

〔註1〕鄂爾泰、張廷玉等編纂：《國朝宮史》卷二七《書籍六》，北京古籍出版社，1994年，第554頁。

〔註2〕鄂爾泰、張廷玉等編纂：《國朝宮史》卷二七《書籍六》，北京古籍出版社，1994年，第560頁。

〔註3〕鄂爾泰、張廷玉等編纂：《國朝宮史》卷二七《書籍六》，北京古籍出版社，1994年，第572頁。

〔註4〕鄂爾泰、張廷玉等編纂：《國朝宮史》卷二三《書籍二》，北京古籍出版社，1994年，第511頁。

〔註5〕鄂爾泰、張廷玉等編纂：《國朝宮史》卷二三《書籍二》，北京古籍出版社，1994年，第511頁。

〔註6〕鄂爾泰、張廷玉等編纂：《國朝宮史》卷二七《書籍六》，北京古籍出版社，1994年，第573頁。

〔註7〕鄂爾泰、張廷玉等編纂：《國朝宮史》卷二七《書籍六》，北京古籍出版社，1994年，第570頁。

〔註8〕鄂爾泰、張廷玉等編纂：《國朝宮史》卷二七《書籍六》，北京古籍出版社，1994年，第561頁。

〔註9〕錢大昕：《處士陳先生墓表》，《清文匯》中冊，北京出版社，1996年，第1774頁。

〔註10〕湯斌：《嚴禁私刻淫邪小說戲文告諭》，《湯子遺書》卷九「告諭」，清文淵閣四庫全書本。

〔註11〕湯斌：《嚴禁私刻淫邪小說戲文告諭》，《湯子遺書》卷九「告諭」，清文淵閣四庫全書本。

戲臺高搭，男女雜遝，傷風敗俗，壞人心術。受此政治環境的影響，小說家在描寫男女愛情時，也不得不旁喻曲說，一意遮護本意，以「正人心」為招牌，謂：「天下之人品，本乎心術；心術不能自正，借書以正之。」〔註12〕借「情」說法，以寓勸懲，實則意欲在合法的外衣下，傳述兒女私情之一二，足見戲曲、小說生存環境之艱難。然而，自入清以來的順治、康熙至清末的光緒、宣統，歷代統治者的各類禁戲之令的下達，恐不下數百次。但令其始料未及的是，戲曲及其它伎藝，不僅未被禁住，且有不斷反彈之勢，以她頑強的生命活力及其獨特的生存方式照樣傳承、發展。這一現象，很值得研究者深思。

　　就「二編」所收戲曲史料而言，演出陣容就非常驚人。以歌唱知名者，有朱倩雲、陳允大、徐郎、雲然、王楚白、卯娘、金郎、東哥、張老四、沈生、蘇子晉、徐君見、劉姬、韓子、倩倩、西音、鳳生、阿蘭、沈亮臣、文卿、賴姬、青兒、德碧雲、鶯郎、姜繡、鎖春、蕭朗秋、湘洲、湘月、花卿、沈郎、楊枝、馮靜容、阿青、素容、湘煙、黃文在、孫郎、何郎、桂郎、佳郎、王郎、浦郎、文倚、沈子夔、張友蘭、青蓮、陳郎、孫赤書、蕊仙、李翠林等人。其間，不乏唱、演兼擅的名伶。擅彈琵琶或琴者，有謝輕娥、白或如、樊花坡、錢德協、周姬、李如如、陳三寶、王永旟、程生、吳若耶、魏山公、雪上人、唐青照、布嘯山、王珊苔等。以演奏三弦見長者，有陸曜、魏生、強彩章等人。而著名伶人，則有蘇生、李伶、葉四官、邢郎、曹敬士、許雲亭、金福以及女伶月娘、絳雪、史輕雲、唐伶、鳳珠、月雲衣、招官、越西、鄭襟友等。精於彈詞者，有沈建中、王女、范女以及多名盲女（瞎姑）。見諸詩篇的家班，有田皇親家班、沈氏家班、李太虛家班、姑蘇顧氏家班、太原王氏家班、宣府嚴氏家班、周斯羽家班、陳椒峰家班、鄒武韓家班、金漢廣家班、許際斯家班、夏林主人家班、錦泉舍人家班、靳觀察家班、俞太史家班、李雁亭家班、李漁家班、徐懋曙家班、查伊璜家班等，不下二十家。

　　「二編」述及的劇目則更多。有《拜月亭記》、《白兔記》、《荊釵記》、《蘇武牧羊記》、《千金記》、《金印記》、《斷髮記》、《鸚釵記》、《迎天榜》、

〔註12〕崔市道人：《〈醒風流傳奇〉序》，大連圖書館參考部編：《明清小說序跋選》，春風文藝出版社，1983年，第95頁。

《空青石》、《翻西廂》、《燕子箋》、《邯鄲記》、《蜀鵑啼》、《遜國疑》〔註13〕、《瓊花夢》、《秣陵春》、《補琵琶》、《麒麟閣》、《宵光劍》、《一種情》、《義俠記》、《浣紗記》、《一枕緣》、《南柯記》、《宜春院》、《爛柯山》、《清忠譜》、《聚寶盆》、《春燈謎》、《西樓記》、《銅虎媒》、《鐵冠圖》、《黃金甕》、《藐姑仙》、《療妒羹》、《百花亭》、《曇花記》、《紅絑韛》、《牡丹亭》、《桃花扇》、《演陣圖》、《秦樓夢》、《狀元旗》、《長生殿》、《軟鯤鋙》、《鳴鳳記》、《繁華夢》、《盤陀山》、《一斛珠》、《繡襦記》、《占花魁》、《獅吼記》、《洞庭緣》、《紅樓夢》、《目連救母》、《帝女花》、《脊令原》、《桃園記》、《茂陵弦》、《雙鴛詞》、《桃溪雪》、《荔枝香》、《廣陵鐘》、《補天石》、《董糟丘》、《空青石》、《紅梨記》、《雪蘭衫》、《瑤台宴》、《督亢圖》、《昆明池》、《馬陵道》、《四弦秋》、《元正嘉應》、《火裏蓮》、《李衛公》、《昭君出塞》、《打稻戲》等，僅經常上演者就不下百種。其中有南戲、傳奇、雜劇，也有民間小戲，還有從不見於各家書目著錄者，資料彌足珍貴。

值得關注的是，「二編」對各類藝人的生平事蹟及伎藝專長均有所載述。據麤略統計，述及的各類藝人當在百人以上。其間，伎藝精湛者不乏其人。如清初歌妓雲濤，情懷慷慨，樂與豪傑相交，「曾送狂夫上太行」〔註14〕。又多才藝，「歌喉舞態」〔註15〕均為時人所稱譽。由於其嬌肢柔細，身輕如燕，故有「移向掌中嫌掌大」〔註16〕之說。翩翩起舞，「翔鳳驚鸞」〔註17〕，盡得佳人婀娜迴旋、舒展伸縮之妙。尤其是筋斗，能旋轉成風，連翻數十，如車輪飛動，彩衣成圍，以致「不辨佳人身與手」〔註18〕，令

〔註13〕莊一拂《古典戲曲存目彙考》卷一一「下編傳奇三·清代作品上」著錄此劇曰：「一說即《鐵冠圖》，恐誤。」（上海古籍出版社，1982年，第1195頁）故未取《遜國疑》即《鐵冠圖》之說。又據陳瑚《蒼巖招飲花下，伶人歌〈遜國疑〉，即席成三絕句》（之二）所云「皇天此恨應終古，豈報方黃十世讎」（《確庵文稿》卷一〇上「詩歌」，清康熙毛氏汲古閣刻本），劇中所述，當與明代方孝孺、黃子澄事相關。成書於順治十五年（1658）的谷應泰所編《明史紀事本末》卷一七有《建文遜國》一文，專敘建文帝朱允炆遜國之事。下一卷《壬午殉難》，則敘及方、黃諸人遇害經過。可知，此為清初人們時常議及的話題。本劇當敘建文帝事，而非《鐵冠圖》之改題。

〔註14〕孫枝蔚：【減字木蘭花】〈寄雲濤〉，《溉堂集》詩餘卷一，清康熙刻本。
〔註15〕孫枝蔚：【減字木蘭花】〈寄雲濤〉，《溉堂集》詩餘卷一，清康熙刻本。
〔註16〕孫枝蔚：【減字木蘭花】〈看雲濤戲筋斗〉，《溉堂集》詩餘卷一，清康熙刻本。
〔註17〕孫枝蔚：【減字木蘭花】〈看雲濤戲筋斗〉，《溉堂集》詩餘卷一，清康熙刻本。
〔註18〕孫枝蔚：【減字木蘭花】〈看雲濤戲筋斗〉，《溉堂集》詩餘卷一，清康熙刻本。

觀者爲之瞠目。以演生角擅長的徐懋曙（字復生，號暎薇）家伶湘月，以及以演旦色知名的凝香，一登氍毹，姿態萬端，按節而歌，情溢曲外，舉手投足，足傾一座。又長於舞，「搖曳翻身」〔註19〕，舞態輕盈，「蟬衫麟帶」〔註20〕，迴旋飄蕩，歌嬌舞豔，恍若仙人。蕭山籍諸生周之道筆下之唐伶，以扮演《牡丹亭》中杜麗娘知名，曾演出於安雅堂，體貼人物細微，「描盡輕盈，摹成宛轉」〔註21〕，舉止風韻飄逸，刻畫窮神盡相，吸引得「綺筵上客，注目都停杯釀」〔註22〕。其表演達到了相當高的境界。扮演《紅梨記》中女子謝素秋的伶人，「淡妝素抹」〔註23〕、「鸞舞從容」〔註24〕，唱作俱佳，藝高一籌，「回雪輕翻腰約素，遏雲清響舌調笙」〔註25〕，且富於表情變化，眼目頗能傳神，纏綿多情，婀娜多姿，儼然作家心目中謝素秋之再現。

晚清女伶鄭襟友，「善串女俠諸劇」〔註26〕。人贈以詩曰：「小菱轉窄鬢橫貂，楊柳樓頭醉舞腰。一樣木蘭兒女俠，歌場裝點總魂銷。」〔註27〕足見時人對其演技的推崇。雍、乾間一舞妓，場上歌舞時，故將玉搔頭遺落於地，然後反向折腰，面部貼地，將玉搔頭用口銜起，又輕輕放下。無獨有偶，日本東京之芳原，有藝妓玉姬，也「於工歌舞之外，能反身至地，以口銜杯而

〔註19〕 葉奕苞：《陽羨徐暎薇先生攜女樂湘月輩數人過昆，侍家大人觀劇，次韻四首》之四，《經鋤堂詩稿》卷八「七言絕句、十宮詞」，清康熙刻本。

〔註20〕 葉奕苞：《陽羨徐暎薇先生攜女樂湘月輩數人過昆，侍家大人觀劇，次韻四首》之四，《經鋤堂詩稿》卷八「七言絕句、十宮詞」，清康熙刻本。

〔註21〕 周之道：【十二時】〈安雅堂讌集，觀《牡丹亭》劇，即席贈唐伶歌麗娘者〉，南京大學中國語言文學系《全清詞》編纂研究室編：《全清詞・順康卷》第十二冊，中華書局，2002年，第6925頁。

〔註22〕 周之道：【十二時】〈安雅堂讌集，觀《牡丹亭》劇，即席贈唐伶歌麗娘者〉，南京大學中國語言文學系《全清詞》編纂研究室編：《全清詞・順康卷》第十二冊，中華書局，2002年，第6925頁。

〔註23〕 林良銓：《慈溪館觀劇口號四律，擬贈爲素秋者》之三，《林睡廬詩選》卷下，清乾隆二十年詠春堂刻本。

〔註24〕 林良銓：《慈溪館觀劇口號四律，擬贈爲素秋者》之二，《林睡廬詩選》卷下，清乾隆二十年詠春堂刻本。

〔註25〕 林良銓：《慈溪館觀劇口號四律，擬贈爲素秋者》之二，《林睡廬詩選》卷下，清乾隆二十年詠春堂刻本。

〔註26〕 林鶴年：《贈女伶鄭襟友》之一詩注，《福雅堂詩鈔》卷二「珠謳集」，民國五年刻本。

〔註27〕 林鶴年：《贈女伶鄭襟友》之一，《福雅堂詩鈔》卷二「珠謳集」，民國五年刻本。

起」〔註 28〕，均堪稱「藝妓中之巨擘」〔註 29〕。此類伎藝，當是由漢代「燕
濯」之類雜戲演化而來。

同樣，清初的倒喇小廝，演技亦非常驚人：「舞人矜舞態，雙甌分頂，頂
上然燈。更口噙湘竹，擊節堪聽。旋復回風滾雪，搖絳蠟，故使人驚。哀豔
極，色飛心駭，四座不勝情。」〔註 30〕前幾年，筆者考證「頂燈」之戲的由
來，曾指出：

> 韓文（編者案：指韓健暢《頂燈小考》，載《當代戲劇》2007
> 年第 3 期）在引唐・崔令欽《教坊記》「呂元眞打鼓，頭上置水碗，
> 曲終而水不傾動，眾推其能定頭項」後，稱：「至宋，頂碗之技有所
> 繼承」，並引北宋孟元老《東京夢華錄》卷九《宰執親王宗室百官入
> 內上壽》，言：「『百戲乃上竿、跳索……弄碗注……』應該就是碗中
> 注水的表演，但北宋時已將之歸入雜技百戲的表演一類。」顯然，
> 韓文將「弄碗注」認作「頂碗之技」。此不確。《東京夢華錄》原文
> 曰：「第三盞，左右軍百戲入場，一時呈拽。所謂左右軍，乃京師坊
> 市兩廂也，非諸軍之軍。百戲乃上竿、跳索、倒立折腰弄碗注、踢
> 瓶、筋斗、擎戴之類，即不用獅豹大旗神鬼也。藝人或男或女，皆
> 紅巾彩服。」伊永文曾箋注該書，並於「倒立折腰弄碗注」句下案
> 曰：「陳暘《樂書》：拗腰技爲翻折其身，手足偕至於地，以口銜器
> 而復立也。明《三才圖會弄甌圖》可證其實：翻折其身，手足著地，
> 以口弄碗注，類似今之軟功。」（《東京夢華錄箋注》，伊永文，中華
> 書局，2006 年版）果若如此，「頂燈」之技則近似後世戲曲《貴妃
> 醉酒》之銜爵。楊妃「銜而折腰」（徐珂：《清稗類鈔》第十一冊，
> 中華書局，1984 年版），與張衡《西京賦》所載「燕濯」（一作燕
> 躍）或有一定淵源關係。「碗注」，《詞源》釋曰：「宋時雜手伎之一，俗
> 稱『弄碗注』。」夏竦有《詠碗注》詩：「舞拂挑珠復吐丸，遮藏巧
> 便百千般。」（《詞源》第三冊，商務印書館，1979 年版）宋・吳自

〔註28〕 王韜：《芳原新詠並序》之六詩注，《蘅華館詩錄》卷五，清光緒六年弢園叢
書本。

〔註29〕 王韜：《芳原新詠並序》之六詩注，《蘅華館詩錄》卷五，清光緒六年弢園叢
書本。

〔註30〕 陸次雲：【滿庭芳】〈倒喇〉，南京大學中國語言文學系《全清詞》編纂研究室
編：《全清詞・順康卷》第十二冊，中華書局，2002 年，第 6865 頁。

牧《夢粱錄》作「弄碗」（吳自牧：《夢粱錄》，符均等校注，三秦出版社，2004年版）。《西湖老人繁盛錄》作「踢瓦弄碗」，「踢」、「弄」並舉，意義相關，此又似反映的腳上功夫，且至今仍留存於雜技舞臺，並非「碗中注水的表演」。〔註31〕

《中國曲學大辭典》曾揭舉該劇的最早出處爲：「清道光二十五年（1845）七月二十七日鳳邑閣莊山西長子常張村舞臺題壁載此劇。」〔註32〕看來，還須作進一步補正。其實，「頂燈」之戲，傳演已久，未曾衰歇。陸次雲【滿庭芳】〈倒喇〉一詞所寫，舞者依仗其舞技，頭頂雙甌。甌者，小瓦盆之類器皿也。盆中插有點燃的燈燭。演者還口噙湘竹，敲擊作聲，而頭上燈燭依然燃燒如故。表演者並故意翻滾身軀，晃動頭腦，使燈燭欲墜不墜，驚險異常，觀賞者「色飛心駭」〔註33〕，倒驚出一身冷汗。表演技巧可謂高妙絕倫。

　　戲曲乃是一門綜合藝術，在其漫長的發展歷程中，不斷吸收、融合相關伎藝來豐富自身的表演藝術，此即爲典型的例證。至於陸次雲（字雲士，錢塘人）其人，阮元《兩浙輶軒錄》卷一三引朱彭語曰：

　　　　次雲高才績學，連不得志於有司。康熙己未以鴻詞徵，復報罷。

　　尋作吏郟縣，有善政。丁父憂，去之日，民走送百里外。起宰江陰，

　　載酒徵歌，風雅好客，一時名士至常郡者必過訪。詩集係宋既庭、

　　蔡九霞選定，尤西堂爲作序。〔註34〕

文中所說，康熙己未，即康熙十八年（1679）。而本年，尤侗（1618～1704）舉博學鴻詞，授翰林院檢討。曾爲陸氏所藏萬年冰題【菩薩蠻】詞〔註35〕，還爲其集作序。由此推斷，二人年齡當相去不遠。也就是說，在明清之交，頂燈之戲的表演，已相當成熟，否則，何以進入著名文士之視野，並得其激賞呢？由此可知，後世不少戲曲中的頂燈伎藝，殆均與這類表演相關。

　　京劇、川劇中的《頂燈》，演皮僅與妻郎氏因家庭瑣事而起糾紛，中有罰皮僅頂燈而跪的情節。《河北戲曲資料彙編》第二十輯，收有榆林秧歌劇《頂

〔註31〕趙興勤：《戲文內外說「頂燈」》，《尋根》2009年第4期，第70～71頁。

〔註32〕齊森華等主編：《中國曲學大辭典》，浙江教育出版社，1997年，第597頁。

〔註33〕陸次雲：【滿庭芳】〈倒喇〉，南京大學中國語言文學系《全清詞》編纂研究室編：《全清詞・順康卷》第十二冊，中華書局，2002年，第6865頁。

〔註34〕阮元、楊秉初輯：《兩浙輶軒錄》第四冊，浙江古籍出版社，2012年，第982頁。

〔註35〕參看尤侗：《艮齋雜說》卷三，中華書局，1992年，第63頁。

燈》，劇中「丑角以腳作磨杆，頭頂一盞燈，口銜兩盞燈，左右手各擎一盞，共五盞，盞盞點亮，邊推磨邊唱，使觀眾喝采（彩）叫絕」〔註36〕。河北梆子同名劇目，乃工夫戲，「所謂燈乃爲一黑瓷碗中裝沙土半碗，插半截點燃之蠟燭，遠觀僅露火苗。其動作有：頂燈磕頭、打滾、鑽席筒、裝龜爬、於凳上跳上跳下，其燈不滅」〔註37〕。大概都是由古時頂燈之戲發展而來。

至清代中葉，不僅伶人演技有了很大提高，而且場上之燈光、效果也受到格外關注，尤其是王公貴族府第之演劇，對此更爲講究。清宗室塞爾赫（1677～1747），乃顯祖塔克室之後裔，誠毅勇壯貝勒莫爾哈齊之曾孫，平素酷愛詩，「以詩爲性命」〔註38〕，所交多文雅之士，有《曉亭詩鈔》傳世。他寫有《乙丑十月，甯王招集東園觀異種秋菊並演新劇，敬賦七律二首》，其二曰：

> 修廊窈窕倚巖阿，自幸東園得再過。芝蓋早飛延客館，鶯簧重聽繞梁歌。添籌忽現千尋屋，移海驚看萬頃波。（原注：笙歌鼎沸間，忽見波濤滾滾而來，仙人乘槎，波上復現空中樓閣作海屋添籌狀，眞奇觀也。）香熱蘭膏還繼晷，不勞人羨魯陽戈。〔註39〕

此處之「乙丑」，當爲乾隆十年（1745）。甯王，據《清史稿》卷一六四《皇子世表四・聖祖系》：「弘晈，允祥第四子，雍正八年（1730）封甯郡王，乾隆二十九年（1764）薨。」〔註40〕弘晈與塞爾赫乃同一時代人，年歲相若，故所謂甯王，或即此人。此詩小注，既言場上有波濤洶湧而來，又有仙人乘槎、海屋添籌諸圖景，僅靠燈彩則難以達到這一表演效果。是燈光、煙火、佈景的共同作用，還是引入了幻燈投影等現代化的手段，則有待進一步考證。然據本詩所描寫，在當時，只有幻燈才能在帷幕上產生如此的活動視覺效果。

關於幻燈的起源，李約瑟認爲和中國古代的影戲與走馬燈有密切關係，且這「就是 1630 年科內利烏斯・德雷貝爾（Cornelius Drebell）或 1646 年阿塔納修斯・基歇爾（Athanasius Kircher）發明幻燈的那個創新要素」〔註41〕。

〔註36〕王森然遺稿：《中國劇目辭典》，河北教育出版社，1997 年，第 606 頁。
〔註37〕王森然遺稿：《中國劇目辭典》，河北教育出版社，1997 年，第 606 頁。
〔註38〕沈德潛編：《清詩別裁集》下冊，中華書局，1975 年，第 543 頁。
〔註39〕塞爾赫：《曉亭詩鈔》卷三「懷音集」，清乾隆十四年鄂洛順刻本。
〔註40〕《二十五史》第十一冊，上海古籍出版社、上海書店，1986 年，第 9444 頁。
〔註41〕李約瑟：《李約瑟中國科學技術史》第四卷《物理學及相關技術・第一分冊・物理學》，陸學善等譯，科學出版社，2003 年，第 117 頁。

關於幻燈何時引入中國，據相關研究領域的學者考證：

  在電影發明之前，幻燈是最接近於電影的視覺藝術。在電影傳入中國前，幻燈片在中國已流行了 20 餘年。

  幻燈片最初傳入時，主要供西方人娛樂。1875 年同治皇帝駕崩，國喪期間，全國戲院停止演戲。英、法、美三國人士，遂在上海放映幻燈片以代替傳統的戲劇演唱，因係外國人所爲，而且不是眞人表演，沒有戲劇的熱鬧場面，故不遭禁止。「此爲滬上第一次有影戲，亦影戲第一次至中國也」。所謂「影戲」，即指幻燈，因它是一種投影藝術之故。〔註42〕

這裏考證幻燈傳入中國的時間較晚，但既然乾隆時期西洋的千里鏡（望遠鏡）、樂器、鐘錶等，均早已伴隨西方傳教士或貿易商船進入中國。如乾隆之時權貴傅恒家，「所在有鐘錶，甚至儓從無不各懸一表於身，可互相印證，宜其不爽矣。一日御門之期，公表尚未及時刻，方從容入直，而上已久坐，乃惶悚無地，叩首階陛，驚懼不安者累日」〔註43〕。歸養於揚州的原岳常澧道秦鐇（字序唐，號西巖），齋頭就有自鳴鐘。趙甌北翼曾寫詩記其事，稱：「其初攜從利瑪竇，今遍豪門炫樓閣。」〔註44〕自鳴鐘何時由域外傳入，據馮時可《蓬窗續錄》等記載，大概明時已傳入中國。至清，「士大夫爭購，家置一座以爲玩具」〔註45〕，則較爲普遍。那麼，幻燈術此時即已傳入中國，在上層社會偶見，也不是無此可能。若果眞如此，這一史料的發現，對於清代戲曲史的研究，將能起到塡補空白的作用。今人的近代戲曲研究，僅僅籠統地敍及西方戲劇表演形式對中國戲曲演出的滲透影響，所涉及的不過是煙火與燈光，似還無人敍及投影之事。這一意外發現，爲我們考察清代戲曲演出情狀以及西方科技對中土的滲透，則提供了有力的文獻支撐。

  「二編」所收，還有一些關乎藝人生平的珍貴史料。如清初著名民間藝人陸曜（字君暘，以字行），莊一拂《古典戲曲存目彙考》誤認作乾隆之時官

〔註42〕隋元芬：《西洋器物傳入中國史話》，社會科學文獻出版社，2011 年，第 111 頁。

〔註43〕趙翼：《簷曝雜記》，中華書局，1982 年，第 36 頁。

〔註44〕趙翼：《西巖齋頭自鳴鐘分體得七古》，《甌北集》卷二九，《趙翼全集》第六冊，鳳凰出版社，2009 年，第 522 頁。

〔註45〕昭槤：《嘯亭續錄》卷三《自鳴鐘》，《嘯亭雜錄》，中華書局，1980 年，第 468 頁。

居湖南巡撫的陸耀（字青來，一字朗夫，江蘇吳江人）。〔註46〕當代學者中，在彈詞研究方面用力最勤的譚正璧，所著《評彈藝人錄》搜羅甚富，涉及藝人三四百人，然有關陸曜生平之史料，僅輯得《清稗類鈔》「音樂類・陸君暘善三弦」、《清朝野史大觀》卷一一「毛奇齡、陸生三弦譜記」兩則〔註47〕。而「二編」已收入的與陸曜有關的作品，就有朱茂暉《南湖醉歌呈姜給事垶及諸同座》、錢芳標【滿江紅】〈與陸君暘〉、【蘇幕遮】〈送陸君暘之橋李，時予將入都〉、【婆羅門引】〈見王阮亭用稼軒韻寄袁籜庵詞，時袁已下世矣。慨然有作，即次原韻〉、【憶舊遊】〈悼嘐城陸君暘〉、【法曲獻仙音】〈弘軒席上聽楊郎弦索，兼感陸君暘〉、孫致彌【步蟾宮】〈陸敬峰寓齋聽陸君暘弟子弦索〉等數首。即此可見，陸曜與「好倚聲」的著名文士錢芳標交往頗多。錢氏【憶舊遊】〈悼嘐城陸君暘〉詞後注曰：

> 北曲六宮，惟道宮失傳。君暘得虞山家宗伯藏本，有平仄而無字句，每欲索當世周郎盡補其缺。壬子歲，館余之西軒，爲填【雲和瑟冷】一闋，君暘以三弦度之，今童子猶能歌此曲也。又嘗以元人院本分別宮調、襯字，審音定拍，欲纂一書，與《南九宮譜》並傳。時已垂老，雖呵凍焚膏，無少倦色。帙將成，會余以假滿入都，未竟厥事，此老已云歿。今人多不彈，惜哉。〔註48〕

據此可知，陸氏曾於錢牧齋家覓得《北曲譜》。壬子（康熙十一年，1672），館於錢氏西軒，二人過從甚密，錢氏爲填【雲和瑟冷】一曲。陸氏欲根據所傳元人雜劇的曲調運用實際，「分別宮調、襯字，審音定拍」〔註49〕，再參照錢氏所藏曲譜，別成一書。結合《清稗類鈔》所云「終自以不知於時，嘗著《三弦譜》，欲傳後」〔註50〕來看，陸氏計畫中所編撰之書，當不止《三弦譜》一種。這一詞後小注，爲我們進一步瞭解藝人的生存環境與藝術追求

〔註46〕莊一拂編著：《古典戲曲存目彙考》中冊，上海古籍出版社，1982年，第705頁。

〔註47〕譚正璧：《評彈藝人錄》，譚壎、譚篪編：《譚正璧學術著作集》第十三冊，上海古籍出版社，2012年，第62～64頁。

〔註48〕南京大學中國語言文學系《全清詞》編纂研究室編：《全清詞・順康卷》第十三冊，中華書局，2002年，第7596頁。

〔註49〕南京大學中國語言文學系《全清詞》編纂研究室編：《全清詞・順康卷》第十三冊，中華書局，2002年，第7596頁。

〔註50〕徐珂編撰：《清稗類鈔》第十冊，中華書局，1986年，第4994頁。

提供了幫助，同時，又可補《清稗類鈔》、《清朝野史大觀》記載之不足。

二、「二編」所收戲曲史料對各類戲曲演出狀況的描述

　　一般戲曲史，所關注的多是人們常常敘及的戲曲名著。其實，一些不甚知名的作品，在當時照樣時常演出。以傳奇劇爲例，明末清初人安致遠（1628～1701），曾寫有【滿江紅】〈同曹梁父觀劇，是日演沈萬三故事〉一詞。沈萬三，乃元末明初之江南富豪。據相關曲目著錄，敷衍沈萬三故事的劇目有兩種，一爲朱素臣的《聚寶盆》〔註51〕，一爲佚名的《天燧閣》〔註52〕。前者今存，《古本戲曲叢刊三集》收錄；後者已佚。安氏所觀劇究竟是哪一種，尚不得而知，但沈萬三故事在清初時常演出，則是事實。

　　沈萬三聚寶盆事，頗富傳奇色彩，《餘冬敘錄》、《碧里雜存》、《七修類稿》、《挑燈集異》、《柳亭詩話》、《識小錄》等筆記雜著，均曾敘及。劇作家以之爲題材，創爲劇作，是很自然的事。但無論文人載記，還是場上所演，都緊緊把握住沈萬三身世的驟起驟落、起伏無定這一基本事實。也正是這一點，才引起生活於清代初年、歷經滄桑之變的接受群體的強烈共鳴。這一劇作，若非專門研究者，已極少爲人提及。後世作者亦很少有人改編此劇。據有關文獻記載，僅趙如意、小達子上演過同類題材的京劇，且是在上個世紀的二十年代。至今，幾乎成了絕響。這一巨大反差背後所蘊含的文化因素，無疑是有待我們進一步認識的另一課題。

　　稍後之孔傳鋕（1678～？），作有【巫山一段雲】〈觀演《高唐夢》新劇〉一詞。其中既稱「新劇」，當非明人汪道昆雜劇《楚襄王陽臺入夢》（簡稱《高唐夢》）。另外，詞中有「宋玉猶能賦，襄王不解文」〔註53〕諸語，知其又非莊一拂著錄的敘《水滸傳》中朱仝、雷橫故事的《高唐記》〔註54〕。當另有一本。《高唐夢》，寫楚襄王會巫山神女事。事近荒唐，但仍爲時人所追捧，

〔註51〕莊一拂編著：《古典戲曲存目彙考》中冊，上海古籍出版社，1982年，第1177頁。

〔註52〕莊一拂編著：《古典戲曲存目彙考》下冊，上海古籍出版社，1982年，第1539頁。

〔註53〕張宏生主編：《全清詞·順康卷補編》第四冊，南京大學出版社，2008年，第2158頁。

〔註54〕莊一拂編著：《古典戲曲存目彙考》下冊，上海古籍出版社，1982年，第1616頁。

大可玩味。明代車任遠亦有同名劇作，未知是孔氏所述《高唐夢》否？因文獻不足，不敢遽斷。

又如《百花亭》，全本已佚，作者不詳。康熙間文士何鼎【沁園春】〈觀女伶演《百花亭》劇〉詞略云：「喜香胎珠骨，剛梳宮髻，鸞靴龍甲，忽換軍裝。梅額元戎，櫻唇大帥，一撚腰圓懸劍囊。」〔註55〕據此，本作當非敘王煥、賀憐憐故事之《百花亭》，應爲《百花記》（又名《鳳凰山》），後世上演者多爲《練兵謀反》、《私訪被執》、《百花授劍》、《妒賢計害》、《贈劍聯姻》、《鄒化起兵》、《百花點將》、《鄒化佈陣》、《戰場相逢》、《佯敗誘敵》、《陸戰水戰》、《百花自刎》等齣。〔註56〕《曲海總目提要》卷四五著錄此劇。《歌林拾翠》、《萬家合錦》、《崑弋雅調》、《時調青崑》、《醉怡情》等曲集，選有該作散齣。〔註57〕據詞中所述，此時所演當爲全本《百花亭》。若推測無誤，此劇至康熙間尚存。本資料的發現，對於我們研究《百花亭》的傳播以及版本的流變，當均有助益。

文昭（1680～1732）〔註58〕，乃清宗室。《清史稿》卷四八四「本傳」謂：

> 饒餘親王阿巴泰曾孫，鎮國公百綬子。辭爵讀書，從王士禎遊。工詩，才名藉甚。王式丹稱其詩以鮑、謝爲胚胎，而又兼綜眾有，擷百家之精華，其味在酸鹹之外。著有《薌嬰居士集》、《紫幢詩鈔》。〔註59〕

同時，文昭又酷愛戲曲，或漫遊城郊，「千錢賃取蘆棚坐」〔註60〕，看戲自娛，「台前永日留」〔註61〕；或偕同好友，觀劇於西邸，「開場四座息喧雜，鉦鼓

〔註55〕 南京大學中國語言文學系《全清詞》編纂研究室編：《全清詞‧順康卷》第十三冊，中華書局，2002年，第7694頁。

〔註56〕 參看吳新雷主編：《中國崑劇大辭典》，南京大學出版社，2002年，第104頁。

〔註57〕 參看齊森華等主編：《中國曲學大辭典》，浙江教育出版社，1997年，第440頁。

〔註58〕 江慶柏《清代人物生卒年表》（人民文學出版社，2005年，第78頁）印刷有誤，文氏生年康熙十九年應爲公元1680年，誤刊作公元1781年。

〔註59〕 《二十五史》第十二冊，上海古籍出版社、上海書店，1986年，第10322頁。

〔註60〕 文昭：《到村五十餘日，懶不賦詩。五月望後，晚雷過訪，流連旬日。遍遊近村，吟興忽發，遂同拈石湖雜興，聊記一時之事。時當夏日，義取田園，非敢效顰古人也》之十，《紫幢軒詩集》松風支集卷一「甲集」，清雍正刻本。

〔註61〕 文昭：《觀劇記雨和晚雷韻》，《紫幢軒詩集》松風支集卷一「甲集」，清雍正刻本。

應節催伶童。笑彼計然策亦下，若耶禍水淹吳宮。髑髏劍鋒此爲利，吹簫抉
目徒爲雄。復有汧國苦立志，平康靜妹殊可風。雙文於世信尤物，西廂待月
琴爲通。六橋花柳佳麗地，賣油者子情尤鍾。可駭河東獅子吼，悍氣直欲披
髯公。拜月夫妻成逆旅，泛然相值浮萍蹤。涓兮臏兮圖報復，齷齪都爲妾婦
容。乃信面目出假合，眼前欣戚知無庸」〔註62〕。僅本詩而論，所觀賞的劇
目就有《浣紗記》、《繡襦記》、《占花魁》、《獅吼記》、《拜月亭》、《馬陵道》
等多種。此處所敘「涓兮臏兮圖報復」之劇，結合上引各劇目來看，或非元
雜劇《龐涓夜走馬陵道》，當爲佚名傳奇劇《馬陵道》。《曲海總目提要》卷三
八著錄此劇。儘管此劇而今已佚，但在當時，卻時常於豪門府第演出。

　　爲官數載的陳聶恒（原名魯得，字曾起，一字秋田），曾在【散天花】〈汴
梁客舍，觀女伶演陳圖，戲題〉一詞中寫道：

> 一笑無端倚晚風。戰袍偷著就，面生紅。分明兒女亦英雄。腰
> 肢渾似柳、解彎弓。　　百尺靈旗媚斷虹。木蘭祠畔路，汴州通。
> 花黃貼就一軍空。今宵歌版裏、畫難工。〔註63〕

《演陳圖》劇，由本劇題目而論，「陳」當作「陣」。「陳」，《廣韻》、《集韻》
並直刃切，同「陣」，軍伍行列也。演陣，演習陣法之謂也。再由詞中「戰袍
偷著」、「木蘭祠畔」、「花黃貼就」諸語來看，或爲演奇女木蘭事，本於古詩
《木蘭辭》。此劇《曲海總目提要》、莊一拂《古典戲曲存目彙考》均未載。

　　木蘭，史有其人否？不得而知。《（康熙）商邱縣誌》謂：

> 木蘭，姓魏氏，本處子也。世傳可汗募兵，木蘭之父耄羸（筆
> 者案：「羸」，疑當作「嬴」），弟妹皆稚騃，慨然代行，服甲冑鞬橐，
> 操戈躍馬而往。歷年一紀，閱十有八戰，人莫識之。後凱還，天子
> 嘉其功，除尚書，不受，懇奏省視。及還家，釋其戎服，衣其舊裳。
> 同行者駭之，遂以事聞於朝。召復赴闕，欲納諸宮中，木蘭曰臣無
> 媲君之禮，以死誓拒之。迫之，不從，遂自盡。帝驚憫，追贈將軍，
> 諡孝烈。今商丘營郭鎭有廟存，蓋其故家云。〔註64〕

亦有言木蘭花姓者。商邱，在汴梁城東部，宋景德三年（1006），升爲應天府；

〔註62〕文昭：《月夜西邸觀演雜劇》，《紫幢軒詩集》槐次吟，清雍正刻本。
〔註63〕南京大學中國語言文學系《全清詞》編纂研究室編：《全清詞·順康卷》第十
　　　　八冊，中華書局，2002年，第10420頁。
〔註64〕劉德昌：《（康熙）商邱縣誌》卷一一，民國二十一年石印本。

大中祥符七年（1014），建爲南京。因兩地相去不遠，故有「木蘭祠畔路，汴州通」〔註65〕之句。木蘭祠，據《（康熙）商邱縣誌》：「孝烈將軍廟，在城東南營郭鎮北，一名木蘭祠。鄉人歲以四月八日致祭，蓋孝烈生辰云。〔註66〕據當地傳說，故事乃產生於豫東一帶，劇作家以此爲題材，信手拈來，創作成戲曲作品，不是沒有可能。由此看來，豫劇表演藝術家常香玉以演《花木蘭》蜚聲遐邇，蓋有以也。

《狀元旗》，全劇已佚，僅存殘曲，晚明薛旦作，敘河南登封賈文魁極其慳吝，書生趙鞏拾金不昧終擢大魁事，情節與元雜劇《看錢奴》近似。此劇，康熙間仍在演出，曲阜孔毓埏（字鍾輿，號宏輿）【滿江紅】〈觀演《狀元旗》〉詞有云：

> 富貴何常，歎人世、勞勞無歇。妝演出、富而多吝，眞堪叫絕。失馬塞翁天意巧，持籌王子人情拙。看千秋、多少守財奴，皆同轍。　　柳下惠，心如鐵。魯男子，腸如雪。看巍巍金榜，狀頭高揭。不使行藏欺屋漏，遂教名姓標天闕。更憐他、擊柝富家兒，眞高節。〔註67〕

「看千秋、多少守財奴，皆同轍」即指賈文魁，「柳下惠」以下數句則讚頌書生趙鞏在金錢、美色前志堅如鐵、心不稍動的可貴氣節。也許是正因爲此劇所傳輸的乃是激勵人們潔身自好、奮發向上的正能量，故能得到廣泛傳播。

還有萬樹（？～1687）〔註68〕的《空青石》一劇，研究者稱：「吳棠楨在《空青石》傳奇第十一齣《鬧婚》的眉批中說：『此曲演於端州制幕，觀者無不絕倒』；但在後世卻皆不見流傳劇場」〔註69〕，似不確。生活於同時代的冒襄，就作有【鵲橋仙】〈己巳九日，扶病招同聞瑋諸君城南望江樓登高，演陽

〔註65〕陳轟恒：【散天花】〈汴梁客舍，觀女伶演陳圖，戲題〉，南京大學中國語言文學系《全清詞》編纂研究室編：《全清詞・順康卷》第十八冊，中華書局，2002年，第10420頁。

〔註66〕劉德昌：《（康熙）商邱縣誌》卷四，民國二十一年石印本。

〔註67〕南京大學中國語言文學系《全清詞》編纂研究室編：《全清詞・順康卷》第十五冊，中華書局，2002年，第8862頁。

〔註68〕郭英德《明清傳奇史》（江蘇古籍出版社，1999年，第414頁）認爲萬樹卒於康熙二十八年（1689），誤。

〔註69〕郭英德：《明清傳奇史》，江蘇古籍出版社，1999年，第417頁。

羨萬紅友《空青石》新劇。【鵲橋仙】三闋絕妙，劇中唱和關鍵也。余即倚韻和之，以代分賦〕〔註70〕一詞，明確指出康熙二十八年（1689）重陽節在城南望江樓觀看《空青石》演出之事，並極力稱道該劇絕妙，時在劇作問世五、六年之後，作者謝世兩年後，說明萬氏劇作在當時還是比較受歡迎的。

那時，雜劇類劇作如《漁陽弄》、《昆明池》、《藐姑仙》、《十八學士登瀛洲》、《紅線女》、《督亢圖》等，亦時而演出。尤其是《督亢圖》，乃清中葉張塤（字商言，號瘦銅、吟薌）所作，有張氏《玉松疊韻題予〈督亢圖〉、〈中郎女〉二種院本，愛其工雅，作詩報謝》詩可證，詩曰：

廿年麗稿積生埃，相伴床琴紙帳梅。劍客何曾愁不中，孝娥別有淚如堆。（原注：此言荊軻、蔡琰之不能為劍客、孝娥也。）憐他額爛頭焦盡，寫出天荒地老來。多謝延陵題好句，雙鬟拍版合浮柸。

〔註71〕

此劇莊一拂《古典戲曲存目彙考》漏收，並將吳縣張塤誤作浙江秀水人。〔註72〕《莊目》「下編傳奇五‧明清闕名作品」據《今樂考證》著錄有《督亢圖》傳奇〔註73〕。《今樂考證》「著錄十‧國朝院本」的確著錄有此本，此外，尚有《三笑姻緣》、《四大慶》、《二十四孝》、《為善最樂》、《十大快》等，並加案語曰：「右列諸本，至今花部多有演者。」〔註74〕以上所引，是雜劇抑或傳奇，尚難論定。如，同見於「著錄十」的《四大癡》、《赤壁遊》即為雜劇。由此可知，此處之《督亢圖》，或即張塤所作雜劇。然而，此劇是否演出過，卻極少為人述及。張塤好友趙翼，也僅是閱讀過張氏所作另一本雜劇《蔡文姬歸漢》，並為其題詩，稱其是「寫出嬋娟寸斷腸」〔註75〕，似乎

〔註70〕 南京大學中國語言文學系《全清詞》編纂研究室編：《全清詞‧順康卷》第二冊，中華書局，2002年，第1028頁。

〔註71〕 張塤：《竹葉庵文集》卷八「詩八‧鳳凰池上集四」，清乾隆五十一年刻本。收入趙興勤、趙韡編：《清代散見戲曲史料彙編（詩詞卷‧初編）》中冊，台灣花木蘭文化出版社，2014年，第304～305頁。

〔註72〕 莊一拂編著：《古典戲曲存目彙考》下冊，上海古籍出版社，1982年，第1411頁。

〔註73〕 莊一拂編著：《古典戲曲存目彙考》下冊，上海古籍出版社，1982年，第1666頁。

〔註74〕 《中國古典戲曲論著集成》第十冊，中國戲劇出版社，1959年，第313頁。

〔註75〕 趙翼：《題吟薌所譜〈蔡文姬歸漢〉傳奇》之八，《甌北集》卷一〇，《趙翼全集》第五冊，鳳凰出版社，2009年，第162頁。

未看過該劇之演出。甌北此詩寫於乾隆甲申（二十九年，1764）〔註76〕，那麼，《蔡文姬歸漢》劇，當寫於此之前。而《督亢圖》則成稿於乾隆甲午（三十九年，1774）或之前。本年，吳玉松上舍爲張塤所作劇題詩，塤以《玉松疊韻題予〈督亢圖〉、〈中郎女〉二種院本，愛其工雅，作詩報謝》〔註77〕詩謝答。張塤於乾隆丁酉（四十二年，1777）奉母柩南歸鄉居。觀劇者吳法乾，字述祖，諸生，乃張塤同鄉。其【摸魚兒】〈觀演《督亢圖》〉〔註78〕詞，敘及荊卿、樊於期、風蕭蕭、易水、鉛築等，皆與荊軻刺秦相關，故所看當爲張塤《督亢圖》劇。觀劇的時間，大概在張塤歸里之後。

「二編」所收，還有涉及《小妹子》一劇之演出情況的表述。《小妹子》，《今樂考證》「著錄四‧國朝雜劇」收有《燕京本無名氏花部劇目》四十五種，中有《小妹子》一目，並引金陵許苞之語曰：「弋陽梆子秧腔，事不皆有其微，人不盡屬可考，有時以鄙俚俗情，入當場科白，一上氍毹，即堪捧腹，如詩中之變，史中之逸，聊助詼諧。」〔註79〕同樣，著名戲曲選本《綴白裘》三集亦收有該劇，標曰：「雜劇。」〔註80〕據元和許仁緒爲三集所作《序》，知此書編竣於乾隆丙戌（三十一年，1766）之前。而清人趙昱在【浪淘沙】〈伶人許雲亭音色絕麗，時賢即以雲亭兩字賦詩相贈，余亦戲效譜長短句二闋〉（之一）曾寫道：

鶯嫩閣輕雲。齒亦流芬。櫻桃樂府總輸君。金縷鞋提周后小，心事繽紛。　　花豔賽羅裙。三沐三熏。飛瓊仙氏幾回聞。無事認同呼小玉，名記雙文。（原注：擅場一劇名《小妹子》，曲殊側豔，故用小周后事。）〔註81〕

本詞作者趙昱，生於清康熙二十八年（1689），卒於清乾隆十二年（1747），

〔註76〕參看趙興勤：《趙翼年譜長編》第二冊，台灣花木蘭文化出版社，2013 年，第230～231 頁。

〔註77〕張塤：《竹葉庵文集》卷八「詩八‧鳳凰池上集四」，清乾隆五十一年刻本。收入趙興勤、趙韡編：《清代散見戲曲史料彙編（詩詞卷‧初編）》中冊，台灣花木蘭文化出版社，2014 年，第 304～305 頁。

〔註78〕丁紹儀輯：《國朝詞綜補》卷一○，清光緒刻前五十八卷本。

〔註79〕《中國古典戲曲論著集成》第十冊，中國戲劇出版社，1959 年，第 182 頁。

〔註80〕錢德蒼編選：《綴白裘》第二冊，中華書局，2005 年，第 48 頁。

〔註81〕張宏生主編：《全清詞‧順康卷補編》第四冊，南京大學出版社，2008 年，第2251 頁。

〔註82〕也就是說，他主要生活在康熙、雍正年間。即使是晚年得觀此劇，也是在乾隆初年。由此得知，《小妹子》一劇，當產生於明末清初，至乾隆初已相當成熟，且有了表演此劇的專門名家。既爲「雜劇」，當演唱雜調，且系獨角戲，以做工見長，這爲我們研究花部的起源又拓寬了思路。

「二編」還涉及「打稻戲」的演出。海甯人蔣薰（1610～1693）《明宮詞》（之五）曰：「夙駕傳臨旋磨台，年年《打稻》（原注：戲名）御顏開。艱難稼穡三推後，贏得優人百戲來。」〔註83〕即是難得的一例。此戲極少爲人提及，《中國曲學大辭典》曾收此戲，謂：「打稻戲的名稱見於此，但不詳其形式內容。僅從稱謂著想，可能係泛指慶賀秋天豐收季節所演雜戲的一種統稱。」〔註84〕所言泛泛，仍不明所以。明沈德符《萬曆野獲編》卷二「無逸殿」條曰：

> 世宗初建無逸殿於西苑，翼以豳風亭，蓋取詩書中義以重農務，而時率大臣游宴其中。……至尊於西成時間亦御幸，內臣各率其曹作打稻之戲。凡播種、收穫以及野餽、農歌、征糧諸事無不入御覽。〔註85〕

清于敏中等編纂《日下舊聞考》引《蕪史》曰：「打稻之戲，駕幸無逸殿，鐘鼓司扮農夫、餽婦及田畯官吏征租、納稅等事。」〔註86〕

如此看來，所謂打稻之戲，並非百戲表演的泛稱，而是有著實際內容，也不是打稻動作的機械表演，而是播種、收穫、餽田、農歌、催征、繳糧諸農家生活進程的完整搬演，且有人物裝扮，亦有情節線索，以使帝王知稼穡艱難。這一發現，對於瞭解宮廷禮儀以及皇家伎藝的表演，具有重要的認識價值。另外，還有不少演出劇目，爲各家戲曲書目失收。〔註87〕如《一線天》，

〔註82〕江慶柏編著：《清代人物生卒年表》，人民文學出版社，2005 年，第 536 頁。

〔註83〕蔣薰：《留素堂詩刪》卷一「廊吟」，清康熙刻本。

〔註84〕齊森華等主編：《中國曲學大辭典》，浙江教育出版社，1997 年，第 64 頁。

〔註85〕沈德符：《萬曆野獲編》上冊，中華書局，1959 年，第 49 頁。另，此段文字《日下舊聞考》卷三六「宮室」曾引用，見于敏中等編纂：《日下舊聞考》第一冊，北京古籍出版社，1983 年，第 561 頁。

〔註86〕于敏中等編纂：《日下舊聞考》第一冊，北京古籍出版社，1983 年，第 561 頁。

〔註87〕如可補莊一拂《古典戲曲存目彙考》之未逮。編者承擔的 2013 年度國家社科基金後期資助項目《莊一拂〈古典戲曲存目彙考〉補正》（項目批准號：13FZW072），即多次從中汲取材料。

莊一拂《古典戲曲存目彙考》「中編雜劇五・清代作品」著錄此劇，謂：「此戲未見著錄。宣統刊《瞿園雜劇續編》本。演日本詩人近藤道原事。」〔註88〕趙山林等編《近代上海戲曲繫年初編》於 1909 年袁嶧名下介紹該劇曰：

> 取材於有關日本古詩人近藤道原之傳說。敘近藤生前爲一班青年魑魅所排擠，一腔忠義，報國無由，遂懷沙蹈海而死。不料地府陰曹間舞弊徇情竟與世間一般無二，因無錢運動，靈魂被貶入不見天日之深壑中。近藤守定孤忠，反復誦讀生前所著《讀騷百詠》。一片血誠引得巖石崩裂，現出一線青天，終於跳出黑暗深淵。旨在讚揚寧可沉埋幽域而不肯隨波逐流者。〔註89〕

該書又載述其生平曰：

> 袁嶧（1870？～1912 後），字祖光，又字小俏，號瞿園，別署曖初氏。安徽太湖人。工詩文，尤長於南北曲。所作戲曲頗多。已印行者有雜劇十種，合稱《瞿園雜劇》、《瞿園雜劇續編》。另有傳奇《雙合鏡》、《支機石》、《鴟夷恨》、《紅娘子》數種及雜劇《西江雪》、《神山月》、《玉津園》三種，未刊行。〔註90〕

而「二編」所收得讀《一線天》劇者，乃曲阜孔貞瑄，其生卒年爲：1634～1716。〔註91〕生活於順、康之時的人，又豈能懸知二百餘年後之事，當然更無法看到晚清至民初之間作家之劇作了。何況他在《題〈一線天〉傳奇》詩中稱：「迂闊違時魯二生，叔孫強拉不同行。何當勉慰蒼生望，再起東山一論兵」〔註92〕云云，所述顯然與袁嶧《一線天》敘述之事迥異。可知，當另有《一線天》劇。至於詳情，筆者當另撰文以論之。

三、「二編」收錄戲曲史料所涉及的不同地域、場所的戲曲活動

「二編」所收文獻，曾時而涉及官宦士大夫間之交往，最常見的則是「每

〔註88〕 莊一拂編著：《古典戲曲存目彙考》中冊，上海古籍出版社，1982 年，第 789 頁。
〔註89〕 趙山林等編著：《近代上海戲曲繫年初編》，上海教育出版社，2003 年，第 224 ～225 頁。
〔註90〕 趙山林等編著：《近代上海戲曲繫年初編》，上海教育出版社，2003 年，第 59 頁。
〔註91〕 關於孔貞瑄卒年，《中國文學家大辭典・清代卷》、《清人別集總目》、《清代人物生卒年表》等均未詳。此處參看蕭陽、趙鞾：《清代詩人孔貞瑄卒年考辨》，《安徽廣播電視大學學報》2014 年第 4 期。
〔註92〕 孔貞瑄：《題〈一線天〉傳奇》，《聊園詩略》詩續集卷一四，清康熙刻本。

宴必陳劇」〔註93〕。此舉自然是助推了戲曲藝術的流播，以致各地域戲曲活動頻頻出現。如康熙初年，山西就有戲曲名班曰「宮裳」者。萬樹【透碧霄】〈聞宮裳小史新歌〉詞之小序曰：

> 晉地歌聲駭耳，獨班名宮裳者解唱吳趨曲，竟協南音，絲竹間發，靡然留聽，幾忘身在古河東也。因賞其慧，酒餘輒譜新聲，授令度之。計得傳奇四部，小劇八種，登之紅氍毹上，亦能使座中客且笑且啼，豈可以並州兒語聲牙，遂抹煞三四迦陵雛耶？其族皆喬氏，因寵以斯詞，蓋擬諸銅台春色云。〔註94〕

萬樹乃著名劇作家吳炳之外甥，陽羨（今江蘇宜興）人。學識明達，以國子生遊都下。據《嘉慶宜興舊志》，其又曾「客遊秦晉」〔註95〕。然究竟何時「客遊秦晉」，志書未載。張慧劍《明清江蘇文人年表》「清康熙四年（1665）」，據《常州詞錄》載，萬樹於本年「遊陝西興平石亭，作《遊石亭記》散文詞」〔註96〕。由此可知，萬樹赴晉的時間，或在這一時段。並知曉晉地名班「宮裳」，會唱崑山腔，且「協南音」。宮裳名班，為數百年風雨所剝蝕，如今已淡出人們的記憶。陸萼庭《崑劇演出史稿》（上海教育出版社 2006 年版）、劉水雲《明清家樂研究》（上海古籍出版社 2005 年版）、張發穎《中國戲班史》（學苑出版社 2003 年版）等專著，似皆未敘及該班。這一資料的發現，更覺珍貴。當時，作者身在北方，乍聞吳趨，親切感油然而生，受此環境感染，「輒譜新聲」，一連為其創作「傳奇四部，小劇八種」。又據《明清江蘇文人年表》，康熙二十一年（1682），萬樹「至福州依清巡撫吳興祚，所著《空青石》、《念八翻》、《黃金甕》等傳奇有成稿」〔註97〕。康熙二十四年（1685），「所作《珊瑚球》、《舞霓裳》、《藐姑仙》、《青錢賺》、《焚書鬧》、《罵東風》、《三茅宴》、《玉山庵》等小劇，先後由吳興祚家班上演」〔註98〕。同年，又擬就《資秦鑒》傳奇。〔註99〕康熙二十五年（1686），《風流棒》傳奇成稿。

〔註93〕盧綋：《哭鄭麟圖副戎二首》詩序，《四照堂詩集》卷一〇，清康熙汲古閣刻本。
〔註94〕南京大學中國語言文學系《全清詞》編纂研究室編：《全清詞・順康卷》第十冊，中華書局，2002 年，第 5615 頁。
〔註95〕趙景深、張增元編：《方志著錄元明清曲家傳略》，中華書局，1987 年，第 187 頁。
〔註96〕張慧劍：《明清江蘇文人年表》，人民文學出版社，2008 年，第 724 頁。
〔註97〕張慧劍：《明清江蘇文人年表》，人民文學出版社，2008 年，第 825 頁。
〔註98〕張慧劍：《明清江蘇文人年表》，人民文學出版社，2008 年，第 845 頁。
〔註99〕張慧劍：《明清江蘇文人年表》，人民文學出版社，2008 年，第 845 頁。

〔註100〕康熙二十六年（1687），病亡於由粤北歸行至廣西濛江途中。〔註101〕如此看來，劇作除《風流棒》、《資秦鑒》外，其它各劇的初稿，大都完成於其遊歷「古河東」之時。不過，後來作了某些加工、完善而已。在當今的川劇、湘劇、贛劇等地方戲曲聲腔中，還能尋覓到些許受崑曲影響的蛛絲馬跡。而在山西一帶，似無崑曲之遺響，洵爲憾事。萬樹年輕時北往秦晉，晚年又南赴閩粤，經歷可謂豐富。而且，他的不少劇目的搬上氍毹，均是在依吳興祚幕時完成的，戲曲藝術隨人的轉徙而流布，以致遠播海隅邊郡，其內在張力令人驚歎。

康熙初，在江西南昌一帶，弋陽腔仍很流行。王昊（1627～1679）寫有《飲席觀劇》四首，之一謂：「廿年空自譜宮商，此夕才聞眞弋陽。愁殺旋波呈舞罷，更翻邊調入伊涼。」〔註102〕之二曰：「新腔何必廢龜茲，急拍哀筘也足悲。漫說傳頭何地好，誤人清唱是吳兒。」〔註103〕由詩作看來，王昊應是一位懂音律、擅長「譜宮商」的文士，故有「廿年空自譜宮商」〔註104〕之說，遺憾的是尚未見留下什麼蹤跡，《全清散曲》亦未收此人。詩人來自崑山腔之鄉的太倉，得聞弋陽曲調尚有幾分驚喜。又由「更翻邊調入伊涼」〔註105〕、「新腔何必廢龜茲」〔註106〕來看，弋陽腔在表演過程中，似乎又吸收了邊地胡樂曲調的某些藝術元素，使節拍更爲急促，聲調更爲悲涼，這正是戲曲在發展過程中不斷吸取藝術營養並進而完善自身的應有之舉，說明人們對戲曲聲腔的改良，採取了寬容的認可態度。不同意一成不變、墨守成規，故有「誤人清唱是吳兒」之說。

閩伶演劇，則是另一番情調。傅燮詷（1643～？）【木蘭花】〈孫君昌二尹招飲，觀閩伶演劇〉謂：

> 瓊筵初啓新腔度，豈是尋常宮和羽。春窗鶯舌曉啼晴，晚砌蛩聲秋泣露。　　舞徹塡塡鳴畫鼓，曲成不怕周郎顧。毛嬙西子不知名，見也應須知好處。〔註107〕

〔註100〕 張慧劍：《明清江蘇文人年表》，人民文學出版社，2008年，第849頁。
〔註101〕 張慧劍：《明清江蘇文人年表》，人民文學出版社，2008年，第860頁。
〔註102〕 王昊：《碩園詩稿》卷二〇，清五石齋鈔本。
〔註103〕 王昊：《碩園詩稿》卷二〇，清五石齋鈔本。
〔註104〕 王昊：《飲席觀劇》之一，《碩園詩稿》卷二〇，清五石齋鈔本。
〔註105〕 王昊：《飲席觀劇》之一，《碩園詩稿》卷二〇，清五石齋鈔本。
〔註106〕 王昊：《飲席觀劇》之二，《碩園詩稿》卷二〇，清五石齋鈔本。
〔註107〕 南京大學中國語言文學系《全清詞》編纂研究室編：《全清詞・順康卷》第十四冊，中華書局，2002年，第8187頁。

詞中既稱「新腔」，又謂其非「尋常宮和羽」，當非普遍流行的崑曲，而是閩地的地方聲腔，且強化了舞蹈成分與鑼鼓伴奏。但究竟所演何劇，作者並未明言。

康熙間，曾任雲南大姚知縣的聖人後裔孔貞瑄（1634～1716），曾親眼目睹滇人賽雜劇狀況。所作《紫薇堂觀滇人賽雜劇》（原注：五月十三日）一詩寫道：「竿頭欲進掌中身，縹緲射姑結束新。若教瑤台雙步月，臨風飛下玉香塵。」〔註108〕《滇中風物》（之一）則謂：「年來煙火五華多，錦簇香霏盛綺羅。賽劇惟聞提水調，觀燈群唱採茶歌。」〔註109〕所謂「賽戲」，即是民間配合賽社活動的雜戲或戲劇演出。據稱，此種演出形式起源較早，主要流行於「山西、內蒙、河北等地。晉北民諺：『先有賽，後有孩，孩兒生騾（羅），引出道情、秧歌。』知賽戲較耍孩兒、羅羅腔、道情戲、秧歌戲都要古老。它用面具演出，屬儺戲範疇」〔註110〕，「劇目多爲歷史戰爭題材」〔註111〕，呈現出來的「大都是歷史性的武戲」〔註112〕。研究者所關注的，多爲山西上黨一帶的賽戲，豈料地處偏遠的雲南亦有此習俗，不僅僅在內蒙、河北、山西一帶流行。不過，據詩中所寫來看，表演時，高舉的乃是裝裹鮮麗的仙女，而非內地的馳騁沙場的武將之像，且邊走邊作出各種動作。詩中所謂「射姑」，當爲姑射仙子之謂也。《莊子・逍遙遊》云：「藐姑射之山，有神人居焉，肌膚若冰雪，淖約若處子，不食五穀，吸風飲露，乘雲氣，御飛龍，而游乎四海之外。」此藉以形容所舉神像美麗嬌好，縹緲超逸，給人以仙姑臨凡之感。

農曆五月十三日，民間往往視之爲「關帝誕辰」。因常有微雨，以之爲「關帝磨刀」日。江蘇沛縣，至今仍有「五月十三，關老爺磨刀」之說。或以此日爲城隍廟會。而湖南，五月十三日，謂之龍生日。據呂及園《滇南竹枝詞》「五月十三」：「雲津橋下水奔流，赤膊龍船紙紮頭。五月十三喧兩岸，大觀第一彩雲樓」〔註113〕，應仍是端午節之延續。河北遵化，五月「十三日，田

〔註108〕　孔貞瑄：《聊園詩略》詩後集卷一二「七言絕句」，清康熙刻本。
〔註109〕　孔貞瑄：《聊園詩略》詩後集卷一二「七言絕句」，清康熙刻本。
〔註110〕　齊森華等主編：《中國曲學大辭典》，浙江教育出版社，1997年，第61頁。
〔註111〕　齊森華等主編：《中國曲學大辭典》，浙江教育出版社，1997年，第61頁。
〔註112〕　周華斌：《祭禮與戲劇——上黨祭賽的文化啓示》，麻國鈞、劉禎主編：《賽社與樂戶論集》上冊，中國戲劇出版社，2006年，第61頁。
〔註113〕　王利器等輯：《歷代竹枝詞》第一冊，陝西人民出版社，2003年，第199頁。

家釀祭龍神、水火、蟲王、苗神」〔註114〕。至於雲南一帶所祭何神，尚不得而知，或亦是關公？據《（康熙）雲南府志》：「關帝廟，在縣南門外。明萬曆間建。每歲五月十三日致祭。」〔註115〕祭關羽卻高舉仙女神像，豈當地風俗歟？

　　上元日，俗謂燈節，如前引孔貞瑄《滇中風物》一詩所述，賽劇主要是唱當地流行的「提水調」〔註116〕。由「煙火五華多」〔註117〕來看，所寫大概是昆明一帶的習俗。五華，雲南昆明城內有五華山，故藉以指稱。詩中所寫，此地觀燈時，則齊唱【採茶歌】，場面十分熱烈。變「燒燈夜奏梨園曲」〔註118〕的被動觀賞爲集體參與，表現出與內地不同的文化習俗。當然，爲謀生計，人口流動較大，使各地域間不同藝術的交流有所加強。「滇海女伶，雅擅吳歈」〔註119〕者亦不乏其人。即便是崑腔，在傳唱過程中，各地藝人爲迎合當地觀眾的欣賞需求，也會對原有聲腔做一些加工、改造，強化地方色彩，給人以親切感。

　　萬樹來鉅鹿（今屬河北），「忽有傖父獻伎，自言能歌《小青傳》（筆者案：即《療妒羹》），頗訝之，及自古門出，則《打油》、《釘鉸》，聞者哄堂，而余輒喚奈何，泫然下雍門之涕也」〔註120〕。很顯然，萬樹對民間藝人搬演其舅父所作《療妒羹》時加進地方小調，是很不滿意的。然而，「聞者哄堂」，恰說明如此之表演在觀眾中引起共鳴效應，是符合他們的審美需求的，與劇作家萬樹崇尚諧婉音律、精粹雅調之旨趣大不相同，故有「輒喚奈何」之歎。

　　高郵人夏之蓉（1697～1784），曾督學福建、廣東，親睹苗族習俗，於《苗

〔註114〕　丁世良、趙放主編：《中國地方誌民俗資料彙編‧華北卷》，書目文獻出版社，1989年，第246頁。

〔註115〕　張毓碧：《（康熙）雲南府志》卷一六，清康熙刊本。

〔註116〕　查慎行【綠頭鴨】一詞小序謂：「聽任小史唱提水調，其聲婉轉幽咽，相傳明沐國公鎮滇時宮人所歌者。」收入趙興勤、趙韡編：《清代散見戲曲史料彙編（詩詞卷‧初編）》上冊，台灣花木蘭文化出版社，2014年，第180頁。

〔註117〕　孔貞瑄：《滇中風物》之一，《聊園詩略》詩後集卷一二「七言絕句」，清康熙刻本。

〔註118〕　郝浴：《村社雨中留飲》，《中山集詩鈔》卷三「七言律」，清康熙刻本。

〔註119〕　陸應穀：《桂英曲》詩序，《抱真書屋詩鈔》卷六，民國雲南叢書本。

〔註120〕　萬樹：【寶鼎現】〈聞歌《療妒羹》曲有感〉詞序，南京大學中國語言文學系《全清詞》編纂研究室編：《全清詞‧順康卷》第十冊，中華書局，2002年，第5638頁。

俗截句十首》（之三）中寫道：

> 跪拜儺王前，紙錢各堆面。悲愴范七郎，聞者淚爲沱。（原注：
> 酬神必設儺王像。人各紙面。女裝孟姜，男扮范七郎，同聲哭之，
> 甚悽愴。）〔註121〕

在湖南的澧縣、石門，將孟姜女奉爲儺神，常演的儺戲爲《姜女下池》，中有
「姜女與范郎從邂逅相遇到私許終身的盤問唱答」〔註122〕，且不乏「褻慢淫
荒」〔註123〕之詞。而此詩所描述的苗俗，是儺王像另設，而扮演孟姜女、范
七郎者分別戴面具，「同聲哭之」。一般的文獻記載，往往是范杞梁往築長城，
「久而不歸，（孟姜女）爲制寒衣送之。至長城，聞知夫已故，乃號天頓足，
哭聲震地」〔註124〕，繼而「尋夫骸骨」〔註125〕。而此處記載，與一般傳說有
些不同。這種孟、范同哭的表演，極少見諸記載，也似未進入研究者之視野，
當是孟姜女故事的另外一種演法，傳統戲曲文化對少數民族習俗的廣泛滲
透，由此可知。

　　值得注意的是，還有不少文獻，曾敘及戲曲搬演於禪堂之情景。如王嗣
槐《有客寓禪堂演女樂嘲方丈和尙》、陳祖法《寓維揚興教寺即事》、安致遠
【鷓鴣天】〈女郎禪院觀劇〉、馬惟敏《正覺寺觀劇》等皆是。在以往的文獻
中，亦曾敘及寺廟內伎藝表演之事。如楊衒之《洛陽伽藍記》卷一「城內・
景樂寺」：「常設女樂，歌聲繞梁，舞袖徐轉，絲管廖亮，諧妙入神」〔註126〕，
又謂：「召諸音樂，逞伎寺內。奇禽怪獸，舞抃殿庭。飛空幻惑，世所未睹。
異端奇術，總萃其中。剝驢投井，植棗種瓜，須臾之間，皆得食之。」〔註127〕
之所以廟內陳女樂，是因爲該寺爲清河文獻王元懌所建造。懌乃北魏孝文帝
元宏第五子，博涉經史，兼綜群言，富有才幹，官居太尉。史載，「時有沙門
惠憐者，自云咒水飲人，能差諸病。病人就之者，日有千數。靈太后詔給衣
食，事力重，使於城西之南，治療百姓病」〔註128〕。懌上表力諫此事，深爲

〔註121〕　夏之蓉：《半舫齋編年詩》卷十二「古今體五十二首」，清乾隆夏味堂等刻本。
〔註122〕　巫瑞書：《孟姜女傳說與湖湘文化》，湖南大學出版社，2001年，第205頁。
〔註123〕　巫瑞書：《孟姜女傳說與湖湘文化》，湖南大學出版社，2001年，第205頁。
〔註124〕　馮夢龍：《情史類略》卷八「情感類」，嶽麓書社，1984年，第230頁。
〔註125〕　馮夢龍：《情史類略》卷八「情感類」，嶽麓書社，1984年，第230頁。
〔註126〕　楊衒之撰、周祖謨校釋：《洛陽伽藍記校釋》，中華書局，1963年，第42頁。
〔註127〕　楊衒之撰、周祖謨校釋：《洛陽伽藍記校釋》，中華書局，1963年，第42頁。
〔註128〕　《北史》卷一九《孝文六王》，《二十五史》第四冊，上海古籍出版社、上海
　　　　　書店，1986年，第2968頁。

靈太后賞識，委以朝政大事。說明元懌對浮屠之伎未必深信，故有此舉。他的設女樂於佛殿，亦是這一內在心理的反映。而汝南王元悅，乃元懌之弟，「爲性不倫，俶儻難測」〔註129〕，既信左道，又好男色，因此，所賞伎藝皆「剝臚投井」之類「異端奇術」。此二例均是位高勢重的權貴操作，不具有代表性。而「二編」中收錄的相關史料，一是「貴介公子帶女優住鄰僧房」〔註130〕，才造成「歌舞豔」、「鼓鐘喧」〔註131〕之情狀；另一例與之相似，「有客寓禪堂演女樂」〔註132〕，致使「一夜笙歌」不絕。二是「女郎禪院觀劇」〔註133〕，嫋娜佳人與方外僧者同觀劇於禪院，故有「瓜仁誤唾墮僧前」〔註134〕，引惹得修道念佛者心旌搖搖，「悶倚禪門數麗娟」〔註135〕諸嘲誚之語。此類表述，雖略帶調侃意味，然聲色之類生動眞實之「有相」所產生的強烈氣場，對佛門的清規戒律自然會產生不小的衝擊。依佛家教義而論，所謂「禪」，應包含有樂靜避囂、心往一境、廓然明淨、正審思慮之意。既修佛法，就應當「先持淨戒，勤禪定」〔註136〕，心想寂滅，禪思湛然，「以超俗脫塵、恬淡無爲爲旨；嚴持戒律，堅離六情六塵之迷，力保精神安靜」〔註137〕。遠離喧鬧，息滅妄念，心往一境，潛心修行。而「二編」收錄文獻所反映的，不是迎神賽會之時的大場合演劇，而是在禪子修行念佛的處所——禪房，大搞戲曲活動。此類行爲，在清代其它文獻中也得到印證。如，雍正九年（1731），浙江有司曾榜禁「婦女入寺燒香、游山聽戲諸事」〔註138〕。

〔註129〕 《北史》卷一九《孝文六王》，《二十五史》第四冊，上海古籍出版社、上海書店，1986年，第2968頁。

〔註130〕 陳祖法：《寓維揚興教寺即事》之四詩注，《古處齋詩集》卷五「五言律」，清康熙刻本。

〔註131〕 陳祖法：《寓維揚興教寺即事》之四，《古處齋詩集》卷五「五言律」，清康熙刻本。

〔註132〕 王嗣槐：《桂山堂詩文選》詩選卷一二，清康熙青筠閣刻本。

〔註133〕 安致遠：【鷓鴣天】〈女郎禪院觀劇〉，南京大學中國語言文學系《全清詞》編纂研究室編：《全清詞・順康卷》第九冊，中華書局，2002年，第5028頁。

〔註134〕 安致遠：【鷓鴣天】〈女郎禪院觀劇〉，南京大學中國語言文學系《全清詞》編纂研究室編：《全清詞・順康卷》第九冊，中華書局，2002年，第5028頁。

〔註135〕 安致遠：【鷓鴣天】〈女郎禪院觀劇〉，南京大學中國語言文學系《全清詞》編纂研究室編：《全清詞・順康卷》第九冊，中華書局，2002年，第5028頁。

〔註136〕 釋智旭：《閱藏知津》卷三九，清康熙三年夏之鼎刻四十八年朱岸登補修本。

〔註137〕 蔣維喬：《中國佛教史》，嶽麓書社，2010年，第37頁。

〔註138〕 錢泳：《履園叢話》卷一《舊聞・爲政不相師友》，中華書局，1979年，第25頁。

乾隆二十七年（1762），清廷「禁治五城寺觀僧尼開場演劇」〔註139〕。恰說明僧房演戲已是一較普遍的現象。這既反映了晚明狂禪之風對僧人修持態度的影響，即所謂「劇中色相空中味，啼笑誰云不是禪」〔註140〕。又說明鬆弛的佛法對寺院僧眾的生活已漸失其約束力，同樣具有重要的認識價值。

四、「二編」所收戲曲史料所反映的民間流行的各類表演伎藝

「二編」所收文獻，還有不少涉及各類民間小調的演唱以及伎藝表演情狀，因此類內容歷來不為正統文人所重視，故彌覺珍貴。

有歌王之譽的劉三妹（亦稱劉三姐），其事蹟亦見於前人著述。清康熙二年刻本《粵風續九》收有《歌仙劉三妹傳》一文，略謂：

> 歌仙名三妹，其先漢劉晨之苗裔，流寓貴州西山水南村。父尚義，生三女。長大妹，次二妹，皆善歌蚤適，有家而歌不傳。少女三妹，生於唐中宗神龍五年己酉。甫七歲，即好筆墨，聰明敏捷，時呼為女神童。年十二，通經史，善為歌。父老奇之，試之，頃刻立就。十五豔姿初成，歌名益盛。千里之內，聞風而來，或一日，或二日，率不能和而去。十六，其父納邑人林氏聘，來和歌者仍終日填門，雖與酬答不拒，而守禮甚嚴也。十七，將于歸，有邕州白鶴鄉少年張偉望者，美豐容，讀書解音律，造門來訪。言談舉止，皆合歌節。鄉人敬之，築台西山之側，令兩人登臺為三日歌。……是日風清日麗，山明水綠，粵民及瑤僮諸種人圍而觀之，男女數百層，咸望以為仙矣。……於是觀者益多，人人忘歸矣。三妹因請於眾曰：「此台尚低，人聲喧雜。山有台，願登之，為眾人歌七日。」遂易前服，作淡妝少年，皓衣玄裳，登山偶坐而歌。山高，詞不復辨，聲更清邈，如聽鈞天之響矣。至七日，望之儼然，弗聞歌聲。眾命二童子上，省還報曰：「兩人化石矣。」〔註141〕

而「二編」中所收康熙間詩人費錫璜，在其所作《劉三妹》一詩小序中卻謂：

> 劉三妹，不知何時人。善歌，能通苗峒侏禽之音，而雜以漢語，聲絕豔麗。其時有白鶴秀才亦善歌，與三妹登粵西七星岩互相歌答，

〔註139〕　丁淑梅：《清代禁毀戲曲史料編年》，四川大學出版社，2010年，第104頁。
〔註140〕　馬惟敏：《半處士詩集》卷下，清康熙四十八年郎廷槐刻本。
〔註141〕　吳淇：《粵風續九》，清康熙二年刻本。

　　聲振林谷，諸苗峒男婦數千人往聽，皆迷蕩忘歸。已而歌聲寂然，

見兩人亭亭相對，化爲石矣。諸苗皆仿其音爲歌，歌者必先祀劉三

妹焉。月明星稀之夜，猶仿佛聞歌聲出於岩際。南山別有劉三妹洞，

遊人遙呼三妹妹，幽窅輒應。苗歌有云：「讀詩便是劉三妹」，則其

來久矣。〔註142〕

在這篇詩序中，三妹「不知何時人」，但能通當地各種語言，「善歌」的白鶴

秀才亦不詳其名。二人「互相歌答」的地點，則點明在七星岩（在廣西桂林

東）。據《桂海虞衡志》：「七星山者，七峰位置如北斗。又一小峰在旁，曰輔

星。」〔註143〕山半有棲霞洞，洞旁又有玄風洞，上引詩注所云「諸苗皆仿其

音爲歌，歌者必先祀劉三妹焉」〔註144〕，則敘出三妹對後世的深遠影響以及

男女對歌的風俗、禮儀。這對於研究以劉三妹爲代表的男女對歌文化的流行

很有幫助。

　　秧歌，是流傳廣泛的民間歌舞形式，時而爲文士敘及。山陰宋俊（字長

白，號柳亭）就曾寫有【憶秦娥】〈聽秧歌〉一詞，中有「麥黃瓜蔓，轆轤相

接」〔註145〕之語，可見，他們賞聽的是原生態的歌，而非舞。宋俊生卒年不

詳，然著名文士吳綺（1619～1694）曾爲其《岸舫集》作序，稱其「賀蘭山

上，嘗奮筆以留題；楓葉江邊，忽投書而竟去」〔註146〕。知其遊歷頗廣，足

跡遍江南、塞北，生活年代亦當與吳綺相仿，應是在清初。而節慶之時的秧

歌演出，內容則豐富許多，有了裝扮人物的表演。查嗣瑮（1652～1733）《上

元夕觀燈有感》（之一）「別（原注：音璧）隊秧歌新姹女」句後注曰：「北地

唱秧歌，每以男妝女爲戲。」〔註147〕據此可知，前者爲清唱，此爲邊走邊唱

的隊舞，且有了男扮女裝的表演。至晚清，演出則更爲普遍。顧春（1799～

1877）【賀聖朝】〈秧歌〉寫道：

　　　滿街鑼鼓喧清晝。任狂歌狂走。喬裝豔服太妖淫，盡京都遊

子。　　　插秧種稻，何曾能夠。古遺風不守。可憐浪費好時光，

〔註142〕 費錫璜：《掣鯨堂詩集》卷三「樂府三」，清康熙刻本。

〔註143〕 蔡呈韶：《（嘉慶）臨桂縣誌》卷七，清嘉慶七年修光緒六年補刊本。

〔註144〕 費錫璜：《掣鯨堂詩集》卷三「樂府三」，清康熙刻本。

〔註145〕 南京大學中國語言文學系《全清詞》編纂研究室編：《全清詞・順康卷》第
　　　　 十冊，中華書局，2002年，第5948頁。

〔註146〕 阮元、楊秉初輯：《兩浙輶軒錄》第二冊，浙江古籍出版社，2012年，第516頁。

〔註147〕 查嗣瑮：《查浦詩鈔》卷一二，清刻本。

負良田千畝。〔註148〕

秧歌則成了流行街市的群衆活動。對照官方文告，康熙五十六年（1717），官府於告示中指斥：「市井無賴，新歲但以走馬燈、扮秧歌爲事。」〔註149〕乾隆初，安慶巡撫趙國麟亦曾禁遊民「花鼓秧歌，沿門覓食，酒筵客邸，到處逢迎」〔註150〕，秧歌這一表演藝術的演變軌跡及生存環境，由此可知。

而「射天球」之表演，則是一項很少爲人所提及的遊戲，即使是專門的雜技史、體育史也很少敍及。「二編」卻收有專門描寫「射天球」之戲的作品。生當明末清初的盧絃（1604～？），就曾寫有《乙未端午，馬總戎招飲觀射天球之戲，即席率賦十首》，其一云：「蒼梧四野息煙氛，箭定天山萬里勳。懸得錦標爭欲奪，五花陣裏看龍文。」〔註151〕其三曰：「雲錦叢中碧玉蹄，爭先突出仰風嘶。信龍何事觀江上，射虎常教鎭嶺西。」〔註152〕其五謂：「鵰翎恰自稱烏號，弦動雲霄墜羽毛。休夏偃兵從此日，折膠風厲待秋高。」〔註153〕然而，究竟「射天球」是何等競技活動，其操作規程如何，仍不得而知。筆者翻檢李聲振《百戲竹枝詞》，中有「射天球」一目，小序曰：「閱武堂植旗門，懸天球於上，中置瓦器，內實雙鴿，球落鴿飛，應弦而射，有厚齎焉。」〔註154〕由此可知，旗門上所懸之球，當是圓形半封閉式。如此，瓦器始可置於上，且實以雙鴿。球落鴿飛，射中者有賞。難怪盧氏有「懸得錦標爭欲奪」〔註155〕等語。此可補各家專業史書所不足。

走馬伎，民間稱之爲「跑馬賣解」。「解」，民間歷來讀若「蟹」，去聲。相沿至今。《博雅》釋「解」曰：「跡也。」引申作伎藝，即謂表演伎藝。不少辭書則注爲讀若「街」，似不確。筆者此說，在古籍中也得到印證。清康熙時著名文人查愼行，在《人海記》卷下「走解」引彭時《筆記》曰：

> 五月五日賜文武官走驍騎於後苑。其制：一人執旂引於前，二人馳馬繼出，呈藝於馬上。或上或下，或左或右，騰躍蹻捷，人馬

〔註148〕　顧春：《東海漁歌》東海漁歌一，清鈔本。
〔註149〕　王利器輯錄：《元明清三代禁毀小說戲曲史料（增訂本）》，上海古籍出版社，1981年，第102頁。
〔註150〕　丁淑梅：《清代禁毀戲曲史料編年》，四川大學出版社，2010年，第84頁。
〔註151〕　盧絃：《四照堂詩集》卷九，清康熙汲古閣刻本。
〔註152〕　盧絃：《四照堂詩集》卷九，清康熙汲古閣刻本。
〔註153〕　盧絃：《四照堂詩集》卷九，清康熙汲古閣刻本。
〔註154〕　王利器等輯：《歷代竹枝詞》第一冊，陝西人民出版社，2003年，第762頁。
〔註155〕　盧絃：《四照堂詩集》卷九，清康熙汲古閣刻本。

相得。如此者數百騎，後乃爲胡服臂鷹、走犬圍獵狀終場，俗名曰
走解，音鞵，去聲。而不知所自。豈金元之舊俗歟？今每歲一舉，蓋
以訓武也。觀畢，賜宴而回。〔註156〕

則明確指出：解，「音鞵，去聲。」足見，民間這一讀法，淵源有自。辭書編纂
者不察，以致誤讀作「街」，是有違語言實際的。「二編」對這一馬上伎藝多所
載及。明劉侗《帝京景物略》卷五載：「馬之解，人馬並而馳。方馳，忽躍而上，
立焉，倒卓焉。」〔註157〕清于敏中等編纂《日下舊聞考》卷一四七「風俗」引
《強識略》文字同《人海記》所述，此不贅引。〔註158〕浙江歸安吳蘭庭（1730
～1802）所寫《觀走馬妓歌》一詩，對此有著生動的描述。詩略曰：

美人家本邯鄲住，折要學得輕盈步。流寓今來古濟州，朱簾翠
箔指高樓。廣場中開臨直道，觀者千人齊側腦。結束裙裾顧影看，
窈娘上馬弓鞋小。緩彎方矜行步工，垂鞭但覺風神好。忽盤遠勢離
哉翻，風雲奔馳交往還。燕子身材舞翠盤，轉側變幻須臾間。有時
蹶然立，鼇背出沒波浪急；有時帖然臥，醉者神全車不墮。有時藏
身金鐙旁，有時倒植若垂楊。有時繞出馬腹下，千秋運轉相低昂；
有時它馬交面過，騰身易位各超驤。一落無端千丈強，雙鬢不動神
揚揚。〔註159〕

作者筆下的走馬藝伎，揚鞭縱馬，追風掣電，身軀輕柔，動作矯健，忽而倒
立於馬背，忽而藏身於鐙側，忽而繞出馬腹，忽而騰身躍起，種種變化，駭
人聞見。此處所寫，要比各書記載豐富、生動許多。筆者幼年曾多次觀此類
馬伎之驚險表演，一如詩人所寫。讀詩而喚起沉澱的記憶，往日之舊景恍然
在目，感到分外親切。

詩人筆下還經常出現「宮戲」一詞。此戲，不少專業辭書失收。所謂「宮
戲」，實即傀儡戲，「像人而用木偶戲也。其生動者，幾於驅遣草木矣。不止
偃師魚龍技巧也，古名『傀儡』」〔註160〕。清初的傀儡戲，在原有的基礎上已

〔註156〕 查慎行：《人海記》，北京古籍出版社，1981年，第104頁。

〔註157〕 劉侗：《帝京景物略》卷五，明崇禎刻本。

〔註158〕 于敏中等編纂：《日下舊聞考》第四冊，北京古籍出版社，1983年，第2357
頁。

〔註159〕 吳蘭庭：《胥石詩文存》詩存卷三，民國吳興叢書本。

〔註160〕 李聲振：《百戲竹枝詞・宮戲》詩序，王利器等輯：《歷代竹枝詞》第一冊，
陝西人民出版社，2003年，第753頁。

有了很大發展。據載：

> 偶可八寸許，能自著衣冠，或騎馬，或扇，或鼓吹，手指屈
> 伸，俯仰有致。上不綴線，下無撥人，最異有吹燭、焚香、吞酒、
> 食煙、更衣者。武劇尤渾脫頓挫，運稍飛動，真絕技也。傳宏光時
> 故相馬士英作於禁中，以娛樂天子。國破後，流落民間，猶號「宮
> 戲」。〔註161〕

戲偶竟然可以做騎馬、鼓吹、焚香、吞酒、更衣等非常複雜的動作，足見技
藝之精絕。這一記載，實屬稀見，其研究價值自不必論。

　　還有，研究戲曲，離不開對其生存環境的考察。清代流行的不少情歌，
有些是「根據崑腔等戲曲改編的」〔註162〕。同樣，戲曲聲腔在流行發展過程
中，也時常吸收民歌小調入曲。如【山坡羊】、【掛枝兒】、【打棗竿】、【豆葉
黃】、【乾荷葉】等，在古代戲曲中常見。乾隆末年，由天津人顏自德搜輯、
王廷紹點訂的《霓裳續譜》，收各類小曲620餘首，可謂洋洋大觀。而後出華
廣生所編《白雪遺音》，有許多是演唱戲曲故事的。戲曲與小曲的互動可以想
見。然而，小曲在各地的傳唱情況如何，卻見諸記載較少。「二編」或能彌補
這一缺憾。

　　湖北蘄春人盧紘（1604～？），在《竹枝詞》（之四）中寫道：「吳儂個
個慣彈吹，不是《山坡》即《掛枝》。知得舊腔郎不愛，新翻一曲斷腸詞。」
〔註163〕由本詩來看，江南一帶，不僅是崑山腔的發源地，山歌、小調同樣
十分流行，不論彈奏弦索還是演唱民歌，幾乎個個皆擅長此道，甚至還改「舊
腔」為新曲，作為傳遞情思的載體，可謂創舉。

　　船上的舵工，也擅長吳歌，邊駛船邊放聲歌唱，「唱得響琅琅」〔註164〕。
當唱到「灣灣月子」〔註165〕時，聲腔故意拖長，顯得格外婉轉動聽。那些

〔註161〕　彭士望：《觀宮戲有感》詩序，《恥躬堂詩文鈔》詩鈔卷四「癸巳至乙未」，
　　　　　清咸豐二年刻本。
〔註162〕　趙景深：《略談〈霓裳續譜〉》，《曲藝叢談》，中國曲藝出版社，1982年，第
　　　　　25頁。
〔註163〕　盧紘：《四照堂詩集》卷八，清康熙汲古閣刻本。
〔註164〕　陸次雲：【江城子】〈夜泛聽吳歌〉，南京大學中國語言文學系《全清詞》編纂
　　　　　研究室編：《全清詞・順康卷》第十二冊，中華書局，2002年，第6860頁。
〔註165〕　陸次雲：【江城子】〈夜泛聽吳歌〉，南京大學中國語言文學系《全清詞》編纂
　　　　　研究室編：《全清詞・順康卷》第十二冊，中華書局，2002年，第6860頁。

曾聽此曲者，時隔多年，仍對其回味不已。在詩中寫道：「月白燈紅酒倦傾，小樓歌發不勝情。何時一棹江南去，重聽彎彎月子聲。」〔註166〕突聞「吳聲」，也會產生強烈的認同感，喚起無限鄉愁，「吳女吳聲作短謳，水風荷葉送歸舟。一時悵望無尋處，月照松陵江水流」〔註167〕。吳歌竟有如此強大的藝術魅力，是緣於「吳娃生小習吳歈，舞甔甀」〔註168〕，以至名聲傳入皇宮，「君王顧曲諳吳音，更向姑胥選樂部」〔註169〕。

在潞安府一帶，由於時事的變遷，已無人再唱「前朝王府曲」〔註170〕，流行的卻是新翻【山坡羊】。這裏的「前朝王府」，或指潞王府。據《明史》卷一二○「諸王傳‧穆宗諸子」，潞王即穆宗第四子朱翊鏐，隆慶二年（1568）生，「生四歲而封，萬曆十七年（1589）之藩」〔註171〕。藩府所在地爲衛輝（今河南汲縣）。李開先《〈張小山小令〉後序》記載：「洪武初年，親王之國，必以詞曲一千七百本賜之。」〔註172〕又言：「人言憲廟好聽雜劇及散詞，搜羅海內詞本殆盡。又武宗亦好之，有進者，即蒙厚賞。」〔註173〕若所言不謬，明時皇宮內酷愛戲曲之風可以想見。潞王朱翊鏐亦可能喜賞樂曲。潞安（今山西長治）在藩王府所在地衛輝的西北約兩百多里處，流風波及，曾唱「王府曲」，則是很可能的。然而，隨著時代的變化，尤其是明清易代之際風雲驟變，舊有的歌曲顯然不能滿足人們的欣賞口味，故新翻【山坡羊】應運而生。這一表述，是符合藝術生成、發展規律的。與清人趙翼所說「李杜詩篇萬口傳，至今已覺不新鮮」〔註174〕，當然具有同樣的旨趣。

〔註166〕 劉大櫆：《聞歌》，《海峰詩集》今體詩二，清刻本。

〔註167〕 黎簡：《聽吳客作吳歌二首》之二，《五百四峰堂詩鈔》卷六「丙申年」，清嘉慶元年刻本。

〔註168〕 史唯園：【柳枝】〈妓席〉之一，南京大學中國語言文學系《全清詞》編纂研究室編：《全清詞‧順康卷》第七冊，中華書局，2002年，第3815頁。

〔註169〕 蔣薰：《金郎》，《留素堂詩刪》卷三「天際草」，清康熙刻本。

〔註170〕 曾畹：《潞安府口號》，《曾庭聞詩》卷六「七言絕」，清康熙刻本。

〔註171〕 《二十五史》第十冊，上海古籍出版社、上海書店，1986年，第8150頁。

〔註172〕 李開先撰、卜鍵箋校：《李開先全集（修訂本）》上冊，上海古籍出版社，2014年，第644頁。

〔註173〕 李開先撰、卜鍵箋校：《李開先全集（修訂本）》上冊，上海古籍出版社，2014年，第644頁。

〔註174〕 趙翼：《論詩》之二，《甌北集》卷二八，《趙翼全集》第六冊，鳳凰出版社，2009年，第510頁。

　　還有，新疆的歌舞之盛，「朝朝暮暮歌吹繁」〔註175〕，也進入時人的視野。大臣鐵保歷任要職，多有建樹。嘉慶十四年（1809），以事遣戍烏魯木齊。逾年，「充葉爾羌辦事大臣。尋授翰林院侍講學士，調喀什噶爾參贊大臣」〔註176〕。葉爾羌，即今新疆西部之莎車縣。喀什噶爾，位於莎車縣西北部，即今疏勒縣。由於有這段經歷，所以，他得以有機會欣賞新疆歌舞。其《徠寧雜詩》（之九）謂：「女伎當筵出，聯翩曳綺羅。歌應翻俚曲，舞欲效天魔。髮細垂香縷，眉長補翠螺。不堪通一語，默坐笑婆娑。」〔註177〕記下了當地歌伎載歌載舞之情狀。徠寗，乃新疆疏勒縣治。

　　尤其值得注意的是，「耍孩兒」、「節節高」也出現於文人筆下。龔鼎孳次子龔士稚（字伯通），在【怨三三】〈李逸齋恒山署中觀耍孩兒演節節高，和宋又宜韻，贈歌者三兒〉一詞謂：

> 臨風弱柳最堪憐。燕子翩躚。拖地衫兒血色鮮。道三五、是儂
> 年。　　撩人楚楚娟娟。喜今夜、和伊並肩。奈月不長圓。行將西
> 去，野店孤眠。〔註178〕

詞中敘及十五六歲的少年女子，穿拖地大紅長裙，邊舞邊唱的情景。【節節高】，本爲南曲曲牌，凡十句，句式爲五、三、七、三、三、三、七、七、七、七。而北曲【黃鐘宮】亦有此曲牌。北曲【村里迓鼓】、南曲【生薑芽】，也都叫【節節高】。而【耍孩兒】，本亦爲曲牌名。北曲的【般涉調】、南曲的【中宮呂】均有此曲牌。清代的民間小曲也有【耍孩兒】，不過字數、定格已不同於南、北曲。然而，「耍孩兒」又是一種戲曲劇種，由北曲【耍孩兒】發展而成，流行於山西大同及雁北地區，音調哀怨委婉，表演動作舞蹈性強。〔註179〕

　　然據本詞「觀耍孩兒演節節高」來看，「耍孩兒」當是一戲曲劇種，而「節節高」或是表演的具體內容。關於「耍孩兒」戲，有論者云：

〔註175〕　鐵保：《嬝娜曲》，《梅庵詩鈔》卷七「玉門詩鈔」，清道光二年石經堂刻梅庵全集本。

〔註176〕　《清史稿》卷三五三《鐵保傳》，《二十五史》第十二冊，上海古籍出版社、上海書店，1986年，第10666頁。

〔註177〕　鐵保：《梅庵詩鈔》卷七「玉門詩鈔」，清道光二年石經堂刻梅庵全集本。

〔註178〕　南京大學中國語言文學系《全清詞》編纂研究室編：《全清詞·順康卷》第五冊，中華書局，2002年，第2953頁。

〔註179〕　參看齊森華等主編：《中國曲學大辭典》，浙江教育出版社，1997年，第61頁。

　　　　耍孩兒戲，又名耍耍戲、耍喉兒、咳咳腔，是流行於山西雁門
關以北的一種深受當地百姓喜愛的地方小戲。耍孩兒戲劇情豐富，
唱腔採用後嗓發聲，古樸而有韻律。咳腔大都在唱詞前，有「不咳
不出字」和「一字三咳」之說。表演上以歌舞見長，伴奏場面雙弦
雙鑔結合，鑼鼓喧天，十分熱烈。〔註180〕

2006 年，這個劇種被列入首批國家級非物質文化遺產保護名錄。「『耍孩兒』
原有傳統劇目 40 餘齣，現存 30 餘齣，其中《獅子洞》、《送京娘》、《三孝牌》、
《對聯珠》、《金木魚》等是該劇種的代表劇目，長期上演不衰」〔註181〕。至
於其起源，說法不一。所謂「但可以認爲耍孩兒在道光年間已經成熟，並在
晉北流行」〔註182〕，則成了學界較爲一致的看法。而在本詞中，「耍孩兒」作
爲一個戲曲劇種，卻出現在了清初文人筆下，這非常少見，對我們考察這個
劇種的起源、演變及演出形態，無疑提供了最有力的文獻支撐。對「耍孩兒」
這個小劇種，吳曉鈴較早予以關注，並撰有《「耍孩兒」劇種小考》一文，亦
可參看。〔註183〕

　　「二編」所輯史料，還有不少涉及節令演劇娛神，傀儡戲、影戲之演出，
《牡丹亭》演出的時間長度以及戲文故事嵌入螺鈿盤諸內容，限於篇幅，不
一一贅述。

〔註180〕　晉文：《「一字三咳」耍孩兒》，《中國文化報》2008 年 3 月 2 日第 4 版。
〔註181〕　晉文：《「一字三咳」耍孩兒》，《中國文化報》2008 年 3 月 2 日第 4 版。
〔註182〕　晉文：《「一字三咳」耍孩兒》，《中國文化報》2008 年 3 月 2 日第 4 版。
〔註183〕　吳曉鈴：《吳曉鈴集》第三卷，河北教育出版社，2006 年，第 169～170 頁。

說　明

一、《清代散見戲曲史料彙編》（以下簡稱《彙編》），大致按文體分類，旨在對散見於各類清代古籍的戲曲史料進行較爲全面的鉤稽、整理和出版，以利學界翻檢。

二、《彙編》作爲一項宏大的學術工程，已被編者列入計劃的有《詩詞卷》、《方志卷》、《筆記卷》、《小說卷》、《詩話卷》、《尺牘卷》、《日記卷》、《文告卷》、《圖像卷》等。至於清代戲曲序跋，因已有多人整理、研究，資料已搜集得較爲完備，爲避免重複勞動，不再納入《彙編》序列。

三、本書作爲《彙編》之一種，主要輯錄清代詩詞中散見的戲曲以及相關史料。因清代詩詞總集、別集、選集數量之巨，以一己之力，實非一朝一夕所能窮盡。故首先出版《詩詞卷·初編》和《二編》，《三編》、《四編》則有俟來日。《初編》70 萬字，《二編》以後每編所收文字，大致 50～60 萬字。

四、本書所輯詩詞，時間大致以清代爲限。明遺民之詩詞及民國時期作者 1912 年以前之作品，亦酌情收錄。爲體現資料的完整性，個別詩詞延伸至民國初年。

五、本書所輯詩詞，大致按詩人生卒先後排列。生卒年不詳者，則據其生活年代妥善入編。爲便於讀者了解，作者名下附以其生平梗概。小傳文字出處於文末以「見××書卷××」形式隨文列示，不一一出注。詩人生卒年主要依據《清代人物生卒年表》、《清人別集總目》等工具書，個別舛誤酌參各類古籍中之記載予以訂正，限於篇幅，

不一一說明。

六、本書所輯詩詞，兼及與戲曲發展相關的其它伎藝，如唱曲、說書、雜耍、影戲、雜技、幻術等內容，力圖全面反映戲曲生成、發展之全貌。

七、本書所輯詩詞，一般依據古籍輯錄。遇版本較多者，擇善而從。各種詩（詞）集，已有點校本（校注本、箋注本等）問世者，則多以點校本爲據。

八、本書所輯詩詞，所依之稿本、刻本、鈔本、石印本等，原文缺損或漫漶無法辨認者，以「□」符號加以標示。明顯錯訛處直接改正，異體字、通假字酌情改爲正字，一般不作說明。

九、本書所輯詩詞，明顯扞格不通或有脫（衍）字者，則參校以別本，予以補入或改正；無參校本可據者，則以「□」表示闕文或加案語予以說明。

十、本書所輯詩詞，凡詩歌小注及本書編者所加案語等，字體皆小一號。

十一、本書所輯詩詞，均詳細注明出處，以省讀者翻檢、對勘之勞。書後另附《主要參考文獻》。

十二、本書所輯詩詞，多從清代總集、別集、選集中摘錄。古代劇本刊刻時前後所附的各類戲曲題辭等，凡已爲蔡毅編著《中國古典戲曲序跋彙編》（齊魯書社 1989 年 10 月版）、吳毓華編《中國古代戲曲序跋集》（中國戲劇出版社 1990 年 8 月版）所收者，以及筆記、詩話、方志等引錄的詩詞作品，一般不作收錄。

二〇一三年九月

王鑨

王鑨（1578～1647），字叔閭，江蘇金壇人。樵諸孫。歲貢生。能詩，然晦迹酒人，沉醉自放，牢愁悲憤，不求人知，人亦無知者。後人或稱爲王遺民。著有《王叔閭先生詩鈔》。見《（乾隆）江南通志》卷一六八、《白茅堂集》卷七等。

【聽魏生彈三絃子】

筝絃已減瑟絃半，七絃不及三絃怨。魏生本是雍門吟，指尖能語增凄斷。愁嫁愁婚老向平，每聞一轉不勝情。且將急盞追煩促，莫學江州空淚零。（《王叔閭先生詩鈔》，清乾隆七年清芬堂刻本）

沈自晉

沈自晉（1583～1665），字伯明，號西來，又號長康，晚署鞠通生，江蘇吳江人。沈璟之侄。少聰穎，弱冠補博士弟子員，明亡棄去，隱居吳山。善度曲，尤精音律。著有《望湖亭》、《翠屏山》、《耆英會》諸傳奇。

【渡湖踰嶺而北旅次感懷即趁前韻】

〔漁家傲〕誰說道舊日烏衣步遠芳？博得箇水畔枯吟，騷壇變腔。倦足競奔爭喧渡，魄驚魂颺。他不管金璧驕貲，又誰憐歌舞勝場？猛相看巷陌巢空燕子堂。

〔剔銀燈〕潺湲溜濤松和水響，岩雲畔正好春光又舒放，鼂轉眼盼着一林梅相向，索笑看譬如昨宵兒身喪。牆黃，山僻路轉，小隱處棲身好廝向澗旁。

〔攤破地錦花〕恁般時，那說却三和兩？一話話長，思量起意慘情涼。恨與愁並，地老天荒。亂人腸，都撇下莫愁鄉。

〔麻婆子〕幸逢幸逢居停處，還如水上航。盼想盼想平安信，歸心比箭忙。臨風極目反如狂，何日一艇泊岸頭上，穩穩東開槳，再得箇歡樂送歸檣。

每句句法、字法，悉仿《拜月亭》而按譜調腔，尤妙於斡旋中改變一二字。涼薄也有所指。（《鞠通樂府》，吳梅鈔本）

【伯範長兄八十初度諸昆弟約為捧觴適詞友虞君倩予作耆英會傳奇為其尊人稱壽傳成且將泛往歸期可待賦此以訂】以下東鍾。

〔懶扶袍〕漁陽鼙鼓下江東，寂寞玄亭老鞠通，遙憐有客問雕蟲。喜心見獵還能動，孤槎泛影且分蹤，黃花插鬢須陪奉。甘泉碧釀，來斟壽觥；冰絲玉鱠，堪携饋兄。追隨笑舞群仙從。（《鞠通樂府》，吳梅鈔本）

【偶作】竊笑詞家煞風景事。以下江、陽。

〔解醒樂〕覷傳奇喜巧鐫圖像，最堪憎妄肆評量。只合從頭按拍無疏放，一入覽便成腔。

〔大勝樂〕那得胡圈亂點塗人目，漫假批評玉茗堂？坊間伎倆，更莫辨詞中襯字，曲白同行。

〔其二〕論散曲是傳奇餘響，怪刊行亥豕荒唐。鐫成又恐非時尚，將掩卷案頭藏。只得把連篇套數供絲竹，撇下清歌小令腔。前摹足傚，曷不取南詞韻選，照式端詳？

〔其三〕但填詞將譜兒作樣，不絲人任意鋪張。只索其中字句皆停當，依律呂辨宮商。這是陰陽高下從天籟，豈文士尋常足忖量？知音自賞，又何必爭華競采，點翠圈黃？

偶見友人案頭，將《九宮詞譜》研硃圈點，如批閱時藝然，爲之失笑。（《鞠通樂府》，吳梅鈔本）

【賦剪髮寄怨】傚《琵琶記》曲。以下家、麻。

〔香羅帶〕無端鼠雀譁，誰憐鬢鴉，珠殘翠委梳未加？那更三千愁緒總難挐也，可不奚落了這年華。待把殘粧再整心似撾，對鏡誰埋怨？只怨着紅顏薄命咱！

〔其二〕飄零薄命咱，魂驚夢遐，同心待綰如捻沙。何不除將煩惱掛袈裟也？早去從披剃，怎受恁波查？如今索性訣絕了他。好箇如雲鬢，忍下得金刀玉手叉？

〔梅花塘〕這頭髮，自小兒留下，十二掩蛾眉，十五雙鬢鴉，及笄鸞髻，那更不屑髽也堪誇。心痛殺，只索把、情絲封絳紗。

〔香柳娘〕覷香雲一把，覷香雲一把，恨來天大，緣何驀地將人詿？好將他寄達，好將他寄達，髮與恨無涯，魂銷與骨化。願郎心鑒察，願郎心鑒察，認取髮如艷葩。我則身甘飄瓦。

〔其二〕淚紛紛似麻，淚紛紛似麻，斷腸羅帕，髮和淚漬多嬌姹。

且參咱謎啞，且參咱謎啞，失計枉嗟呀，教奴也沒法。任旁人嗑牙，任旁人嗑牙，只説心堅怎差，我却死而難罷。

〔尾聲〕烏衣巷口傳佳話，須不似朱雀橋邊野草花，怎得箇燕子飛飛返舊家？

<small>髻音地。失髻爲失計，沒髮爲沒法，詞家謂之雙關体。（《鞠通樂府》，吳梅鈔本）</small>

【小詞贈女郎】 以下江、陽。

建芳姪邀金陵王四娘酌我諸昆弟，次日復聚茂弘姪齋頭，留侯弟以贈女郎詩索和，答以小詞。

〔仙呂·鷓鴣天〕帶曉梳頭帶晚粧，半餘殘枕半留香，噴雲噀雨從髩醉，殢酒黏花任我狂。

〔換頭〕歌扇底，引清商，嬌喉一囀九廻腸。匆匆隔別桃谿水，掩映仙裾魅阮郎。<small>（《鞠通樂府》，吳梅鈔本）</small>

【贈王姬】

〔商調·字字錦〕人從結綺樓，來傍江亭柳。霜林半染秋，還恐冰肌瘦。喜溫柔，不覺一見生春，春生處、却得喜劇破愁。風流。池塘酒伴，引入竹林共遊。何期共遊，共得沾紅袖？聽一曲囀鶯喉，聽一曲囀鶯脆喉，更相看坐久。看他又濟楚，他又唧溜。霎時打併，雲雲雨雨，花花酒酒。比似那師師小小，端端秀秀，不道近來還有。<small>（《鞠通樂府》，吳梅鈔本）</small>

朱芾煌

朱芾煌（1587～1662），字子衷，號玉瑠，別號濡須江漁。無爲州（今屬安徽）人。明崇禎甲戌（七年，1634）進士，除餘姚知縣，改樂安，入爲戶部主事。謫順天教授，遷國子博士。歷兵部主事，進郎中。其蒿目時艱，詩大都紀明末朝政紛紜亂亡之象。著有《文嘻堂詩集》。見《明詩紀事》辛籤卷二〇、《續文獻通考》卷一九六、《明詩綜》卷六八等。

【醉花陰·贈伎】

聽咽松風山也老，世事愁何了。與客計消除，只醉花陰，共倚花翹倒。　　迴文顛倒藏機巧，寫就烏絲好。細雨按歌聲，莫訴酣歸，

酒灩金荷小。（張宏生主編：《全清詞‧順康卷補編》第一冊，南京大學出版社
2008 年版，第 40 頁）

【杏花天‧贈伎】

晴霞色與橫波亂。簾影動、燕拖花顫。春光欲去從誰喚。逐向桃
花人面。　　紅牙拍拍伊州遍。笑醉後、金荷還戀。冠兒鬆整裙新茜。
春駐曲塘深院。（張宏生主編：《全清詞‧順康卷補編》第一冊，南京大學出版
社 2008 年版，第 43 頁）

【點絳唇‧席上與歌郎】

一曲清歌，曉煙猶戀桃花扇。酒杯頻勸，燈照紅妝面。　　愛殺
妖嬈，版拍伊州遍。腰肢倩，舞衣羅旋，共聽雞聲怨。（張宏生主編：《全
清詞‧順康卷補編》第一冊，南京大學出版社 2008 年版，第 44 頁）

【鷓鴣天】

家住清溪野鷺汀，事除漁釣更無營。鴨頭流水門前綠，螺黛晴峯
望裏青。　　花朵朵，酒餅餅，新詞牙版按吳伶。偶來漁父從容說，
為勸逢人莫獨醒。（張宏生主編：《全清詞‧順康卷補編》第一冊，南京大學出
版社 2008 年版，第 45 頁）

劉正宗

劉正宗（1594～1662），字憲石，安丘（今屬山東）人。明崇禎戊辰（元年，
1628）進士，由推官行取，授編修。入清授國史院編修。官至文華殿大學士。
簪筆禁近，躬閱興亡，故詩多感傷之概。集中如《老婦行》、《對鏡歎》，皆自
況也。著有《逋齋詩》、《雪鴻齋草》等。見《清史稿》卷二四五、《晚晴簃詩
匯》卷二一等。

【聽琵琶】

昔年曾讀《琵琶行》，白首紅顏古今情。今夜燈前聽琵琶，嘈嘈入
耳淚縱橫。一絃一調成悲咽，青塚空留漢時月。佳人薄命葬胡天，黃
泉飲痛何由歇。聽君彈，對君飲，雪飛如掌怯寒枕。嘹嚦歌聲佐壺觴，
大絃小絃急復長，年年作客鬢全霜。關河骨肉遠相望，何必潯陽是異
鄉。醉餘潦倒剩清狂，檀槽雪腕神揚揚。念奴高調動琳瑯，憂來一曲
毒中腸。（《逋齋詩》卷二，清順治刻本）

王翃

王翃（1602～1653），字翀父，號介人，浙江嘉興人。布衣。介人初擅詞曲，後研聲詩，志取多師，不遺偏體。其論詩於合處見離，於離處求合。啓、禎之間，大雅不作，毅然以起衰自任，而知者寥寥。著有《秋槐堂集》，另作有《紈扇記》、《榴巾怨》、《紅情言》、《博浪沙》、《詞苑春秋》諸傳奇劇，唯《紅情言》尚存。見《靜志居詩話》卷二二、《明詩綜》卷七九、《曝書亭集》卷七二等。

【賀聖朝·女劇】

畫鼓金錞催夜宴。晴煙傳蠟，翠堂春變。亂花叢裏、百紅繁映。內簾香發，笑爭歌扇。　　吳音窈渺遺珠串。秀影流衣，長袖繞風徧。想歡心猶淺。誰聽玉壺，漏響銀箭。（南京大學中國語言文學系《全清詞》編纂研究室編：《全清詞·順康卷》第一冊，中華書局 2002 年版，第 87 頁）

【碧牡丹·同朱近修吳于庭觀女劇】

風至吹蘭氣。絃絲轉，繁香媚。長袖招歡，煖踏氍毹香地。左右春明，裊若花開蔽。玉顏齊斷，紅暈酒痕被。　　夜入新鸞隊。紛然豔光搖醉。俊眼宜人，何處橫流秋水。解客情多，隱語含心謎。燭無言，有餘淚。（南京大學中國語言文學系《全清詞》編纂研究室編：《全清詞·順康卷》第一冊，中華書局 2002 年版，第 87～88 頁）

【十二郎·胡鼎甫招同李與行諸君及楊姬劇讌】

竹深集讌，暗葉下、一霜秋逕。乍玉散林珂，金消桂粟，人聚繁香小影。向晚傳呼迴銀燭，滿月貯、冰壺雙鏡。正天氣漸寒，堂聲初煖，羽苛觴政。　　相映。瓊花豔資，淡妝餘靚。更指馬爭籌，筝明春掌，笑看紅兒誇勝。歌扇承花，舞腰欺柳，裊塵無定。鶯學俊語壓梨園，醉色又餐煙杏。（南京大學中國語言文學系《全清詞》編纂研究室編：《全清詞·順康卷》第一冊，中華書局 2002 年版，第 104 頁）

徐士俊

徐士俊（1602～？），字野君，浙江仁和（今浙江杭州）人。少奇敏，於書無所不讀。發爲文，趺宕自喜。好爲樂府詩歌古文詞。與人交如坐春風，有問字者傾心教之。有一長可錄，不惜齒牙獎成，故所至逢迎恐後，爭禮爲上賓。日有程課，雖老勿替。讀書無論多少，必自首至末以覽竟爲卒。五經歲讀一過，有徐廣之風。曾遇異人授以導引法，年近八十，蒼鬢丹唇，顏面鮮澤如嬰兒。

著有《雁樓集》，另撰有雜劇六十餘種，今僅有《凌波影》、《絡冰絲》二種傳世。見《感舊集》卷二、《明詞綜》卷八、《全浙詩話》卷四〇、《雪橋詩話》三集卷一等。

【賀新郎・贈王月生名桂】

　　舞袖蹁躚綠。乍飄來、廣寒宮殿，異香金粟。誰把溫柔白玉斧，砍斷情根還續。願夜夜、風華生足。休羨百花堆錦繡，問何人、註定花王目。可占住，西吳福。　　當筵試吐行雲曲。裊瓊簫、一痕細髮，寸腸迴復。碾盡海山爭美影，羞見重來杜牧。且薄醉、芙蓉脂肉。我欲掩卿妝鏡面，更空床、解卻明珠宿。光彩映，桂枝獨。（南京大學中國語言文學系《全清詞》編纂研究室編：《全清詞・順康卷》第一冊，中華書局2002年版，第138頁）

　　編者案：張岱《陶菴夢憶》卷八《王月生》條謂：「南京朱市妓，曲中羞與為伍；王月生出朱市，曲中上下三十年，決無其比也。面色如建蘭初開，楚楚文弱，纖趾一牙，如出水紅菱。矜貴寡言笑，女兄弟、閒客多方狡獪嘲弄咍侮，不能勾其一粲。善楷書，畫蘭、竹、水仙，亦解吳歌，不易出口。南中勳戚大老力致之，亦不能竟一席。富商權胥得其主席半晌，先一日送書帕，非十金則五金，不敢褻訂。與合卺，非下聘一二月前，則終歲不得也。好茶，善閔老子，雖大風雨、大宴會，必至老子家啜茶數壺始去。所交有當意者，亦期與老子家會。一日，老子隣居有大賈，集曲中妓十數人，羣誶嘻笑，環坐縱飲。月生立露臺上，倚徙欄楯，眠娗羞澁，羣婢見之皆氣奪，徙他室避之。月生寒淡如孤梅冷月，含冰傲霜，不喜與俗子交接；或時對面同坐起，若無覩者。有公子狎之，同寢食者半月，不得其一言。一日口囁嚅動，閒客驚喜，走報公子曰：『月生開言矣！』闃然以為祥瑞，急走伺之，面頳，尋又止。公子力請再三，寒澁出二字曰：『家去。』」可參看。（張岱：《陶菴夢憶》，上海古籍出版社2001年版，第127～128頁）

【畫堂春・陸茂林席上聽浦史按歌】

　　傳聞車子轉喉奇，梁塵暗落誰知。浦家小史奏新詞，絃管追隨。

　　一曲西樓夢錯，三春南浦情移。滿堂酒興盡淋漓，看殺歌兒。（南京大學中國語言文學系《全清詞》編纂研究室編：《全清詞・順康卷》第一冊，中華書局2002年版，第146頁）

【添字昭君怨・和湯臨川韻弔杜麗娘】

魂逐鶯娘燕姐，身似柳衰梅謝。梅心柳眼更舒花，只因他。　　畫裏人兒無那，夢裏人兒兩個。挑燈絮絮話偏多，夜如何。（南京大學中國語言文學系《全清詞》編纂研究室編：《全清詞・順康卷》第一冊，中華書局 2002 年版，第 150 頁）

【水調歌頭・歌席】

無限不平事，醉眼覷吳鉤。世上升沉離會，東海一浮漚。聊爾擎杯按拍，夢想草茵花逕，鶯燕語啾啾。願得知音者，齊上十三樓。

綠朝雲，青玉案，破閒愁。曼聲長嘯，驚起落葉不勝秋。試問錢塘蘇小，搗取梅花香汁，點染墨痕留。天下傷心處，都付與歌頭。

（南京大學中國語言文學系《全清詞》編纂研究室編：《全清詞・順康卷》第一冊，中華書局 2002 年版，第 156 頁）

【錦堂春・吳門顧氏宅中觀女鬟演劇】

隊隊雲中舞鳳，聲聲花底啼鶯。小欄杆露春風面，纖趾蹙香塵。

坐客盡教心醉，儂家暗地詩成。留連無計相持贈，銀海浪空橫。

（南京大學中國語言文學系《全清詞》編纂研究室編：《全清詞・順康卷》第一冊，中華書局 2002 年版，第 161 頁）

【醉公子・聽胡章甫歌余春波影樂府】

絲肉相嗚咽，聽來真豔絕。舊作一時新，遶梁無復塵。　　與君纔識面，知己情偏繾。歌罷不須愁，春風聚小樓。（南京大學中國語言文學系《全清詞》編纂研究室編：《全清詞・順康卷》第一冊，中華書局 2002 年版，第 164 頁）

【西湖竹枝（之六）】

度得崑腔合鳳簫，香喉囀處逐風飄。只愁地僻無人聽，移向蘇堤第一橋。（南京大學中國語言文學系《全清詞》編纂研究室編：《全清詞・順康卷》第一冊，中華書局 2002 年版，第 167 頁）

徐 籀

徐籀，生卒年不詳。字亦史，江蘇吳縣人。明崇禎六年（1633）舉人。高才博學，風流蘊藉。康熙初，由靖江教諭遷知黃岡縣事。愛民息訟，薄賦省刑，見囚輒泣下欲生之。士民皆感激。時邑多火災，燬民居，籀捐二千餘金分賑，又修建學宮，補葺古迹，文物燦然。在官無泛交，紳士端方博雅者延致加禮，人謂以文學治者必首推焉。歿祀名宦。著有《吾邱詩餘》。見《（同治）蘇州府志》卷八二。

【西江月·甲申九日住海外無高可登唯城堞數尺聊擬參軍故事暮薄觀劇漫記】

樺葉經霜漸赭，籬花綻露方黃。海城是處醉茱萸，我有愁城千丈。

那許佩蘭擬漢，只歌醴菊追梁。琵琶一曲奏《霓裳》，不減潯陽江上。（南京大學中國語言文學系《全清詞》編纂研究室編：《全清詞·順康卷》第一冊，中華書局 2002 年版，第 187 頁）

【千秋歲·聽歌】

小唇輕腕，綠鬢青絲綰。憑檻聽，如鶯囀。珠簾薄暮卷，月瀉寒光瀲。聲輕頓，流泉暗逝人長歎。　　惆悵雲山遠，淚濕青衫掩。淚有盡，愁無岸。纖眉頻自蹙，釧壓黃金匾。難掌管，空庭葉落商音滿。

（南京大學中國語言文學系《全清詞》編纂研究室編：《全清詞·順康卷》第一冊，中華書局 2002 年版，第 193 頁）

來 鎔

來鎔（1604～？），字元成，浙江蕭山人。明崇禎十三年（1640）進士，選授皖城司李。甲申後，削髮入山，課耕讀以自給。著有《倘湖詩餘》。見《全清詞·順康卷》第一冊。

【鵲橋仙·辭演戲】

草衣木屐，籜冠藜杖，我亦逢場作戲。為生為旦怎排場，鼻柱上、怕添墨滓。　　蘇秦印缺，班超筆軟，付與太平諸子。憑他妝點古英雄，單學笛、鴟夷釣叟。（南京大學中國語言文學系《全清詞》編纂研究室編：《全清詞·順康卷》第一冊，中華書局 2002 年版，第 220 頁）

盧 絃

　　盧絃（1604～？），字元度，號澹崖，蘄州（今湖北蘄春）人。順治己丑（六年，1649）進士，授新泰知縣。歷蘇松督儲參議。多惠政，雖簿書旁午，未嘗廢學。州志出其手，為諸名宿所激賞，比之申叔左史。晚居，與同學輩以道相尚，窮究源流，所詣益純。蓋其官蘇州時，得錢氏家藏《湖廣通志》、《黃州府志》、《蘄州郝志》，遂以書問蘄之父老，往復商訂而成。其書頗稱文博事贍。著有《四照堂詩集》。見《（嘉慶）湖北通志檢存稿》卷四、《（同治）蘇州府志》卷二二等。

【冬夜席中聽王永旂彈琴】

　　　　年來聒耳多煩聲，山胡高兮水胡清。招得幽人拼一醉，清懷遄發當筵傾。幽人夙妙諧宮呂，雲門古調心私許。摩抄按拂作微彈，喁喁如聽窗中語。寂然滿座忽停喧，飄若身隨野鶴軒。醉後朦朧還欲醒，餘音未了復玄言。玄言玉屑蚩蚩起，寒月移堦行且止。宓子堂中無素絃，從君疑暫留山水。（《四照堂詩集》卷二，清康熙汲古閣刻本）

【聽客彈絃】

　　　　唔唔夜聽聲悽切，況是羈人對殘月。如結情思萬縷多，誰向絃中訴離別？離別傷心苦不勝，寧堪萬里魂飛越。不住縈牽奈爾何，祇拼愁腸並斷絕。（《四照堂詩集》卷二，清康熙汲古閣刻本）

【辛丑人日李總戎招陪馮嵯臺楊副憲春飲座中觀劇兼試燈火】

　　　　地重津門擁帝畿，海雲扶旭早迎輝。將軍大樹先廻煖，御史嚴霜暫霽威。和濟羹鹽分鼎味，光聯藜照動营旂。賜醑恩近群沾澤，浮栢尊餘尚帶醅。座上投壺歌奏雅，席前列伎錦成圍。鼇峰向暮凌三島，人日先期爛九微。禮數許寬心已醉，太平欣際遇誠稀。竟忘入幕實居末，且逐青驄伴夜歸。（《四照堂詩集》卷四，清康熙汲古閣刻本）

【竹枝詞存四（之四）】

　　　　吳儂個個慣彈吹，不是《山坡》即《掛枝》。知得舊腔郎不愛，新翻一曲斷腸詞。（《四照堂詩集》卷八，清康熙汲古閣刻本）

【乙未端午馬摠戎招飲觀射天球之戲即席率賦十首存七】

　　　　（其一）蒼梧四野息烟氛，箭定天山萬里勳。懸得錦標爭欲奪，

五花陣裡看龍文。

（其二）聚米成山豐鑠翁，兒孫百代嗣宗風。不須薏苡驅蠻瘴，還借菖蒲勞首功。

（其三）雲錦叢中碧玉蹄，爭先突出仰風嘶。信龍何事觀江上，射虎常教鎮嶺西。

（其四）上座高延楚國生，此方風俗自殊荊。今朝莫問沉沙事，正恐徒傷旅客情。

（其五）鶹翎恰自稱烏號，弦動雲霄墜羽毛。休夏偃兵從此日，折膠風厲待秋高。

（其六）幕列參軍寄桂林，一身漸入瘴煙深。藥籠久缺家園艾，暫就將軍大樹陰。

（其七）海南蒸氣正愁炎，盆注蘭湯浴借澌。況有令公聲伎在，冰綃如映水晶簾。（《四照堂詩集》卷九，清康熙汲古閣刻本）

【聽絃】

那堪風雨寂寥時，更聽胡絃徹夜悲。不是罽人腸易斷，曲中字字是離思。（《四照堂詩集》卷九，清康熙汲古閣刻本）

【哭鄭麟圖副戎二首并序】公榆林世職，幹修七尺，爲永寧副將，年七十七休致。而好客，每宴必陳劇，終日不倦也。公任永寧時，州守沈尤含以缺兵餉被參，公慨然任之，余乃得爲沈寬。議免歸，公且爲之助，余以是益高其誼。丁酉秋八月，余與諸同校者在闈中，聞獨秀山後每日哭聲大震，度近公第，疑公有不測也。及出，而公尚無恙，且招同事飲甚懽。不數日，而公以無病卒，幾之先感如此。公乏嗣，沒後其養子與內人微造釁，余皆代弭之，後以是得歸葬於秦矣。

（其一）夜來驚報將星微，化作寒光遶幕飛。固是玉京催詔急，却憐邊地老臣稀。

（其二）身名無恙君何憾，營幕空瞻我自悲。從此令公歌宴地，滿庭荒草綠離離。（《四照堂詩集》卷十，清康熙汲古閣刻本）

【重聽王永旂彈琴】

塵耳年來久未清，如雷喧聒盡囂聲。逢君引入松風去，徧體沉煙此日輕。（《四照堂詩集》卷十，清康熙汲古閣刻本）

【聽妻總戎坐間調琴】

君年雖老尚多情，山水收爲坐上聲。誤處自知還自顧，急絃隨改
入輕清。(《四照堂詩集》卷十，清康熙汲古閣刻本)

【聲聲慢・清歌】

梨園雅奏，凝碧池邊，盛世樂事希聞。妙選歌兒，上皇伶部親分。
自然宮呂調叶，高韻停雲念奴媚，得李謩笛和，雙絕超群。　　近日
風流子弟，借當年、樂府演暢遺文。總是開元舊譜，殘馥餘芬。冶童
婉入歌喉，靜聽時、偏覺氤氳。且落得，暫留連、消卻半醺。(南京大
學中國語言文學系《全清詞》編纂研究室編：《全清詞・順康卷》第五冊，中華
書局 2002 年版，第 2723 頁)

彭而述

彭而述(1606～1665)，字子籛，號禹峰，鄧州(今屬河南)人。明崇禎庚
辰(十三年，1640)進士，入清歷官貴州巡撫、廣西布政使等職。長身修髯，聲
若洪鐘，一飲能盡數升，一食盡一彘肩。朱彝尊謂爲撥亂之異才，雄豪磊落，陳
同甫一流人也。詩多軍中之作，有磨盾橫槊之風，錚錚然明七子之遺響也。著有
《讀史亭詩文集》。見《文獻徵存錄》卷一〇、《清詩別裁集》卷二、《(雍正)河
南通志》卷五九、《感舊集》卷五、《國朝詞綜補》卷一、《清秘述聞》卷一〇、《清
史稿》卷二四七、《晚晴簃詩匯》卷二二等。

【胡鍾郎舟妓曲】

江煙羃羃蘆光白，晨粉宿脂凝翠額。鬆鬟馥郁寫薔薇，剪剪秋泓
沉琥珀。我來排闥坐匡牀，錦纜風前飛彩鷁。握手一笑池陽人，揮別
高梁四五春。春花春月燕京道，地棘天榛傷懷抱。驊騮塵蹴進賢冠，
金雀銅駝飛野燒。間關娉婷走江南，匣雷三尺魚皮函。崖蜜撮飥殘紈
扇，朝華晻藹菡萏面。門前車馬意如何，笑他潯陽夜半歌。(《讀史亭詩
文集》詩集卷六，清康熙四十七年彭始摶刻本)

【許菊谿使楚竣旋里予自湖南罷歸聯舫入襄舟抵仙桃鎭泛月觀劇因話往事酒酣菊谿有作和其韻】

雲中矯矯雙黃鵠，南北飛來江水綠。鳳凰山上歌復哭，生死六年
如棋局。自別爾來我亦官，聊復爾爾未免俗。秋風不屬蒼鷹鶡，行坂

幾躓驊騮足。猶是漢陰誰投珠，再過荊山聞泣玉。蠻谿苗崗古戰場，
餐眠動與干戈觸。九折雖云吒馭艱，雌伏懷安非所欲。每於馬上讀殘
書，匆匆旅夜燒短燭。悲來幾醉君山酒，澆胸不少衡陽釅。無端更建
夜郎節，銅鼓山邊閃大纛。羊腸橫亘千餘里，境埛何處平田沃。民間
猶用諸葛禮，漁家解唱禹錫曲。杜鵑聲夾短狐鳴，江水砯砰飛石歗。
是時寇盜從西來，沅撫宵奔棄長轂。我率麾下戰邵陵，雙羽腰鞬自結
束。坐上揖客幾後輩，堦前將校或舊屬。南人未服多反側，王事麏鹽
用相促。楓木嶺邊戰陣多，紫陽河上重恢復。只將筋力盡蠻荒，那知
黔楚分疆域。八百洞庭重鼓楫，庾亮南樓乃再矚。今朝聞命得歸田，
草色芳洲看繡縟。畫舫好月仙桃鎮，笑殺市兒失寵辱。亦知宦達等戲
埸，蹉跎良宵難再贖。此去高臥禹山隈，多種黃精好自劚。還吹橫笛
和陶詩，出卜不勞更握粟。（《讀史亭詩文集》詩集卷六，清康熙四十七年彭
始摶刻本）

【衡藩邸酌將軍】

（其一）夜半新粧出畫樓，琵琶按部譜涼州。衡陽怕有南來鴈，
錯認笙歌醉故侯。

（其二）天上歌喉掌上身，梨園占斷幾回春。大娘未死秦青在，
閱盡繁華是此人。（《讀史亭詩文集》詩集卷十六，清康熙四十七年彭始摶刻本）

賀貽孫

賀貽孫（1606～1689），字子翼，號水田居士，江西永新人。子翼生明季，
長遘亂離，備嘗艱苦。詩集中有丙戌避亂茶陵、庚寅山中度歲、壬辰被兵折臂、
戊戌易僧裝諸題。順治初，江右甫定，又有金聲桓、王得仁之亂，居民深受兵禍。
其詩鬱輪菀結，多鼀鼀不自得之語，則所遭之境使然也。著有《水田居詩存》。
見《清史稿》卷四八四、《晚晴簃詩匯》卷一八等。

【點絳唇‧贈歌者】

蘭氣氳氲，唇邊蛺蝶香如嗒。紅衫映頰，醉透桃花黶。　　暗教
鸚哥，對席嘲殘客。眼兒熱，看場人別，獨自撥絃索。（南京大學中國語
言文學系《全清詞》編纂研究室編：《全清詞‧順康卷》第一冊，中華書局 2002
年版，第 267 頁）

張仁熙

張仁熙（1607～1691），字長人，號藕灣，湖北廣濟（今湖北武穴）人。諸生。其論詩謂：「時弊雖深，救之者輒變而加厲。公安救歷下失之佻，竟陵救公安陷於屛。」時以爲允。宋牧仲通守黃州，於雪堂築東齋延仁熙說詩。著有《藕灣集》。見《國朝先正事略》卷三七、《國朝詩人徵略》卷三、《清文獻通考》卷二二八等。

【皮人曲】

年年六月田夫忙，田塍草土設戲場。田多場小大如掌，隔紙皮人來徜徉。蟲神有靈人莫惱，年年慣看皮人好。田夫蒼黃具黍雞，紙錢羅案香插泥。打鼓鳴鑼拜不已，愿我蟲神生歡喜。神之去矣翔若雲，香煙作車紙做屍。蟲神嗜苗更嗜酒，田兒少習今白首。那得閒錢倩人歌，自作皮人祈大有。（《藕灣詩集》卷三，鄧之誠：《清詩紀事初編》上冊，上海古籍出版社 1984 年版，第 192 頁）

李 雯

李雯（1608～1647），字舒章，江南華亭（今上海松江）人。明崇禎十五年（1642）舉人。少負才名，品識端朗，才致淹雅。與彭孝廉賓、夏考功允彝、陳黃門子龍、周太學立勳、徐孝廉孚遠相唱和，號「雲間六子」。入清官中書舍人。飛書走檄，頗著聲稱。著有《蓼齋集》五十二卷。見《國朝詞綜》卷一、《晚晴簃詩匯》卷二二等。

【贈歌者】

嘗聞水調擅江東，艷入吳波曲未終。擁檝可當郎主盼，明風吹滿舵樓中。（《蓼齋集》卷三十，清順治十四年石維崑刻本）

編者案：《詩詞卷·初編》已收李雯，此係增補。

徐世溥

徐世溥（1608～1652），字巨源，新建人。良彥季子。幼隨父任，學殖日富，年十六補博士弟子員。時東鄉艾南英以時文奔走一世，聞世溥名，與約爲兄弟。江南若陳子龍、姚希孟，里中若萬時華、康小范輩，無不以杓斗歸之。世溥才雄氣盛，一往自遂，兼工書法，戶外屨常滿。繼而屢困鎖闈，旋值滄桑之變，匿影杜門，絕意進取。順治辛卯、壬辰，溧陽柄政，欲修徵辟故事，直指使者親式其

閣，又作手書遣司理持禮幣往山中致之，堅拒不納。司理去後，盜乘夜入室索其禮幣，不知初未嘗受也。盜不之信，以火炙之，至死乃去。所著有《榆溪集外集》及詩若干卷。見《（康熙）江西通志》卷七〇、《小腆紀傳》補遺卷六九等。

【立夏日吳君徽招集涉園有歌者】

踏草覺春深，聞蛙已春晚。春歸人始知，如何不長歎。宿昔好垂簾，海燕來頻返。搖搖千里心，今夕臨芳醼。看風從何來，吹人衣帶亂。露深花氣濛，雙鬟簇青管。曼響撩長空，雲英盡如剪。殘月柳間窺，游人起微眄。自笑輕別離，茲筵何繾綣。（《榆溪詩鈔》卷上，清康熙三十年宋犖刻本）

【將發潯陽步塔前遇鄉舟釀宴是夕從小池口接歌妓侑酌】

他郡餘酣步夕暉，相迎交問舊漁磯。塔鈴風定聞僧語，岸槳潮平羨鳥飛。桃葉渡江還用檝，竹枝沾露又添衣。浪遊何意逢歌舞，半路鄉心與夢歸。（《榆溪詩鈔》卷上，清康熙三十年宋犖刻本）

傅占衡

傅占衡（1608～1660），字平叔，臨川（今江西撫州）人。給事中槐子。少有異稟，涉獵諸家，經目不忘。性淡泊，恥事徵逐，奉父山中，謝絕一切。與陳孝逸至相得。所著《漢書摭言》、《編年國策》，頗得史家之要。嘗依郡志作《臨川記》三十卷。另有《湘帆堂集》三十六卷。見《明詩紀事》辛籤卷一四、《（康熙）江西通志》卷八二等。

【少年游·答評董糟丘雜劇】

許大蒼穹，些兒酒盞，直道女矇聾。禹錫因人，宗元首事，拔舌也應同。　　忠言逆耳憑誰聽，還與仗天公。絳節高居，微臣下土，此疏不留中。（南京大學中國語言文學系《全清詞》編纂研究室編：《全清詞·順康卷》第一冊，中華書局 2002 年版，第 361 頁）

趙　賓

趙賓（1609～1677），字珠履，號錦帆，河南陽武人。順治丙戌（三年，1646）進士，曾官刑部主事。爲「燕臺七子」之一。律詩極壯麗，如《送王舍人開右之大梁》云：「丹詔勞中翰，皇華賦早秋。焚香梁父老，負弩漢諸侯。岱色浮關樹，河聲上驛樓。知交零落後，三徑共誰游。」《秋日贈周元亮》云：「露冷天高落日

懸，嵩高回首各茫然。一官障海七千里，獨霸騷壇二十年。島外艅艎生白髮，籃中薏苡問青天。秋風攜手層臺上，漠漠諸陵散晚煙。」著有《學易庵詩》。見《篋衍集》卷九、《清詩別裁集》卷二、《小匏庵詩話》卷三等。

【春日同盧禹鼎訪龍碧表兄】

雪晴壠麥半青青，並轡城南過草亭。老圃澆畦新剪韭，諸孫挾冊正傳經。飲闌海月樓頭見，歸晚城箛馬上聽。里社太平真有象，笙簫連日演歌伶。（《學易菴詩集》卷四下「七言律」，清康熙二十四年劉植等刻本）

【李天隆攜歌者數輩過甘泉】時天隆持准提戒飲。

空谷跫然識履聲，笙簫鼎沸漢王城。知音不慮周郎顧，解穢何勞羯鼓鳴？半偈心持辭米汁，百年春夢付歌伶。通天剩有高臺在，攜手石門飽絳櫻。（《學易菴詩集》卷四下「七言律」，清康熙二十四年劉植等刻本）

【介觀察】

堂上氤氳寶鼎歊，門前父老似雲屯。共言廷尉銷冤氣，好効豳風介壽罇。畫鼓金鐘喧白日，歌伶茜袖競黃昏。千秋定國今重見，早築容車駟馬門。（《學易菴詩集》卷五「五言排律」，清康熙二十四年劉植等刻本）

【即席贈歌者】

子夜歌聲繞畫梁，洞簫吹罷舞衣香。漫言少女顏如玉，羞殺青樓窈窕娘。（《學易菴詩集》卷八「七言絕句」，清康熙二十四年劉植等刻本）

鄧　旭

鄧旭（1609～1683），字元昭，壽州（今安徽壽縣）人。順治丁亥（四年，1647）進士，授翰林檢討。辛卯（八年，1651）典試江西，得人稱盛。會詔舉品行清端、才猷贍裕可任外吏者，大臣以旭薦，遂擢陝西洮岷兵備道按察司副使。未幾引疾乞歸，卜築江寧清溪。性至孝，以父汝謙早歿，痛祿不及養，言及輒流涕。又孜孜為善，凡賑荒、修學、贖難、婦育、棄嬰諸有益於地方者，不惜變產為之。生平持正，侃侃詆斥異端，人見其和光同塵，而實有壁立千仞之槩。所著有《林屋詩集》九卷。見《（光緒）重修安徽通志》卷一九七、《清秘述聞》卷一等。

【聽女子吳若耶彈琴贈范生崑崙】

　　高樓垂楊下，錦塘俯幽曛。維揚挾盛麗，云是范崑崙。偶來密宴後，四山空白雲。白雲何所有？忽然手語親。泠泠瀉哀壑，咿咿擘迴文。攙搯果殊絕，髣髴雲中君。銀甲抽鴛鴦，玉柱激天眞。阿誰理籃篽，帳裏疑鬼神。主人出絹素，更拂瀟湘裙。山水集妙指，錯落誠仙珍。臨卭犢鼻裩，何以致異人。我恐浣紗石，今爲妒女津。明朝抱琴去，莫上蘇孃墳。（《林屋詩集》卷一，清道光鄧廷楨刻本）

【雪夜飲查伊璜別業聽小童唱歌】

　　廿載名聞望越潮，蘭亭別墅喜相招。《大成樂府》須君譜，小史新聲誰最嬌？酒煖檀槽初聽雪，風含梅蘂半吹簫。自憐顧曲非同調，徐看鮫人淚滿綃。（《林屋詩集》卷六，清道光鄧廷楨刻本）

陳孝逸

　　陳孝逸，生卒年不詳。原名士鳳，字少游，號癡山，江西臨川人。孝威弟。陳田曰：「大士先生二子，長孝威，次孝逸，皆能古文，守家法。少游詩尤磊砢可傳。」著有《癡山集》六卷。見《明詩紀事》辛籤卷一七、《國朝詞綜續編》卷一、《國朝詞綜補》卷三等。

【少年游·題董糟邱雜劇後】

　　正則詠奇，招邀子厚，簿錄老頑皮。沒處抽身，調弓抹矢，叵測這男兒。　　蒼天大叫偏人也，憑你博浪椎。打草驚蛇，陶唐舜禹，總去問曹丕。（南京大學中國語言文學系《全清詞》編纂研究室編：《全清詞·順康卷》第一冊，中華書局 2002 年版，第 369 頁）

　　編者案：《全清詞·順康卷》第一冊作「重糟邱」，似應爲「董糟邱」。李白《憶舊遊寄譙郡元參軍》謂：「憶昔洛陽董糟丘，爲余天津橋南造酒樓。黃金白璧買歌笑，一醉累月輕王侯。」（《李太白集》卷十二）

潘廷璋

　　潘廷璋，生卒年不詳。字美含，號梅巖，浙江海寧人。明諸生。入清後棄舉業，隱居教授，潛心經學，多所撰述。著有《渚山樓集》。見《全清詞·順康卷》第一冊。

【踏莎行・贈歌郎朱倩雲陳允大即席索和時演浣紗】

　　　　舞雪輕盈，歌珠繚繞。天生一種誰能曉。清詞一闋動人愁，滿堂
始覺何戡好。　　越樹吳宮，已同煙草。特留生面情難了。移家倘近
芋蘿村，雌雄未辨誰多少。（南京大學中國語言文學系《全清詞》編纂研究室
編：《全清詞・順康卷》第一冊，中華書局 2002 年版，第 526 頁）

鄭俠如

　　鄭俠如，生卒年不詳。字士介，號俟庵，別署休園，江都（今江蘇揚州）人。
中崇禎己卯（十二年，1639）副榜，以薦授工部司務。著有《休園詩餘》一卷。
見《揚州畫舫錄》卷八、《國朝詞綜》卷三等。

【山亭柳・劉俊度招觀女樂】

　　　　園涉秋旻，吾自有花茵。台榭上，露華新。忽聽清音縹緲，居然
高遏行雲。賣弄庭花玉樹，如飲香醇。　　幾回離合悲歡事，現身說
法欲銷魂。知音者，屬何人。若遇周郎顧曲，寧辭再和陽春。似此風
清月白，無奈良辰。（南京大學中國語言文學系《全清詞》編纂研究室編：《全
清詞・順康卷》第一冊，中華書局 2002 年版，第 623 頁）

【漢宮春・聽韓修齡說史】

　　　　醒世韓生，能現百千年，而為說偈。齊諧野史，多少荒唐奇譎。譽
堯非桀，任粧成、揮金竊鐵。雄辯高談驚四座，惟爾董狐精覈。　　休
嘆昔人湮滅，斷一場公案，誰為昭雪。片時揮塵，勘破幾朝優劣。笑嘻
怒罵盡文章，明明如月。當酒後、雄心未已，頻擊唾壺曾缺。（南京大學
中國語言文學系《全清詞》編纂研究室編：《全清詞・順康卷》第一冊，中華書
局 2002 年版，第 626 頁）

史唯園

　　史唯園（？～1686 後），原名策，又名若愚，字雲臣，號蝶庵，江蘇宜興人。
終生隱逸。著有《蝶庵詞》。見《倚聲初集》卷四、《全清詞・順康卷》第七冊等。

【柳枝・妓席（之一）】

　　　　約掠雲鬟玉作膚，雪消初。吳娃生小習吳歈，舞氍毹。　　弱柳
嬌鶯何處轉，聲聲軟。坐中狂客莫歌呼，正愁予。（南京大學中國語言文

學系《全清詞》編纂研究室編：《全清詞・順康卷》第七冊，中華書局 2002 年版，第 3815 頁）

【柳枝・妓席（之三）】

絃索聲高華燭光，醉聞香。當筵一曲遶雕梁，夜荒涼。　　卻訝華堂春信早，鶯聲好。爭教詞客不成狂，惱愁腸。（南京大學中國語言文學系《全清詞》編纂研究室編：《全清詞・順康卷》第七冊，中華書局 2002 年版，第 3815 頁）

【祝英臺近・聽彈三絃】

問閒愁，能幾許，欹枕小窗午。夢遶紅樓，簫管悄無緒。箇人巧作新聲，三條絃裏，似訴盡、千般言語。　　人何處？暗想無限韶華，流波又東去。易斷情腸，脆弱似絲縷。倩伊手腕停揮，離情正苦。滿眼內、荒臺煙雨。（南京大學中國語言文學系《全清詞》編纂研究室編：《全清詞・順康卷》第七冊，中華書局 2002 年版，第 3830 頁）

【摸魚兒・清明為其年悼歌者徐郎】

正堪憐、畫橋煙柳，風流暗想如許。歌喉長憶當筵逞，淪落今歸黃土。江上路，空望斷、杜鵑聲裏無歸處。怨春無主。任無賴東風，幾番作惡，零亂捲飛絮。　　思前事，攜手長堤日暮。曲終人醉南浦。梨花昨夜枝頭好，還似掌中相覷。寒食雨，只落得、孤墳夜掩青松樹。舞衫拋去，領幾隊笙歌，夜臺供奉，猶唱斷腸句。（南京大學中國語言文學系《全清詞》編纂研究室編：《全清詞・順康卷》第七冊，中華書局 2002 年版，第 3838 頁）

【鵲踏花翻・春夜聽客彈琵琶作隋唐平話和其年】

殘照如旗，遠牆似槊，蕭條故壘漁樵話。誰將舊曲新翻，緊撥輕彈，酸風初透春簾罅。低徊試唱小秦王，煙塵掃盡征鞍卸。　　休訝。當日錦帆東下。雷塘數畝荒臺樹。惟有一片寒波，兩行官柳，日暮烏啼罷。四條絃裏古今愁，霜鐘敲破孤眠夜。（南京大學中國語言文學系《全清詞》編纂研究室編：《全清詞・順康卷》第七冊，中華書局 2002 年版，第 3855 頁）

【春雲怨‧冬夜絃索】

梅梢凍結。問誰調絃柱，數聲淒絕。舊日何戡猶在，一曲殷勤重唱徹。促拍哀彈，輕攏慢撚，錦筵紅淚盡沾臆。落葉飛烏，幽蘭淥水，此恨有誰識。　　大絃泠泠中絃急。更如啼似訴，小絃清切。江草江花怨離別。人隔天涯，休問西堂，舊時風月。此夜燈前，冷猿酸雁，愁裏怎生聽得。（南京大學中國語言文學系《全清詞》編纂研究室編：《全清詞‧順康卷》第七冊，中華書局2002年版，第3861頁）

【喜遷鶯‧聽蘇崑生度曲】

梁谿佳麗。正秋色引人，閒過蕭寺。入耳新聲，驚心絕調，隔院翠簾垂地。疑是天風吹下，鳳曲仙家新製。細問取，是教師名部，白頭懷智。　　和淚。嚮客語，折戟殘戈，猶憶湖湘事。使酒筵前，調箏帳裏，看盡江波如沸。錦纜油幢何處，飄落此身如寄。徘徊久，唱關山舊曲，爲伊沾袂。（南京大學中國語言文學系《全清詞》編纂研究室編：《全清詞‧順康卷》第七冊，中華書局2002年版，第3870頁）

【尉遲杯‧秋夜觀演雜劇】

銀燈穗。曾伴我、幾度歌筵醉。行行脆管柔絃，一片斷紅零翠。淡煙籠月，空照見、重樓夜深閉。想舞衣、疊在空箱，也應消盡香膩。

今宵擬續前遊，氍毹暖屏風，曲曲相似。卻怪樽前歡情少，只困倚、交牀圖睡。算惟有、楓江荻浦，寒雁過、還應解此意。判開身、付與紅兒，銷魂舊事誰記。（南京大學中國語言文學系《全清詞》編纂研究室編：《全清詞‧順康卷》第七冊，中華書局2002年版，第3871頁）

吳　璉

吳璉，生卒年不詳。字馨聞，號似庵，山西襄陵人。貢生，任揚州鹽運使通判。嘗與冒襄諸人倡和。見《全清詞‧順康卷補編》第一冊。

【春從天上來‧甲子王正十九日集嘉禾閣觀劇調寄春從天上來呈巢翁夫子】

雪釀濤箋。對酒友詩朋，盡是神仙。塵心暗鑄，俗事都捐。名香裊娜鑪煙。想百年駒隙，不笑時、辜負金錢。再休題、燈纔錯落，月過團圓。　　縱是歡場易散，且將息朱顏，莫放華顛。幾度新聲，一

翻舊譜，辟疆紅豆親拈。趁雛鶯稚蝶，巧扮出、百媚千妍。問平原，更開筵何處，妬我周旋。謂眉翁郭先生。（張宏生主編：《全清詞・順康卷補編》第一冊，南京大學出版社 2008 年版，第 282～283 頁）

許 珌

　　許珌，生卒年不詳。字天玉，號星齋，福建侯官人。明崇禎己卯（十二年，1639）舉於鄉，後官安定知縣。與新城王尚書士禛善，士禛作《慈仁寺雙松歌》贈之，稱爲閩海奇人。田雯淵曰：「天玉詩才敏贍，廿年來屢與倡和。每拈一韻，嘆其絕神。」著有《鐵堂集》、《梁園集》等。見《揚州畫舫錄》卷一〇、《（乾隆）福州府志》卷六〇、《感舊集》卷一一等。

【長至大雪同年吳茲受中丞招飲園林觀劇】

　　高齋梧竹盡修名，靜几鱒罍見古情。白紵忽增吳下色，紅鹽都變楚中聲。歌成鸚鵡春喉細，舞入蛟螭夜角清。一自五湖身退後，隱囊紗帽足生平。（《鐵堂詩草》卷上，清乾隆五十五年蘭山書院刻本）

【正老招仝顧修遠韓固菴周茂山范文白湘舫觀劇得煙字】

　　絪縕華燭水如煙，名士高談動四筵。花乳半飄歌扇跳，柳絲全挂舞衣妍。湖山署靜添詩目，親串途窮散俸錢。猶憶長干曾失路，緋袍轉爲故人憐。（《鐵堂詩草》卷下，清乾隆五十五年蘭山書院刻本）

陳世祥

　　陳世祥，生卒年不詳。字善百，號散木，南通州（今江蘇南通）人。明崇禎十二年（1639）舉人，入清官知縣。著有《含影詞》一卷。見《國朝詞綜》卷一、《（乾隆）江南通志》卷一三〇等。

【燭影搖紅・集飲西樵司勳寓園聽雲然女史度曲分得八字】

　　鴛瓦霜濃，金缸一點么荷爆。吳孃匿笑隱紅簾，小露裙兒摺。簾外冰輪碾雪。問誰領、人間花月，緱山仙子，謫向塵中，還吹尺八。　　繞徑疏梅，淩寒早有幽香接。玉人試與並梅花，一樣無分別。休把涼州高揭。惹多少、宮牆偷擪。酒徒腸熱，詞客魂消，都難安貼。（南京大學中國語言文學系《全清詞》編纂研究室編：《全清詞・順康卷》第一冊，中華書局 2002 年版，第 606 頁）

朱一是

朱一是（1610～1671），字近修，浙江海寧人。明崇禎壬午（十五年，1642）舉人。近修文名早擅，逮避地江東，屈志百里，尤以才略見長。歸欲披緇以老，而從遊弟子力強之說經，因主文社。古今詩不事矜鍊，而詞采斐然。著有《梅里詞》。見《靜志居詩話》卷一九、《明詞綜》卷七等。

【如夢令・談將軍望山席上歌兒】

巧囀新鶯花外，步步金蓮自在。粉靨照銀缸，舞影香塵旋帶。誰解，誰解，怯怯柔肢無奈。「旋」、「解」，俱去聲。

陳景行曰：「以『自在』說金蓮之步，善於形容。」（《梅里詞》卷一「小令」，清初清遠堂刻本）

【唐多令・聽伊璜歌姬彈箏】

別部出西巴，箏高半面斜。柘紅衫烏鬢橫鴉。促柱安絃聲睍睆，似鳥語，隔簾花。　　按拍點紅牙，知音顧不差。賽江州催淚琵琶。舊識當年劉碧玉，應怊我，髮生華。

陳景行曰：「全首風情，總在結句。」（《梅里詞》卷二「中調」，清初清遠堂刻本）

【御街行・聽彈箏吹笛與查伊璜嚴修人論曲調新舊】

錦堂春暖歌紅褒，輕按拍，紅牙湊。疾徐哀響出涼州，怕聽繁絃終奏。何人訂誤，周郎年少，又是山松授。　　挑燈洗爵移籩豆，重抵掌，黃昏後。延年變調幾千秋，曲譜時時翻舊。當年子尚，風流已逝，莫向朱生扣。子尚，朱姓。蕭齊善歌者。

孫無言曰：「用事巧合。」（《梅里詞》卷二「中調」，清初清遠堂刻本）

【滿路花・夜聽子女琵琶】

龍桐壓褒紅，鸞响沉帷翠。凝思含逸態，慵如醉。纔低忽抗，霄崔三更唳。關心緣底事，掩抑凄涼，背人驀地流泪。　　烏孫塞曲，又是明君賽。嗚嗚彈薄命，芳心碎。青衫白髮，難了風情債。尚有知音在。也是朱生，却逢絕調能解。去聲。朱生，古之善琵琶者。

陳景行曰：「魯直、耆卿多工於白描，關心數語是也。」（《梅里詞》卷二「中調」，清初清遠堂刻本）

【鳳凰臺上憶吹簫・新安中秋同潘雲從步月河西橋明早雲從即發】

桐碧凋風，桂黃含露，客懷愁絕新安。正三星疎落，皓魄高寒。棋酒良朋會合，歌彈鋏、幸舍盤桓。同攜手、河橋月冷，人影闌珊。

更殘。鼓吹一派，那村兒鬼面，醉裏喧闐。徽俗，是夕城內外雜遝，共觀演月明度柳翠故事。憶故鄉江北，誰共追懽？聚散雲烟無定，問征楫、又在河干。傷心處，來宵好月，獨看嚴灘。

陸冰修曰：「『河橋』二句如畫。」（《梅里詞》卷三「長調」，清初清遠堂刻本）

【漢宮春・菰城同查伊璜陳冰遠吳長庚諸公觀群姬演劇】

桃李春城，更畫堂錦幛，珍錯排筵。銀燭金樽相映，雜坐追懽。梨園嬌舞，串珠喉、象板朱絃。傳樂府、雪兒慧性，教師好手延年。

顧曲周郎已逝，嘆風情老去，吾輩頹然。少年曾記遊冶，駿馬揚鞭。酒罏花市，擲千金、長夜留連。今日逐、諸公買笑，重尋夢裏邯鄲。

陸冰修曰：「邯鄲夢醒後，必復悵然。作者似已會得。」（《梅里詞》卷三「長調」，清初清遠堂刻本）

編者案：菰城，在浙江吳興縣南二十五里，后改作烏程。

【催雪・贈歌者】

虞響飛塵，秦歌振木，微理從前莫測。聽欲寂還飄，纔揚隨抑。恰好吐羽含商，與玉簫、牙板諧徐疾。數聲入破，驟風亂雨，滿堂吁咈。　　何日。曾相識、似老大何戡，名留夙昔。媿顧曲郎君，重逢頭白。指授少年弟子，譜樂府、新聲工協律。且眼底、逐隊懽娛，不許青衫偷溼。

朱美涵曰：「『微理莫測』，『滿堂吁咈』，聲音之神境。」

孫無言曰：「『青衫』句翻得好。」（《梅里詞》卷三「長調」，清初清遠堂刻本）

【拜星月慢・丙午夏仲萬歲樓公讌即事】

牖納薰風，簾遮朱燎，萬歲名樓展席。四美二難，逐懽娛終日。繞梁調、試演梨園子弟，一派吹笙鼓瑟。舊曲開元，是李龜偷得。

羨周郎、顧誤今誰及？更無奈、浩嘆偏當食。辜負北海擎樽，共南皮載筆。感飄零、不定烟霞客；解煩襟、如被涼吹拂。看長宵、皎月繽紛，炤元規讌集。

陳景行曰：「用『當食』語，殊令人慨然，勿得作尋常語讀過。」（《梅里詞》卷三「長調」，清初清遠堂刻本）

劉命清

　　劉命清（1610～1682），字穆叔，號但月仙，又號虎溪漁叟。江西臨川人。諸生。績學能文，名於邑，與傅占衡（字平叔）并稱為「臨川二叔」。入清，以史館薦，不應。屏跡林泉，館課生徒。著有《虎溪漁叟集》十卷。見《四庫全書總目》卷一八一、《全清詞・順康卷》等。

【望江南・閱雜劇】

　　　　高臺暖，錦席照流黃。鄉語闌翻侵樂府，吟喉宛轉度清揚。生澀費商量。　　衣冠處，王會一般裝。古貌烏紗人儼雅，輕彈紅粉袖寬長。行樂更神傷。（南京大學中國語言文學系《全清詞》編纂研究室編：《全清詞・順康卷》第一冊，中華書局2002年版，第564頁）

【梅花引・閱李德武劇】

　　　　隋家否，唐家起。兒童剩得歌桃李。既相逢，定相容。英豪幾許，況是蒲山公。　　十年戍謫陽關藐，一片閨情孤月皎。好音回，再銜杯。裙衩孤回，愧殺尚書裴。（南京大學中國語言文學系《全清詞》編纂研究室編：《全清詞・順康卷》第一冊，中華書局2002年版，第564頁）

　　　　編者案：此即《裴淑英斷髮記》，演出甚少。

【天仙子・閱鸚釵認】

　　　　記得廣平多宿悟，羯鼓一聲彈夜雨。擬將石末伴花甆，情偶寓。音即赴，豪爽風流時一露。　　畢竟心腸鐵可鑄，比翼雙鸚何所慕。女男誰肯媾無媒，跡匪汙。曲有誤，不必梅花閑作賦。（南京大學中國語言文學系《全清詞》編纂研究室編：《全清詞・順康卷》第一冊，中華書局2002年版，第566頁）

彭士望

　　彭士望（1610～1683），字達生，號躬庵，又號晦農。江西南昌人。梅伯言曰：「先生嘗周旋於黃公道周、史公可法、楊公廷麟數君子之間，欲有所自見於世而訖不得其志。詩兀傲，有似山谷者，激烈之氣，則近放翁。」性慷慨，尚氣

節。古文與「三魏」齊名，爲「易堂九子」之一。著有《恥躬堂集》。見《小腆紀傳》補遺卷六九、《晚晴簃詩匯》卷一二等。

【觀宮戲有感】偶可八寸許，能自著衣冠，或騎馬，或扇，或鼓吹，手指屈伸，俯仰有致。上不綴線，下無掇人，最異有吹燭、焚香、吞酒、食烟、更衣者。武劇尤渾脫頓挫，運稍飛動，真絕技也。傳宏光時故相馬士英作於禁中，以娛樂天子。國破後，流落民間，猶號「宮戲」。予於樟墅茶肆見之，嘆曰：「此奚至哉！」因述古十二章，於時同觀爲朱古畦、古農、姚子誠、金令襄、萬雲翼。

　　（其一）二聖同仇不共天，平章湖上日開筵。只今愁絕西泠水，未見厓門返隻船。

　　（其二）多少宣和獻媚臣，豐亨盤樂共朝昏。獨留萬歲峯頭石，猶爲南朝打北人。

　　（其三）角觝魚龍百草生，漁陽一鼓散西京。吞聲野老今猶恨，密口曉曉說太平。

　　（其四）月下清遊馬上吹，空陳百戲詆諸夷。民間久識宮音異，恰對蕭娘引鏡時。

　　（其五）玉樹歌殘數舉杯，急書城破未曾開。坐中狎客能亡國，此敗非專自酒來。

　　（其六）寂寞邯鄲倚趙絃，千秋石磴亦徒然。何如多置雲中守，世世匈奴莫犯邊。

　　（其七）長樂宮中秘戲新，珊珊猶見李夫人。自非衛霍能深入，未必仙遊老白雲。

　　（其八）劉項興亡各壯歌，美人虞戚竟如何？漢中一出摧西楚，豁達能招猛士多。

　　（其九）本自沙陀強作優，告功三矢事全休。罍伶樂器焚天下，一后囊金繫馬頭。

　　（其十）歌舞生人剝面皮，老羌惡謔慘何之。長年虎視淮南上，骨月蕭牆衹自夷。

　　（其十一）中年絲竹爲陶情，晚歲聲歌避盛名。未必小兒能破賊，徒將荒樂誤王明。

　　（其十二）衣冠猶賴尺人存，老客觀場髮盡星。歌哭不傳沙漠信，月明何處弔冬青？（《恥躬堂詩文鈔》詩鈔卷四「癸巳至乙未」，清咸豐二年刻本）

蔣　薰

蔣薰（1610～1693），字聞大，號丹崖，浙江海寧人。明崇禎九年（1636）舉人，順治二年（1645）授縉雲教諭。縣有李華者獲罪知縣，汪宗魯欲申黜之，薰請於宗魯曰：「華，孝子也。曩遇寇，華伏草中，其父負大母逃，寇將殺母，父請代，華乃躍出，求代父死，寇並釋之。願毋黜華以教孝。」宗魯爲感動，裂牘。遷知伏羌縣，年饑，積逋三萬六千。薰憫民疾苦，言之上官，請豁。不允。又請革除濫征凤弊，勒碑衢道，有抗不輸糧者作詩勸之。府司交怒，誣列罪狀，遂以性近迂闊，賦詩勒碑，催科不力，劾歸。生平爲詩萬首，刪之猶存者其半。有《留素堂詩集》。見《兩浙輶軒錄》卷二、《（民國）杭州府志》卷一四二等。

【明宮詞（之五）】

凤駕傳臨旋磨臺，年年《打稻》戲名御顏開。艱難稼穡三推後，贏得優人百戲來。（《留素堂詩刪》卷一「廓吟」，清康熙刻本）

【明宮詞（之七）】

萬曆宮中習太平，魚龍角觝巧難名。不知塞上開原失，銀豆金錢戲掉城。（《留素堂詩刪》卷一「廓吟」，清康熙刻本）

【明宮詞（之十）】

承懽聖母四齋伶，二百笙歌繞座清。學得新聲傳外戲，玉熙宮內獨劉榮。（《留素堂詩刪》卷一「廓吟」，清康熙刻本）

【爾仁挾七優童偕阮生又騫遲予柳洲度曲進酒生吹笛和之日暮醉歸鼓琴而別】

日日溪頭吟復行，孌童豪客漫逢迎。纖歌低度梁間繞，長笛驚吹水底鳴。酒引樵漁分醉去，果留猿鳥到筵爭。欲歸石上彈琴別，幽澗流泉寫入聲。（《留素堂詩刪》卷一「天際草」，清康熙刻本）

【宿七里瀨】

幾度瀨中行，停舟秋興清。潮過胥口落，魚近釣臺驚。茅屋依巖結，樵風到浦生。空山歌吹寂，哀嘯起禽聲。是夕聞梨園。謝靈運《七里瀨》詩：「哀禽相叫嘯。」（《留素堂詩刪》卷三「天際草」，清康熙刻本）

【金郎】

勅勒川歌拓拔舞，邊庭笳鼓揚大武。君王顧曲諳吳音，更向姑胥

選樂部。梨園子弟兩金郎，花冠銀帶生輝光。時隨步輦出海子，夾騎常過西苑裏。掠鷹臺上清塵落，七十二橋游魚起。鼎湖丹熟上天關，珍禽異獸同放還。落花時識龜年面，不似岐王宅相見。徵歌欲囀不盡囀，爲惜春風淚如霰。（《留素堂詩刪》卷三「天際草」，清康熙刻本）

【聽彈箏者】

衫鸞檀馬紅牙杖，西調淒涼動九絃。流落人間教弟子，岐王宅裏李龜年。彈箏者，明肅王府人。（《留素堂詩刪》卷三「塞翁編」，清康熙刻本）

【繡雲春燈詩（之四）】

金鳧白鷺儼成行，東閣清尊度曲郎。詞客踏歌矜彩筆，何人能唱月分光。（《留素堂詩刪》卷四「天際後草」，清康熙刻本）

【聽閩童唱曲擬其聲而戲為詩】

鄧卿定幾艾，夜半作蠻歌。膊膊鳴鷄數，登登啄木多。揚喉爲梵放，捉鼻學吟哦。節以秦盆缶，令人喚奈何。（《留素堂詩刪》卷四「塞翁編」，清康熙刻本）

【贈二妓得歌字二首（之二）】

龜年將進酒，素女夜如何？月殿霓裳舞，梨園紅豆歌。彩雲飛不去，畫燭剪無多。玉漏催檀板，雙星耿白河。（《留素堂詩刪》卷五「塞翁編」，清康熙刻本）

雷士俊

雷士俊（1611～1669），字伯籲，陝西涇陽人。僑居江都。諸生。士俊棄諸生，專力經史百家，熟悉古今治亂得失之政，辨別君子小人消長進退之幾。爲文銚心劌胃，既脫稿，必琢磨再四，始出以示人。詩古直老蒼，有唐人格調，時攀魏晉。貧老負氣，悲憤得疾以卒。著有《艾陵詩文鈔》。見《明詩紀事》辛籤卷三一、《感舊集》卷八、《晚晴簃詩匯》卷三四等。

【宴王吏部旅館有妓周秀善歌限燈字】

如今辦得幾多綾，一曲歌來酒一升。吏部新裁皆白雪，佳人舊繫有朱繩。小堂檻際霜初落，枯樹枝頭月已昇。好友論文眞樂事，停杯酩酊對殘燈。（《艾陵詩文鈔》詩鈔卷下，清康熙莘樂草堂刻本）

陸世儀

陸世儀（1611～1672），字道威，號剛齋，又號桴亭，太倉（今江蘇太倉）人。明諸生。南都亡，乃避世終隱，築桴亭居其中，罕接賓客。與同志講學，遠近歸之。既而，應學者之請，講於東林，又再講於毗陵。當事者屢欲薦之，力辭不出。康熙十一年（1672）卒，同治十一年（1872）從祀孔廟。著有《桴亭集》。世儀之學，主於敦守禮法，不虛談誠敬之旨，施行實政，不空為心性之功。於講學之家最為篤實，故其言曰：「天下無講學之人，此世道之衰；天下皆講學之人，亦世道之衰。嘉、隆之間，書院徧天下，呼朋引類，動軋千人，附影逐聲，廢時失事，甚有借以行其私者，此所謂處士橫議也。」又曰：「今所當學者，正不止六藝，如天文、地理、河渠、兵法之類，皆切於用世，不可不講。俗儒不知內聖外王之學，徒高談性命，無補於世，所以來迂拙之誚也。」其言皆深切著明，足砭虛憍之弊。五七律詩格調軒爽，音節蒼涼。見《明詩紀事》辛籤卷一三、《儒林傳稿》卷二、《（嘉慶）大清一統志》卷一〇四、《（嘉慶）直隸太倉州志》卷二七、《（同治）蘇州府志》卷一一二、《晚晴簃詩匯》卷一一等。

【看劇痛亡兒時頊傳作迎天榜傳奇中有陳靜誠亡子復歸事】

為解悶懷看傀儡，卻因傀儡更傷情。八年亡子仍歸里，死者何緣得復生。（《桴亭先生詩文集》詩集卷八，清光緒二十五年唐受祺刻陸桴亭先生遺書本）

李　漁

李漁（1611～1680），原名仙侶，字笠鴻，又字謫凡，號笠翁、笠道人、隨庵主人、新亭樵客等。祖籍蘭溪（今屬浙江），生於揚州雉皋（今江蘇如皋）。明崇禎十年（1637）郡庠生，兩赴鄉試不第，後棄科舉，從事戲劇活動等。由於精於譜曲，時人呼之「李十郎」。有傳奇十種行世，即《風箏誤》、《奈何天》、《比目魚》、《慎鸞交》、《玉搔頭》、《巧團圓》、《鳳求鳳》、《意中緣》、《蜃中樓》、《憐香伴》。其詩規橅香山，真率而近俚。見《兩浙輶軒錄》卷八、《（民國）杭州府志》卷一七〇等。

【滿江紅·讀丁藥園扶荔詞喜而寄此勉以作劇】

傀儡詞場，三十載、謬稱柳七。向只道、中原才少，果然無敵。止為名儒崇正學，不將曲藝妨經術。致么魔、忽地自稱尊，由無佛。

魔數盡，真人出。旭輪上，燈光沒。看詞壇旗幟，立翻成赤。愧我妄操月斧，惜君小用如椽筆。急編成、兩部大宮商，分南北。（南京

大學中國語言文學系《全清詞》編纂研究室編：《全清詞・順康卷》第二冊，中華書局 2002 年版，第 685 頁）

【二郎神慢・和尤悔庵觀家姬演劇次原韻時寓姑蘇之百花巷】

百花巷，雖隘小、高車時降。喜同調，嘉賓無爾我，相對處、旅懷增放。主不識羞姬忘醜，曲有誤、人前爭唱。周郎好、明知不顧，越引得歌聲颭颭。　　惆悵，今宵容隱，難逃日上。怕到處、逢人開笑口，親見無鹽劣相。好色登徒今若此，歎目睜、何如想像。聽此等歌聲，不若酣眠，梅花紙帳。（南京大學中國語言文學系《全清詞》編纂研究室編：《全清詞・順康卷》第二冊，中華書局 2002 年版，第 693 頁）

編者案：《詩詞卷・初編》已收李漁，此係增補。

冒　襄

冒襄（1611～1693），字辟疆，號巢民，如皋（今屬江蘇）人。明崇禎十五年（1642）副貢生，授臺州推官，不赴。入清不仕，以隱逸薦，以博學宏辭薦，皆不就。與陳貞慧、方以智、吳應箕（一說侯方域）並稱四公子。父起宗官荊樊時，值世亂。襄往省覲，奉母以歸，不入內寢。或問之，襄曰：「父在殘疆而子安枕席乎？」泣血上書政府，得調寶慶。襄友愛諸弟，一日忽有人入戶，將劈刃於襄，襄子丹書以身蔽，被重創。聞於官，辭連其弟，襄痛哭，直弟無是事。太守因並寬刺者。鬻產賑饑，日行道殣中，染病死，三日復甦。晚年退居祖宅傍，築室數間，雜植花藥，客至與酌酒賦詩。解音樂，時命小奚度曲，亦以娛客。書法特妙，喜作擘窠大字，人皆藏弆珍之。著有《樸巢詩選》、《水繪庵詩集》等。見《（乾隆）江南通志》卷一五九、《國朝書人輯略》卷一、《晚晴簃詩匯》卷一三等。

【鵲橋仙・己巳九日扶病招同聞瑋諸君城南望江樓登高演陽羨萬紅友空青石新劇鵲橋仙三闋絕妙劇中唱和關鍵也余即倚韻和之以代分賦】

巢居覆卻，三吾烏有，結構一生胡亂。今朝空上望江樓，覺南北、煙林全換。　　新譜重翻，麗詞三和，一字一聲偷看。縱海枯石爛萬千年，銷不得、余愁小半。（南京大學中國語言文學系《全清詞》編纂研究室編：《全清詞・順康卷》第二冊，中華書局 2002 年版，第 1028 頁）

編者案：《詩詞卷・初編》據《國朝詞綜補》收有【鵲橋仙】〈重九日登望江樓，演陽羨萬紅友《空青石》新劇，老懷根觸，倚聲待和〉，字句與此多有不同。

吳景旭

吳景旭（1611～？），字又旦、旦生，號仁山，浙江歸安（今浙江湖州）人。明諸生，入清不仕。著有《南山堂自訂詩》十卷、《歷代詩話》八十卷等。見《（雍正）浙江通志》卷二五一、《清文獻通考》卷二三八等。

【螺鈿榫】江千里製。

精心兼善手，入酒應醺醺。醉眼迷猶辨，歌聲粲欲聞。嵌裝隴一齣，變態歷雙文。每一酒榫用《西廂》傳奇一曲。豈是逢螺女，相憐到夜分。（《南山堂自訂詩》卷四「橫塘草」，清康熙刻本）

【遣懷（之一）】

物各有所用，人各有所優。昔時傮韶院，從未解梁州。既去復宣喚，終須菊部頭。怪哉傅大士，坡公思與游。手捧《金剛經》，拍板似吁謳。物違時亦異，笑傲凌千秋。（《南山堂自訂詩》卷八「開襄草」，清康熙刻本）

【荷葉杯·度曲】

拍板誰為眞授，紅豆，捉字最分明。　　水磨腔裏唃鶯聲，清麼清，清麼清。（《南山堂自訂詩》卷十「小令、中調、長調」，清康熙刻本）

【見沈去矜東江集作二十韻】

臨平緣底事，別以東江稱。獵獵風蒲舊，峩峩月榭增。就中棲俊逸，高踞憺威稜。憶昔歌吟次，唯余唱和曾。春泉賦即答，古寺涉還登。一笑長開口，四聲互服膺。巴人慙下里，才子濫吳興。集中答余遊安平泉詩云：「吳興才子惜華年，惠我新詩又幾篇。」異地文心結，彌年客路乘。騎鯨嗟忽逝，吐鳳泣無朋。向隔星霜久，今看載籍徵。編珠盈几案，屑玉照囊膡。近體皆宗匠，塡詞亦藝能。韻從詩半割，譜使眾全憑。況厭優伶技，徒將套數仍。西廂改始演，北曲唱堪懲。中表湔元九，雙文匹鄭恒。著傳奇六種，一名《翻西廂》，以鶯鶯作鄭配。父書新刻棗，子墨免抄藤。破却中人產，傳為後代燈。其子弘宣脫產刻是集。妓堂偷按拍，蓺圃淑師承。從此詞塲上，千秋奉去矜。（《南山堂自訂詩》南山堂續訂詩卷一「雨來草」，清康熙刻本）

【上元硯會觀梨園子弟復與同志劇飲累日詩歌間作因以紀事（之一）】

天邊稀有鳥，化作白頭翁。含桃飛欲下，墮我硯池中。尊酒良宴會，殘雪尚鬖鬆。華鐙亦已燦，照及四筵紅。鄰保無近遠，伐鼓正逢逢。乍聞硯有臘，躡屨交相訌。見一小髯几，篆煙鬱作供。共笑此迂叟，塵事只如風。（《南山堂自訂詩》南山堂續訂詩卷三「硯瑞草」，清康熙刻本）

【上元硯會觀梨園子弟復與同志劇飲累日詩歌間作因以紀事（之二）】

俳伶頗解意，終席發清喉。不用金鉦鬧，絃索間一搊。座中審音節，記拍暗點頭。移時醉起舞，反著狐白裘。流連晝兼夜，遑暇倩觥籌。白波忽以卷，朱提音殊時不待求。宣成小甆琖，覆手翠欲流。盡人忙裏蹉，得閒且半偷。（《南山堂自訂詩》南山堂續訂詩卷三「硯瑞草」，清康熙刻本）

【墨紗燈故實】

（其一）沈去矜《翻西廂》：不數王關負夙名，只今顧曲在臨平。新腔換面多風範，繡戶驚心少露行。諾重千金丞相裔，身親百兩太常迎。鄭恒爲太常寺協律郎。春宵此刻觀花燭，的的懸空分外明。

（其二）李笠翁《補琵琶彈詞》：珍羞恐未是全珍，補得彈詞味轉辛。指法輕搖紅燭淚，絲聲直逼畫梁塵。關山此去逾千里，雨雪方多耐二親。迥出高堂堪仰止，圍看六面作塲新。（《南山堂自訂詩》南山堂三訂詩卷一「齒戴草」，清康熙刻本）

陳 瑚

陳瑚（1613～1675），字言夏，號確庵，又號無悶道人、七十二澤漁父，江蘇太倉人。明崇禎癸未（十六年，1643）舉人。順治間薦舉隱逸，以疾辭，私諡安道先生。確庵少承家學，通五經，凡天文、河渠、兵農、禮樂以及壬奇諸書，無不貫串。避亂躬耕崑山之蔚村以養父，村田沮洳，導鄉人築壘蓄水，歲獲豐穰。又與陳說孝弟之義及爲善三約，遠近嚮風。遊其門者多俊偉英略之士，論者比之河汾。詩與桴亭相近，桴亭以渾灝勝，確庵則以沈雄勝。在明季遺民詩中皆當推爲巨擘。確庵又嘗輯當時隱君子詩爲《離憂集》，集及門之詩爲《從遊集》，亦足見其挖揚風雅之盛心也。著有《確庵先主集》。見《清史稿》卷四八〇、《晚晴簃詩匯》卷一三等。

【虎疁水】殷介平讀徐烈婦張傳，作《解佩刀》樂府以傳其事。烈婦滸墅關人，地以人重矣。予因賦《虎疁水》一篇，以附於介平之後。

　　虎疁水，何滔滔。東南下，西北高。關吏橫舟作關橋。一解。朝泊估客船，暮泊估客船，朝朝暮暮，估客無數。不事詩書，而事刀布。秀稟坤貞，生此烈婦。二解。烈婦之生，實命不猶。于歸於徐，歲月未週。雊雛其偶，山哀浦愁。呱呱遺腹，亦孔之憂。三解。兒髮日燥，兒年日成。娟娟玉立，可以慰寡婦之心。延師於塾，□授之經。戴星而出，戴星而入。視我機聲。四解。我生之後，遭逢亂離。磨刀霍霍，佩以自持。五解。乙酉夏，戎馬縱橫止民舍，義不受辱泣且罵。拔刀斷喉見者詫，須臾含笑入地下。嗚呼！須臾含笑入地下。六解。守貞曰節，捐軀曰烈。二十二而孀居，三十二而引決。節與烈，兩無缺。虎疁水，永不竭。烈婦名，永不滅。七解。（《確庵文稿》卷二「詩歌」，清康熙毛氏汲古閣刻本）

　　編者案：陳瑚《確庵文稿》中多處提及殷介平。如卷二「詩歌」收有《挽殷介平》，謂：「蕭然應作老僧看，月似無心水似寒。蟲鼠自天隨付子，龍蛇逢歲動悲歡。篋中孤憤留三策，泉下窮愁欠一官。何日束芻澆絮酒，碧雲西望路漫漫。」卷十二「古文」收有《殷介平質言序》、《讀藏書日紀序》。卷十六「古文」所收《馬退山家傳》則謂：「時退山與長洲殷介平同為毛氏經師，其學問人品亦相似。介平歸，退山賦詩送別，有『結社十年都是客，歸家半月恰如僧』之句，一時爭傳誦之。」

【所聞】

　　梨園子弟奏新詞，越女吳姬舞柘枝。□食黃羊尸□西，□前若個史騄兒。（《確庵文稿》卷三上「詩歌」，清康熙毛氏汲古閣刻本）

【舟中王楚白度曲一童子吹洞簫和之悽惋動人口占一絕句】

　　清歌珠貫斷人腸，明月簫聲下鳳凰。正是當年戰爭地，風流憶得有周郎。（《確庵文稿》卷五上「詩歌」，清康熙毛氏汲古閣刻本）

【揚州雜感六首（之五）】

　　看看賓榻藉高眠，忽忽蘇卿塞外年。一別十九年矣。入夢尚疑吞鳥藻，移情還記撥湘絃。春衫夜踏瓊花觀，綺席新歌《燕子箋》。此日聞君最蕭瑟，種瓜已傍邵平田。懷魯戴馨也。（《確庵文稿》卷五上「詩歌」，

清康熙毛氏汲古閣刻本）

【得全堂夜讌次巢民原韻四首（之四）】

楊枝桃葉緩聲歌，吹落天涯別淚多。幾樹啼烏驚鼓角，一天圓月照藤蘿。周郎才調應難並，巢民善顧曲。庾信江山未易過。客路明朝向何處？紛紛鐵馬共金戈。（《確庵文稿》卷五上「詩歌」，清康熙毛氏汲古閣刻本）

編者案：陳瑚《得全堂夜讌記》、《得全堂夜讌後記》（《確庵文稿》卷十六「古文」，清康熙毛氏汲古閣刻本）記載有大量戲曲史料，爲方便讀者，茲錄於後。

《得全堂夜讌記》：予之倦觀歌舞也，十有七年矣。客歲館太原王氏，其家有伶人張者，年七十五，能唱《大江東》曲，主人召之爲予歌，不勝何戡舊人之感。今歲庚子夏，乘戎馬間，從一弟子，劍書襆被，發虞山，過梁溪，歷毘陵、朱方，乃渡京口，上廣陵，復紆廻之陽山，折海陵而始至雉臯，訪冒子巢民。冒子時臥病，聞予至，急披衣起，呼其二公子穀梁、青若迎予水繪庵。其明日，開得全堂，延予入。酒行樂作，予色變，起固辭，而重違冒子意，乃復坐。客有稱《燕子箋》樂府譜自懷寧來者，因遂命歌《燕子箋》。廻風舞雪，落塵過雲，忽念吾其年《秦簫》、《柳枝》諸詞，眞賞音者也。歌未半，予避席興揖冒子曰：「止。」客問曰：「何爲？」予曰：「古人當歌而哭謂不及情，然憂從中來，竊有所感而不能捨，然也。昔崇禎壬午，予遊維揚。維揚者，吾師湯公惕庵宦游地也。予與冒子同出公門，因得識冒子。冒子飾車騎，鮮衣裳，珠樹瓊枝，光動左右，予嘗驚嘆，以爲神仙中人。時四方離亂，淮海晏如，十二樓之燈火猶繁，二十四橋之明月無恙。予寓魯子戴馨家，魯子爲予置酒，亦歌《燕子箋》。一時與予交者，冒子、魯子而外，尚有王子螺山、鄭子天玉諸君，皆年少心壯氣豪，自分掉舌握管、驅馳中原，不可一世。曾幾何時，而江河陵谷一變至此。顧予來遊，計道路所經爲府者四，爲州者二，爲縣者九，爲里一千有二百，爲時五十有一日，所見皆馬矢駝塵、黃沙白草，問昔年之故人，死者死而老者老矣！予《揚州雜感》有曰：春衫夜踏瓊花觀，綺席新歌《燕子箋》。撫今追昔，能不泫然？而忍復終此曲哉！」冒子仰天而嘆已，乃顧予而笑曰：「君其有感於《燕子箋》乎？予則更甚。不見梅村祭酒之所以序予者乎？猶憶金陵罵座時，悲壯激昂，奮迅憤懣，或擊案，或拊膺，或浮大白，且飲且詬詈，一時伶人皆緩歌停拍。歸

告懷寧，而禍且不旋踵至矣。當是時，《燕子箋》幾殺予，迄於今，懷寧之肉已在晉軍，梨園子弟復更幾主，吾與子尚俯仰醉天，僵寒濁世，興黃塵玉樹之悲，動喚宇彈翎之怨，謂之幸耶？謂之不幸耶？予之教此童子也，風雨蕭蕭，則以為荊卿之歌；明月不寐，則以為劉琨之笛。及其追維生死，憑弔舊遊，則又以為謝翺之竹如意也。」予曰：「善！」冒子遂命畢曲焉。三作三終，盡其技乃已，月亭午而客始罷去。

《得全堂夜讌後記》：歌《燕子箋》之日，座上客為誰，余子公佑、錢子季翼、持正、石子夏宗、張子季雅、小雅、宗子裔承、郜子昭伯、冒子席仲，皆吾師樽魩趙先生之門生故舊也。談先生遺言往行，相與嘆息。越一日，諸君招余復開樽於得全堂，伶人歌《邯鄲夢》。伶人者，即巢民所教之童子也。徐郎善歌，楊枝善舞。有秦簫者解作哀音，每一發喉，必緩其聲以激之，悲涼倉兄，一座欷歔。主人顧予而言曰：「嗟乎，人生固如是夢也。今日之會，其在夢中乎？」予仰而嘆，俯而躊躕，久之乃大言曰：「諸君子知臨川先生作此之意乎？臨川當朝廷苟安之運、值執政攬權之時，一時士大夫皆好功名、嗜富貴如青蠅、如鷺鳥，汲汲營營，與邯鄲生何異？其作此也，義形於外，情發於中，冀欲改末俗之頹風、消斯人之鄙吝，一歌之中，三致意焉。嗚呼，臨川意念遠矣！豈惟臨川，古之人皆然。鶴首之剪、翟犬之賜，亦當時君子睠念宗周，興懷故國。怪夫強暴如秦，何以一天下；悖逆如趙，何以享晉國。涕之無從，不得已而呼天，笑曰：此必醉天為之，此必夢天為之。史臣不察，載之冊簡，後人信之，遂為美談。千百年仁人志士之苦心，湮滅盡矣。甚至借昔人之寓言，助二氏夢幻、泡影之說，將使天地間有形有跡之物、大丈夫遠大之任，一切付之雲飛烟散、酒闌夢覺間。嗚呼，有是理耶？物之有生必有死也，有始必有終也。二氏畏之，而思避之；避之不得，乃設為妄誕之辭，以炫惑當世。吾儒之道，與天地同其健，與日月同其明，與山川草木、鳥獸魚龍同其變化。且天賴以成，地賴以平，日月賴以明，山川草木、鳥獸魚龍賴以，咸若有物必終，有形皆死，而吾道獨無窮極也，其可諉之一夢已耶？今吾與諸君子同遊吾師之門，皆有志為古人之學。吾師往矣，而其剛果之氣、挺然不拔之操，尚有能言之者，當與諸君子共勉之，何夢之足云？」諸君起，謝曰：「善，敢不早夜以思。從吾子之訓，毋忘今日之盟也。」

巢民曰：余弱冠即出而交天下，一時文章氣節之士，無不延攬折節，傾

倒平生。婁江趙我完先生，經學、理學，精研潛究，極乎幾微，而伉爽豪邁之氣，坐人百尺樓下。設帳吾皐三年，晚年節義坊表三吳。碻庵克紹師傳，倡明正學，躬耕養親，不出戶闈。今過吾邑，訪師友之遺縱，扶理道於未墜，風雨到門，冰霜滿面，與之縱論今昔，幽抑怨斷之懷，出於忠厚和平之蘊，渾渾噩噩，不可端倪。吾師乎，吾師乎，於斯世而得斯人，執鞭恐後矣。季翼、白耳、夏宗諸子，咸立雪我完之門。重譏碻庵於吾廬，載有此記，敬識數言。庚子夏，冒襄記。

【再譏得全堂為主人者皆遊於吾師我完先生之門者也追悼吾師泫然有作】

絳帳曾來邊孝先，傳經誰笑腹便便？塡門夜雪長三尺，對客春風滿四筵。一自龍髯歸紫極，便將蒍臂付青天。笙歌此夕叨佳宴，獨有侯芭最泫然。（《碻庵文稿》卷五上「詩歌」，清康熙毛氏汲古閣刻本）

【和有仲觀劇斷句十首贈別巢民】

（其一）揚州曾記識君時，白面何郎傅粉疑。顧曲風流渾似昔，可憐雙鬢已如絲。

（其二）十五徐郎舞袖垂，秦簫歌罷又楊枝。魏公未是知音者，但有新詞付雪兒。

（其三）曲曲明珠轉玉盤，聲聲吹向碧雲寒。無端愁殺江南客，袍笏威儀見漢官。

（其四）燕子傳箋未子虛，多情紅葉御溝如。何當化作南飛雁，好寄蘇卿塞外書。歌《燕子箋》。

（其五）處士掺摑氣最雄，文長摹畫調偏工。緣知橫顆題詩膽，半落漁陽一鼓中。歌《漁陽弄》。

（其六）秦簫北曲響摩天，刻羽流商動客憐。擬譜唐宮凝碧恨，海青心事倩伊傳。

（其七）雪滿弓刀血裏巾，燕然山下夢中身。楚囚灑遍新亭淚，不見邯鄲作夢人。歌《邯鄲夢》。

（其八）莫笑盧生一枕空，神仙亦在夢遊中。蒼蒼烟霧茫茫水，何處蓬萊綠髮翁。

（其九）琵琶胡馬漢宮衣，萬里風沙去不歸。南望玉關齊一哭，

可留青塚似明妃。歌《解歌妓》。

（其十）輕烟落日柳絲長，水榭風生菡萏香。莫道江南歸夢好，離歌此地斷人腸。辟疆話別於水繪庵。（《碻庵文稿》卷五上「詩歌」，清康熙毛氏汲古閣刻本）

【秦簫歌】

堂上醉葡萄，堂下奏雲璈。左盼舞徐孃，右眄歌秦簫。秦簫秦簫調最高，當筵一曲摩雲霄。邯鄲盧生橫大刀，磨厓勒銘意氣豪。漁陽撾鼓工罵曹，曹瞞局蹐如猿猱。長安市上懸一瓢，義聲能激袁家獒。歌《邯鄲》、《漁陽》、《義盧獒》諸曲。一歌雨淙淙，再歌風蕭蕭。三歌四座皆起立，欲招鳴崔驚潛蛟。喜如蘇門嘯，思如江潭騷。怒如秦廷筑，哀如廣武號。引我萬種之愁腸，生我一夕之二毛，淚亦欲為之傾，心亦欲為之搖。吁嗟乎秦簫，爾居楚地但解作楚歌，胡為乎悲壯慷慨乃能為燕趙之長謠。我愛秦簫聲，不惜秦簫勞。願將義士忠臣曲，遍付秦簫緩拍調。君不見黃幡綽、敬新磨，嘲笑詼諧何足慕。惟有千秋雷海青，凝碧啼痕感行路。（《碻庵文稿》卷五上「詩歌」，清康熙毛氏汲古閣刻本）

【蘭陵美人歌示辟疆】

辟疆豪氣今人獨，客來便肯開醽醁。生平杯勺未能勝，勸客千觴歡不足。筍輿迎我向園亭，夜夜紛紛奏絲竹。妒殺楊枝鸚鵡歌，惱亂秦簫鳳凰曲。徐郎窈窕十五六，髮覆青絲顏白玉。昔之紫雲恐不如，滿座猖狂學杜牧。楊枝、秦簫、紫雲，皆歌者。就中獨有江南人，十載愁聞歌舞聲。今宵忽聽江南調，淚似珍珠百斛傾。主人好客情未已，池上明朝重膾鯉。更攜紅袖坐蘭舟，清光下上芙蓉水。維時客臥不能從，主人強起聊相同。一見美人問何處，云在蘭陵渡頭住。誤落青樓塵網中，不知誰是儂夫婿。美人對罷朱顏羞，我為美人愁更愁。低頭不言并不顧，美人嘲我村如牛。作客既無金絡腦，當筵那有錦纏頭。我謂美人卿莫笑，將為卿卿發長嘯。辱井昔因誰氏沉，蘇臺舊為何人沼。觸撥興亡今古悲，仰面看天增眊眊。主人勸我且飲酒，一吸遂盡三百斗。醉來白石叱成羊，醒後蒼雲化為狗。美人美人爾來前，人生豈得長少年。不如歸去江南好，飄泊天涯最可憐。君不見潯浦灘頭琵琶婦，

江州司馬亦潸然。（《確庵文稿》卷五上「詩歌」，清康熙毛氏汲古閣刻本）

【迎春詞四首】

（其一）亭亭臺閣楚人狂，點染春風作戲場。正是一城殘雪裏，粧成蘇武牧羝羊。

（其二）紅娘打扮又昭君，或似含羞或似醺。七尺肥軀三尺面，杏黃衫子石榴裙。

（其三）耕牧漁樵次第排，兒郎鉦鼓鬧如雷。一牛纔向堂前過，早見雙獅跳舞來。

（其四）傳道軍門要看春，漢陽春色渡江津。城多官舍勾芒苦，東走西奔見貴人。（《確庵文稿》卷五下「詩歌」，清康熙毛氏汲古閣刻本）

編者案：其一詠《蘇武牧羊》，其二詠《西廂記》、《昭君出塞》，其三詠鞭春、舞獅，其四詠祭勾芒。

【州人日歌蜀鵑啼蓋吾師匡威先生事也予遙聞之既泣不已】

萬里爲官蜀道難，千年燐火碧光寒。梨園爭唱《鵑啼曲》，腸斷西州不忍看。（《確庵文稿》卷八上「詩歌」，清康熙毛氏汲古閣刻本）

【次韻秬園十二詠有序（之七）】

侯子紀原抱道養晦，學者即其居稱爲秬園先生。中園而爽塏者曰「明月堂」，藏書萬卷，筆研精良，蕭然有遠古風味。堂之前方池如鏡，夏月則荷花爛熳，清芬襲人。環以碧梧翠竹，參差回互，蟬鳴鳥語之外，四無人聲。今歲庚戌，予爲村學究於嶐之東土，小舠還往，則過而問焉。六月初，紀原寓予詩卷，父子友朋，人十二首，皆與萊陽宋荔裳觀察訓唱之作，屬予賡和。予以荔裳聞聲而未謀面，不敢傅會，乃撿其卷中夾注有秬園雜詠，適如其數，遂次韻爲之。其中第七首，仍記荔裳一時雅集之勝，亦以塞其請也。詩成，書一通示紀原，其爲我命治書蒼頭一吟諷之。

轄投千里客，荔裳館園中三日。燭秉百花陰。宋玉新成調，何戡舊審音。歌者陸生以三絃彈荔裳詩。茶烟蹲竹鼠，碁局靜林禽。罰酒依金谷，爭先抱膝吟。（《確庵文稿》卷九「詩歌」，清康熙毛氏汲古閣刻本）

【蒼巖招飲花下伶人歌遜國疑即席成三絕句】

（其一）鵑血猿腸故國悲，誰將遺恨譜新詞？哀絃急撥秋風裏，四座無聲兩淚垂。

（其二）雒蜀交爭苦未休，釀成宗社作荒丘。皇天此恨應終古，

豈報方黃十世讎。

　　（其三）白頭供奉唱江南，紅豆聲殘酒正酣。莫訝君王偏愛老，渭城高調是何戡。（《確庵文稿》卷十上「詩歌」，清康熙毛氏汲古閣刻本）

曹　溶

　　曹溶（1613～1685），字潔躬，又字鑒躬，號秋岳，又號金陀老圃。平湖人，居秀水（今浙江嘉興）。明崇禎丁丑（十年，1637）進士。官御史。入清任副都御史，升戶部侍郎，出爲廣東布政使，左遷山西陽和道。晚年自號鉏菜翁，築室范蠡湖，顏曰「倦圃」。蒔花種竹，置酒唱和無虛日。愛才若渴，四方之士倚爲雅宗者四十年。家多藏書，勤於誦覽，嘗輯《續獻徵錄》六十卷、《五十輔臣傳》五卷、《靜惕堂詩文集》三十卷等。見《兩浙輶軒錄》卷一、《清文獻通考》卷二二一等。

【浣溪沙·四十年來所見歌姬某氏最麗贈之】

　　（其一）仕女行來樂部同，雙垂羅帶髩蟬鬆，心兒旖旎錦堂中。
　　浪滾舞茵憐靜婉，塵輕香跡認翔風，幾曾容易得相逢。
　　（其二）玉笛先將密意通，新聲一縷絳雲龍，把人薰得口脂濃。
　　屏裏撲成驚蛺蝶，燭前揑就軟芙蓉，只愁春到不禁風。（南京大學中國語言文學系《全清詞》編纂研究室編：《全清詞·順康卷》第二冊，中華書局2002年版，第796頁）

【卜算子·伊璜再攜歌姬過】

　　宮樣晚妝鮮，一隊湘蘭弱。道是才人撮合成，嫵媚終難學。　　簫管鬧花場，舞袖搖金雀。漫信雛年不怨春，意思燈前覺。（南京大學中國語言文學系《全清詞》編纂研究室編：《全清詞·順康卷》第二冊，中華書局2002年版，第798頁）

【采桑子·查伊璜兩度出家姬作劇】

　　舞衣貪著吳宮錦，花簇雙靴。山畫長蛾。待訴衷情隔絳河。　　新詞填就勤分付，眾裏驚波。道字偏訛，惹得周郎顧轉多。（南京大學中國語言文學系《全清詞》編纂研究室編：《全清詞·順康卷》第二冊，中華書局2002年版，第799頁）

【采桑子・姑蘇顧氏席上小鬟】

踏歌未晚歌中意，荳蔻初含。荳蔻初含，飛到楊花便不堪。　　羅巾欲乞題紅句，眉語相探。眉語相探，懊惱檀郎夢已酣。（南京大學中國語言文學系《全清詞》編纂研究室編：《全清詞・順康卷》第二冊，中華書局2002年版，第799頁）

【減字木蘭花・沈家歌姬】

編雲作隊，避人慣在深簾內。已許相看，卻又移燈遠翠盤。　　腰肢漸瘦，惜春不耐清明後。莫和秦箏，要聽香喉第一聲。（南京大學中國語言文學系《全清詞》編纂研究室編：《全清詞・順康卷》第二冊，中華書局2002年版，第800頁）

【攤破浣溪沙・憶廣南胡家歌姬】

緩步藏春進酒來，好風微覺畫裙開。料是君家常作使，莫嫌猜。

送恨將心吹玉管，含羞當面整金釵。輕薄未應嫌杜牧，且徘徊。

（南京大學中國語言文學系《全清詞》編纂研究室編：《全清詞・順康卷》第二冊，中華書局2002年版，第801頁）

【青衫濕・田戚畹家姬東哥甲申後為教師遇之有感】

定場娘子霜棲鬢，先唱渭城花。重翻宮調，開元舊曲，知付誰家。

此身似燕，春巢畫棟，秋宿平沙。相如抽管，長門寫怨，輸與紅牙。（南京大學中國語言文學系《全清詞》編纂研究室編：《全清詞・順康卷》第二冊，中華書局2002年版，第801頁）

【青衫濕・廣林飲李太虛寓中出家姬作劇】

紅橋舊日深情地，一片玉簫吹。畫蛾青斂，著人多處，不在歌時。

教師催出，齊登繡毯，擺落遊絲。曲終簾掩，堂前黃月，占斷相思。（南京大學中國語言文學系《全清詞》編纂研究室編：《全清詞・順康卷》第二冊，中華書局2002年版，第801頁）

【西江月・再過某宅聞歌】

蓮影頻催象拍，粉香難透鰕鬚。人間恨事可消除，惟有聰明最苦。

數對雛鶯自語，一行弱柳誰扶。醉魂飄蕩憶當初，又被橫波約住。

（南京大學中國語言文學系《全清詞》編纂研究室編：《全清詞・順康卷》第二冊，中華書局2002年版，第802頁）

【南柯子·王家歌姬】

映座蘭心巧，穿窗柳線斜。斛珠買遍五陵花，記取十分春暖、在君家。　　畫鼓剛撾了，瑤笙較嫩些。此宵易惹病根芽，怨殺天邊銀漢、一痕沙。（南京大學中國語言文學系《全清詞》編纂研究室編：《全清詞·順康卷》第二冊，中華書局 2002 年版，第 803 頁）

【醉花陰·席上】

繡幄籠寒穿小徑，簾外微風定。勸酒碧笙嬌，玉漏將殘，好夢如春令。　　青衫江上憑誰贈，艷曲連宵聽。久已割柔腸，翠影侵人，添卻當年病。（南京大學中國語言文學系《全清詞》編纂研究室編：《全清詞·順康卷》第二冊，中華書局 2002 年版，第 803 頁）

【虞美人·同龔芝麓沈止嶽席上觀伎】

翠眉初盞情波轉，午夜觥籌暖。一身重疊好風吹。誰念客腸離恨卻千廻。　　歌闌惱殺鄰雞報，塵暗長安道。明朝還約臥花茵，無奈今宵已瘦看花人。（南京大學中國語言文學系《全清詞》編纂研究室編：《全清詞·順康卷》第二冊，中華書局 2002 年版，第 806 頁）

【玉樓春·同止嶽南湖舟中聽歌】

船窗倚處蘋風曉，淡學內家粧束好。和歌休用十三絃，看取櫻桃紅綻早。　　五湖今夜遊船少，猶勝五陵添蔓草。玉容扶起玉山頹，鸂鶒一生花下老。（南京大學中國語言文學系《全清詞》編纂研究室編：《全清詞·順康卷》第二冊，中華書局 2002 年版，第 808 頁）

【唐多令·沈石友宅同王覺斯聽歌達旦】

何物號多情，秋波心畔青。古長安、不少銀箏。會得中年陶寫意，商女唱，也輕盈。　　休便踏霜行，今宵換髩星。捲金蕉、添箇茶鐺。縱是沈郎能譜韻，聽醉語，不分明。（南京大學中國語言文學系《全清詞》編纂研究室編：《全清詞·順康卷》第二冊，中華書局 2002 年版，第 809 頁）

【青玉案·沈家姬卯娘善度曲戲詠卯字】

花前舉樂何須忌，薄曉瞳瞳初麗。啓戶逢君嬌不語。三秋兔魄，平分留影，垂柳東邊去。　　鏤成新玉剛爲字，十二時中排第四。中酒嫌人知也未。芳名檢點，春光已半，會取相迎意。（南京大學中國語言

文學系《全清詞》編纂研究室編：《全清詞・順康卷》第二冊，中華書局 2002 年版，第 812 頁）

【六么令・張老四曾事雲間周勒卣度曲甚美遇之悵然】

奈何聲裏，微見兩眉皺。珠盤乍調宮徵，訝出殘鶯口。欲喚周郎再起，帳底親傳授。誤來知否，含思不語，坐待屏深爐香獸。　　客願圓蟾蕩漾，合樂圍青岫。我愛孤鶴飄颻，緩酌拋紅豆。心事非關粉黛，借取消僝僽。淚光湮透，浮雲誰在，每爲多才更回首。（南京大學中國語言文學系《全清詞》編纂研究室編：《全清詞・順康卷》第二冊，中華書局 2002 年版，第 817 頁）

【玉漏遲・宣府嚴弁宅女樂】

鶯聲喧古樹。良宵坐我，通明簾下。十八女郎，須用大蘇描寫。莫被柳家惡句，把膩粉、塗污春社。剛一罷，洞簫歇處，濃香來也。

肯道夢雨無情，便釀就悲歡，雜些眞假。乍遠屏風，欲團好花輕打。筵外貔貅盡散，蘭膏焰、尚融霜瓦。辭送者，空餘淚珠墮馬。（南京大學中國語言文學系《全清詞》編纂研究室編：《全清詞・順康卷》第二冊，中華書局 2002 年版，第 817 頁）

【滿庭芳・止岳有和憶廣南胡家二姬之作再賦】

錦席相招，氍毹對列，樺燭銷盡銅壺。醉人天氣，蘭露濕金鋪。翠黛雙雙自掃，箜篌部、密甚還疏。清音顫、猶疑教就，窈窕世間無。　　當時年尙盛，飛觥按拍，意大情粗。只等閒看過，不解成圖。忽到青衫冷落，鮫淚灑、一半糢糊。臨高望、煙條雨葉，嶺路付麋蕪。（南京大學中國語言文學系《全清詞》編纂研究室編：《全清詞・順康卷》第二冊，中華書局 2002 年版，第 819 頁）

【萬年歡・濟武席上聞歌】

午漏陰陰，許忘機、翠禽屏罅銜雪。太息年光逝水，客裝難發。忙過幽亭痛飲，放誕使、俗流驚絕。嬉遊慣、秉燭彈棋，塵埃誰識清骨。　　朝簪唱雞又歇。況林間伴侶，長聚休別。殘蠟無多，堤上漸有春物。重奏沉香樂府，不忍問、楊妃遺襪。從今去、鏤管難停，白家全要煙月。（南京大學中國語言文學系《全清詞》編纂研究室編：《全清詞・順康卷》第二冊，中華書局 2002 年版，第 829 頁）

【萬年歡・同濟武香巖雨文星期雪中小飲是夕沈生度曲程生鼓琴】

兆應豐年，下重帷、沈郎腰瘦歌雪。互祝羗池倦羽，鹿車停發。裊裊晴絲不斷，被落雁、數聲彈絕。浮塵隙、通計彭殤，平原高塚留骨。　鄒枚賦心已歇。奈時當縞紵，何以爲別。骯髒須存，窮豈挫人之物。聊屈匡扶鉅手，刻畫到、陳隋妖襪。燈前只、滿泛蘭觴，麝煤庭下薰月。（南京大學中國語言文學系《全清詞》編纂研究室編：《全清詞・順康卷》第二冊，中華書局 2002 年版，第 830 頁）

【摸魚兒・吳園次招集米山堂】

展瑤牋、近尋秇阮，開襟長倚疏竹。乾坤落落存芒屨，自信了無拘束。春不足。最可惜芙蓉，千點埋濃綠。遊蹤待續。看簟捲微波，堂深瘦影，清語漱寒玉。　高歌後，槽底梨花正熟。更闌四照銀燭，紅塵舊夢浮雲散，少壯去如飛鏃。閒是福。莫喚起龜年，重唱開元曲。新愁幾斛。只買斷嬋娟，攜多鑿落，相約臥空谷。（南京大學中國語言文學系《全清詞》編纂研究室編：《全清詞・順康卷》第二冊，中華書局 2002 年版，第 844 頁）

【摸魚兒・集米山堂觀劇】

剪濃陰、雨餘池館，飛花正點瓊毬。龍眠愛寫西園集，不念客窗人瘦。遊馬驟。仗好鳥啼開，三徑苔錢繡。低回晝漏。恰翠暖氍毹，丹浮琥珀，屏側爇香獸。　征衫袖。情淚年前浥透。傷離便合相就。教坊樂部何戡在，料理記歌紅豆。聊訪舊。是手解金龜，投老家山後。東方射覆。識歡伯藏春，柔鄉銷夜，中有兩眉皺。（南京大學中國語言文學系《全清詞》編纂研究室編：《全清詞・順康卷》第二冊，中華書局 2002 年版，第 844 頁）

【一絡索・聽三絃】

撚出玲瓏珠串。邊雲初斷。分明不是紫檀槽，是裊垂楊線。　老去閒愁一片。曲中曾見。煩將密約寄佳人，早招得春風怨。（南京大學中國語言文學系《全清詞》編纂研究室編：《全清詞・順康卷》第二冊，中華書局 2002 年版，第 852～853 頁）

【尾犯・聽三絃】

纖甲印檀槽，小院虆蕪，懷抱輕寫。寂寞難捱，疏狂易惹。兒女

態、調紅撥翠，丈夫心，鬪雞走馬。誰家絃管，唱出離愁，莫問多情者。　　沈郎腰帶瘦，驀在筵前燈下。值得蕭娘，笑團花片打。最無端、逗人天際，一聲聲、蜂呆蝶啞。曲終春謝，抔取沉醉歸來也。（南京大學中國語言文學系《全清詞》編纂研究室編：《全清詞·順康卷》第二冊，中華書局 2002 年版，第 854～855 頁）

　　　　編者案：《詩詞卷·初編》已收曹溶，此係增補。

魏 畊

　　魏畊（1614～1662），原名壁，字楚白。入清後改名畊，字野夫。浙江慈谿人。少失業，學為衣工於歸安之苕溪。然能讀書，富翁某奇之，贅為婿，因成歸安諸生。性豪俠，負大志，所交皆當世奇士。乙酉與於湖州起兵之役，事敗，亡命走江湖。閉戶為詩，初學漢魏，後學杜甫，晚學李白，皆登其堂奧。於酒色有奇癖，非酒不甘，非妓不寢，禮法之士甚惡之。著有《雪翁詩集》。見《明詩紀事》辛籤卷六上、《小腆紀傳》卷五三等。

【聽美人彈琵琶】

　　美人玉指寒，雲和聲未歇。一曲春風生，園林花盡發。分明苧蘿溪，猶見吳宮月。（《雪翁詩集》卷二，民國四明叢書本）

【柳麻子說書歌行】

　　昨歲客游江都城，說書共推柳敬亭。抵掌談天縱侈辯，馳驟不必皆有經。出門人呼柳麻子，往往攔街不得行。何家相國酣高讌，桃李青軒嘗引見。堂上遮留麒麟車，簾裏徘徊孔雀扇。風雨颯沓動鬼神，片言落地咸稱善。崇禎之際左將軍，意氣如山天下聞。開筵日召柳麻子，牙門羽騎羅紛紛。齊聽柳麻說漢祖，胸襟豁達龍顏君。貌出英雄天人際，烏騅叱咤非其羣。將軍大笑遺雙璧，還贈雕鞍龍八尺。居常喜著火浣布，醉後頻欹綠絲幘。全時湯鼐擅琵琶，寵愛豪華難與匹。詞源屈注天河傾，後來無人奪其席。十載飄颻旌旗紅，柳麻柳麻老成翁。有眼日睹尋常人，東西南北道路窮。君不見唐時工部杜少陵，翰林供奉李太白。彩筆光芒干雲霄，人間萬古稱詩伯。落魄風塵逐馬蹄，腹中無飯常喞喞。（《雪翁詩集》卷五，民國四明叢書本）

余　懷

余懷（1616～1696），清初文學家。字澹心，一字無懷，又字廣霞，號曼翁，別號鬘持老人，莆田（今屬福建）人，寓居南京。才情綺麗，詞多悽婉。爲詩擅六朝之華藻，運唐賢之格調，清而能綺，麗而不靡，明季莆田詩人莫能與之抗衡，爲王士禎等所推許。與杜濬、白仲調齊名，號「余杜白」。著有《研山草堂詩稿》、《味外軒稿》。又有《板橋雜記》，述曲中事甚悉，自比《夢華錄》。見《文獻徵存錄》卷一、《明詩紀事》辛籤卷一四等。

【玉樓春・前題王長安拙政園宴集】

（其一）華堂列炬堆紅雪，碧串玲瓏搖片月。海山初湧見蓬萊，樓閣新開疑太液。　　輕綃十尺遮羅襪，洛浦流波驚落葉。素娥幾隊出銀屛，絳樹雙聲橫寶瑟。

（其二）祇應天上聞斯曲，何處人間攢碧玉。燈前裊娜鬥腰肢，畫裏分明傳竹肉。　　紅絲步障圍金谷，十二巫峰猶恍惚。歌成白雪妒周郎，喚起紫雲留杜牧。（《玉琴齋詞》，《余懷全集》上冊，李金堂編校，上海古籍出版社 2011 年版，第 298 頁）

編者案：《詩詞卷・初編》已收余懷，此係增補。

曹爾堪

曹爾堪（1617～1679），字子顧，號顧菴，嘉善（今屬浙江）人。勳之長子。順治壬辰（九年，1652）進士，選庶吉士。兩冠閣試，授編修。扈從瀛臺南苑，世祖褒問，諭令與吳偉業同註唐詩。丁艱起補，轉侍讀。旋陞侍講學士。曹顧菴博學，多識掌故，又善強記，所過山川阨塞，無不指掌形勢。士大夫一與之遊，積久不忘，無貴賤，俱能識其名氏、爵里、家世，無毫髮誤，即虞世南之稱行秘書、李守素之號人物志，無以過也。著有《南溪詞》二卷。見《槐廳載筆》卷三、《（雍正）浙江通志》卷二五二、《清續文獻通考》卷二八一、《感舊集》卷一一等。

【昭君怨・己卯二月周斯羽兄弟招集舟中觀演家劇魏子一於雨中爲余圖扇因調小詞題其上】

日暮畫船微雨。圖取春陰縷縷。煙氣散江湄，柳痕垂。　　一筆遠村如抹，望去胭脂欲潑。屋角有桃花，是誰家？（南京大學中國語言文學系《全清詞》編纂研究室編：《全清詞・順康卷》第三冊，中華書局 2002 年

版，第 1296 頁）

【隔浦蓮・藻玉軒晚集】戊戌六月初六日，同頡初，有芮校書度曲。

疏楊低映池小，故折迴廊巧。木榻當蕉扇，矮石畔閒花草。荷葉抽清沼，香風到。竹裏閒雲遶。　　清尊倒。松醪餺飥，桓公寒具不少。主人絃管，歌板十分清妙。斜抱琵琶拍掌笑，排調，遠山螺黛誰掃。（南京大學中國語言文學系《全清詞》編纂研究室編：《全清詞・順康卷》第三冊，中華書局 2002 年版，第 1319 頁）

【驀山溪・歌席】

朱唇檀板，宛轉歌微度。四座靜無聲，聽一線、清音獨譜。羊羔美酒，自分不如他，銀箏小，玉簫低，生受紅燈暮。　　細評音字，無有遺腔句。緩急手能調，按新詞、微收雁柱。內家妝束，不用隔簾櫳，瓠犀白，筍痕纖，值得周郎顧。（南京大學中國語言文學系《全清詞》編纂研究室編：《全清詞・順康卷》第三冊，中華書局 2002 年版，第 1321 頁）

【洞仙歌・豔集】戊戌六月初二日，集孫頡初年兄園亭，聽諸女郎度曲。

雨粘莎徑，做新涼池館。低唱頻斟莫辭滿。擁紅衫烏鬢，依暖偎香，稱長短、各許玉環飛燕。　　燈前留意處，隊隊繁箏，急管輕圓絡珠串。燭影動荷風，繞樹流螢，纔數點、偏照鈿蟬金雁。但雕闌、畫閣醉相尋，為粉黛消磨，壯心都減。（南京大學中國語言文學系《全清詞》編纂研究室編：《全清詞・順康卷》第三冊，中華書局 2002 年版，第 1322 頁）

【水調歌頭・贈歌者】

五月黃梅雨，鶯轉苧衫天。西園恰有新曲，雁柱瀉珠圓。初似奔泉決溜，又似小窗兒女，銀甲蹙鵾絃。紅粉圍香陣，花顫舞筵前。　　涼州調，渭城唱，劇堪憐。憐伊入破餘響，鐵馬颭風煙。星散何堪歌板，灰冷寧王玉笛，腸斷舊姻緣。流落賀懷智，老大李延年。（南京大學中國語言文學系《全清詞》編纂研究室編：《全清詞・順康卷》第三冊，中華書局 2002 年版，第 1330～1331 頁）

【燭影搖紅・歌席誌感】

世良緣。蓬萊弱水看清淺。神仙會裏捧瑤漿，碧藕排高宴。今夜流蘇半捲。到擘阮、吹簫庭院。緩斟低唱，銀箭頻催，翻嫌夜短。

紅袖多情，挑燈一送秋波轉。回頭慘澹動離愁，萬里關河遠。嘈雜華堂絃管。恍疑是、夢中來見。傷心何處，塞上悲笳，驚飛孤雁。（南京大學中國語言文學系《全清詞》編纂研究室編：《全清詞·順康卷》第三冊，中華書局 2002 年版，第 1334 頁）

【賀新郎·贈柳敬亭】

八十龐眉叟。見從來，衣冠優孟，功名芻狗。炯炯雙眸驚拍案，似聽濤飛石走。歎此老，知名已久。大將黃州開廣讌，倒銀瓶、擊節頻呼柳。排戰艦，下樊口。　　長江浪急風清後。束輕裝、歸舟一葉，帆移星斗。畫角牙旗頻入夢，猶在轅門使酒。諸巨帥、皆為吾友。白髮瘦驢燕市月，少年人、能識蒼顏否。歌未闋、起為壽。（南京大學中國語言文學系《全清詞》編纂研究室編：《全清詞·順康卷》第三冊，中華書局 2002 年版，第 1343 頁）

【高陽臺·觀女伶】

鶯舌新調，鴉鬟猶嚲，湘裙欲整還拖。懶散心情，朝來愁畫雙蛾。繡簾風約搖樺燭，對菱花、倦眼生波。盡嬌憨，動人些子，元不爭多。　　消魂一曲清歌卻，似曾相識，爭奈伊何影，好難描、空勞石黛三螺。燈前小立，紅妝換笑還嗔，喚弟稱哥。暗相憐，纖腰無力，又著鸞韝。（南京大學中國語言文學系《全清詞》編纂研究室編：《全清詞·順康卷》第三冊，中華書局 2002 年版，第 1351 頁）

【念奴嬌·小春紅橋宴集同限一屋韻時有魚校書在座】

平山堂下，但寒煙衰草，旅愁千斛。亭館誰家新位置，畫裏朱闌金屋。賴此醇醪，一澆塊壘，頓解唐衢哭。二難四美，我儕豪舉相續。　　少長咸集於斯，烏衣群彥，可命騷奴僕。剡箚濤箋青玉案，才子佳人清福。白練裙飄，淡黃衫皺，醉換秋眉綠。過雲酹月，果然絲不如肉。（張宏生主編：《全清詞·順康卷補編》第一冊，南京大學出版社 2008 年版，第 319 頁）

鄧漢儀

鄧漢儀（1617～1689），字孝威，號缽叟，江南泰州（今江蘇泰州）人。康熙己未（十八年，1679）召試博學鴻詞，以年老授中書舍人。孝威博洽通敏，尤

工於詩。與太倉吳梅村主盟風雅者數十年。其《過梅嶺》詩：「人馬盤空細，煙嵐返照濃。」王士禎極稱之。所選《詩觀》凡四集，投贈稱盛。見《清文獻通考》卷二三八、《國朝先正事略》卷四〇、《己未詞科錄》卷四、《淮海英靈集》丁集卷一等。

【滿庭芳・弔袁荊州籜庵】

茂苑花飛，白門柳斷，才人煞是凄涼。夜烏啼處，檀板剩青霜。憶得袁絲按曲，消魂也、隻字難忘。今朝裏，騎鯨化鶴，人去月茫茫。　　當年曾出守，章華夢曉，巫峽雲香。奈叔敖官罷，江海空囊。還更飄零綺席，黃昏後、指點絲簧。誰能料，歌喉尙咽，悄語別吳娘。（南京大學中國語言文學系《全清詞》編纂研究室編：《全清詞・順康卷》第三冊，中華書局 2002 年版，第 1454 頁）

【念奴嬌・戴大司農誕日即席看演邯鄲夢劇】

功名極矣，仍朱顏黑髮，溫其如玉。邗署剛逢初度日，喚奏臨川妙曲。古道邯鄲，盧生旅店，一霎關榮辱。到來收拾，黃粱依舊難熟。　　卻看瓦枕荒唐，合歡及第，早擅人間福。瓠子功成邊馬捷，還向雲陽市哭。煙瘴重回，恩榮無比，袛是青驢獨。尙書笑道，年來吾已知足。（南京大學中國語言文學系《全清詞》編纂研究室編：《全清詞・順康卷》第三冊，中華書局 2002 年版，第 1460～1461 頁）

陳 軾

陳軾（1617～1694），字靜機，明崇禎庚辰（十三年，1640）進士。淹貫博洽，尤長於詩。入清授廣西蒼梧道，解組歸，葺道山故居以居之。著有《道山堂前集》四卷、《後集》七卷。見《（乾隆）福州府志》卷六〇、《四庫全書總目》卷一八一等。

【桂枝香・吳門夜舫聽蘇子晉歌曲】

豐神綺粲，看簇馬衣香，畫船宵讌。爛熳繁絃，遞奏暗催銀箭。行雲一駐流鶯囀，分明絕調移衡漢。亮如菉鐵，婉如梓瑟，清如冰繭。　　飄白雪、累累珠貫。波翻子夜，月搖丹扇。唱徹娟樓水柵，藕塘花岸。名高茂苑才孤擅，聽雪調、客心繚亂。莫非伊洛，當年子晉，鳳鳴重見。（張宏生主編：《全清詞・順康卷補編》第一冊，南京大學出版社 2008 年版，第 337 頁）

方孝標

方孝標（1617～1697），原名玄成，因避諱，以字行。號樓岡，安徽桐城人。順治己丑（六年，1649）進士，改庶吉士，授編修。歷官侍讀學士。著有《鈍齋詩選》。見《（光緒）重修安徽通志》卷二二二、《晚晴簃詩匯》卷二五等。

【觀市劇】

歌舞供禳祀，通達越俗成。旅人來市閣，眾裡聽新聲。儕伍何名姓，羈懷有送迎。盤伶齊社酒，漫說古人行。（《鈍齋詩選》卷十一，清鈔本）

【過嘉樹園】園為吳復庵宗伯遺其子大參公奕者。吳昔豪貴多園亭，今皆湮廢，存者唯此，古松叢桂，密竹繁花。說者云百不及昔，然尚翁蒼可觀。廢榭欹樓，良深慨嘆。

灌木城隅隱辟疆，柴門小艇泊滄浪。墻頭桂樹香新雨，巢外鴉聲眣夕陽。黃閣人歸營綠野，黑頭公去閉丹房。畦丁舊是梨園伎，歷歷開元話短長。（《鈍齋詩選》卷十六，清鈔本）

【月夜聽徐君見度曲】

（其一）一聲何處落花紛，高調紅牙遏楚雲。豈是琵琶翻九曲？能令盛事憶三墳。汝墳、河墳、淮墳，出《蕪城賦》。

（其二）字無缺舌吳兒態，歌是郵亭作者詞。為問此宵明月影，何如八月虎丘時。

（其三）皓首何戡天上聲，梨園隊裡半門生。重來莫笑劉郎老，曾向空中聽玉笙。

（其四）吾親朱夏即東來，顧曲難逢白雪才。願爾少遲江上棹，承歡為我侑春醅。（《鈍齋詩選》卷二十二，清鈔本）

【聽曲】

冉冉湘靈夜半時，一聲歌帶月華遲。夢中猶作周郎顧，惱亂空憐刺史癡。（《鈍齋詩選》卷二十二，清鈔本）

楊 炤

楊炤（1618～1694），字明遠，先世清江人，移家長洲（今江蘇吳縣）。補縣學生。少以詩受知於錢謙益。父執上元顧與治云：「明遠詩一往超詣，出人意表。」

著有《懷古堂詩選》。見《明詩綜》卷八〇、《靜志居詩話》卷二二、《江西詩徵》卷六四等。

【元夕觀察筵上作】

上元佳節宜歡娛，瑋瑻筵開錦繡鋪。華燈高下如珊瑚，簾前擊鼓吹笙竽。優人婉轉紅氍毹，妙舞清歌色色殊。酒半煙火起庭隅，光燄十丈燭天衢。千花萬花歷亂俱，魚龍變化驚須臾。鉦人、鼓人振響鸓，爆竹膈膊月模糊。四更獸炭熾銅爐，伎樂未已啼城烏。宴罷沉吟一老夫，三十年來隱芘蘆。自憐霜雪滿頭顱，憶昔年少遊皇都，皇都煙火天下無。（《懷古堂詩選》卷九，清康熙懷古堂刻本）

李明嶅

李明嶅（1618～1682 後），字山顏，別字蓼園，浙江嘉興人。少有才名，其文為錢謙益識賞，又從吳偉業遊。崇禎十七年（1644），辭家遠遊入閩，以鄉貢署福建古田教諭。當擢粵中推官，辭不就，回鄉，所葺故居蓼園以居之，仍時復出遊。著有《樂志堂詩集》。見《兩浙輶軒錄補遺》卷一、《梅會詩選》二集卷一六下等。

【贈琵琶妓】

輕彈細撚四絃分，不似蘆笳月下聞。惱殺江州白司馬，曲終楓葉落紛紛。（《樂志堂詩集》卷四「今體詩」，清康熙李宗渭刻本）

【席上題】

一曲尊前唱鷓鴣，江南行客淚如珠。坐中亦有田丞相，醉後休嫌灌仲孺。（《樂志堂詩集》卷四「今體詩」，清康熙李宗渭刻本）

【琵琶曲】

絲中傳語一聲聲，剗上玲瓏舞袖輕。紫塞琵琶明月夜，烏孫公主不勝情。（《樂志堂詩集》卷四「今體詩」，清康熙李宗渭刻本）

王夫之

王夫之（1619～1692），字而農，號薑齋，衡陽（今屬湖南）人。明崇禎壬午（十五年，1642）舉人。明末清初著名思想家。著書頗富，有《讀通鑑論》、《張子正蒙注》、《讀四書大全說》、《楚辭通釋》、《四書訓義》、《薑齋文集》、《詩

集》、《詩餘》、《詩話》等，凡三百二十餘卷。其著錄於四庫者，曰《周易稗疏》、《考異》、《尚書稗疏》、《詩稗疏》、《考異》、《春秋稗疏》；存目者，曰《尚書引義》、《春秋家說》。今人所輯《船山遺書》，凡三百五十八卷。另作有雜劇《龍舟會》，今存。見《國朝先正事略》卷二七、《明詩紀事》辛籤卷一三、《文獻徵存錄》卷六、《儒林傳稿》卷一、《清史稿》卷四八○等。

【卜算子·詠傀儡示從遊諸子】

也似帶春愁，卻倩何人說。更無半字與關心，吐出丁香舌。　　紅燭影搖風，斜映朦朧月。鉛華誰辨假中眞，皮下無些血。（南京大學中國語言文學系《全清詞》編纂研究室編：《全清詞·順康卷》第三冊，中華書局2002年版，第1623頁）

【念奴嬌·影戲影】

笑啼俱假，但綽約風流、依稀還似。半壁粉牆低映月，賣弄佳人才子。情絲牽引，清光回照，漫道傷心死。猛然戲破，原來情薄一紙。　　應是縹緲飛仙，當年竊藥，落在銀蟾裏。半面人間高處望，傳與霓裳歌吹。有意留仙，難禁夜短，還怕燈花墜。迷樓吐燄，倩誰挽住香袂。（南京大學中國語言文學系《全清詞》編纂研究室編：《全清詞·順康卷》第三冊，中華書局2002年版，第1644頁）

【念奴嬌·走馬鐙影】

炎光未謝，競的盧飛躍、爭先赤兔。才轉危坡還注坂，橫戟無心回顧。汗血追風，怒髯奮臂，總被流光誤。暗中轂轉，蟻磨幾時停住。　　兒童莫笑來回，半針尖裏，走英雄如鶩。終是蝦跳難出斗，漸有荒雞催曙。五夜光殘，一絲氣冷，敲罷邊腔鼓。勳名半紙，無人重與偷覷。（南京大學中國語言文學系《全清詞》編纂研究室編：《全清詞·順康卷》第三冊，中華書局2002年版，第1644頁）

吳　綺

吳綺（1619～1694），清初文學家。字薗次，號聽翁。江都（今江蘇揚州）人。順治九年壬辰（1652），以拔貢生授中書舍人，奉詔譜《楊繼盛傳奇》，稱旨，即以楊繼盛之官官之，時以爲榮。人都目爲江都才子。升工部郎中，出守吳興。人號「三風太守」，謂多風力、尚風節、饒風雅也。山水遊讌，極一時之盛。歸

田後購廢圃而居，凡索文與詩者，多以花木竹石爲潤筆，不數月而成林，因名之曰「種字林」。晚病目，因號聽翁。有毘陵女子，日誦其「把酒囑東風，種出雙紅豆」句，又號紅豆詞人。工詩詞、四六，著有《林蕙堂集》。見《吳興詩話》卷一三、《槐廳載筆》卷五等。

【柳腰輕・嘉樹堂席上贈劉姬】

梅紅簾箔霜風軟。開樽鶴，搖釵燕。甚時曾遇，此宵同宴。第一鏡湖春選。大垂手、繡襪蓮移，小回頭、玉梁花顫。　　況有清歌哨遍。向歡場、翠簫金板。嬌鶯低語，長鯨輕吸，潮頰芙蓉三變。笑分司、剛得眸迴，問蘇州、可曾腸斷。（《林蕙堂全集》卷二十四「藝香詞」，清文淵閣四庫全書本）

【洞仙歌・集寄暢園聽小奚度曲】

雨餘雙屐，過畫樓花畔。要與梅花訴離怨。煮山泉、索取銀瓮葡萄，將傀儡、且付溫柔排遣。　　古今堪恨處，紅粉飄零，都似飛英落簾幔。只對酒當歌，絳燭樽前。長消受、鳳絃檀串。又休道、傷心是東風。看燕頷英雄，鬢絲曾染。（《林蕙堂全集》卷二十四「藝香詞」，清文淵閣四庫全書本）

【愁春未醒・春夜聞鄰家度曲次文友贈青兒韻】

梨雲猶凍，鶴夢難成。是東風無賴，隔牆吹送六么聲。管急絃繁，子夜情教蠟炬生。僕原多恨，奈何頻喚，不醉如醒。　　莫問嬌嬈，料他扇底，自是盈盈。想渡江、當年桃葉，囀比鶯輕。此際淒涼，謝家月色滿空庭。堪憐杜牧，青樓何處，薄倖留名。（《林蕙堂全集》卷二十四「藝香詞」，清文淵閣四庫全書本）

【阮郎歸・雨後坐聽小奚度曲次子壽韻】

清和時候雨初晴。鳩歡急婦聲。夜來涼影月華明。花陰綠一亭。
雲淡淡，露英英。有人吹玉笙。金衣一曲漏三更。天空星自青。

（張宏生主編：《全清詞・順康卷補編》第一冊，南京大學出版社 2008 年版，第 408 頁）

編者案：《詩詞卷・初編》已收吳綺，此係增補。

張綱孫

張綱孫（1619～？），後改名丹，字祖望、秦亭，號竹隱君，錢塘（今浙江杭州）人。布衣。年三十二喪妻，即不復娶。體羸善病，明導引養生之旨。寡交遊，嗜詩古文辭，喜山水，窮幽躡險。其詩悲涼沉鬱，謂少陵七律能用比興，他人雖極工練不過賦耳。其南北行旅諸篇尤為奇崛，自稱秦亭山人。與陸圻、毛先舒、柴紹炳、丁澎、沈謙、陳廷會、吳百朋、孫治、虞黃昊相唱和，世稱「西泠十子」。著有《秦亭山人集》十三卷。見《（民國）杭州府志》卷九一、一四五等。

【月照梨花·秋夜集霞舉堂觀劇】

蠟炬花蓋，高堂良會。短笛塗銀，崇蘭繫帶。歌裏春蝶飛觴，月登場。　　沉沉漏永人皆醉。曲兒嫵媚，藹藹香睡。不知庭樹烏夜棲。天漢流西，曉煙啼。（張宏生主編：《全清詞·順康卷補編》第一冊，南京大學出版社 2008 年版，第 508 頁）

張　夏

張夏，生卒年不詳。字秋韶，江蘇無錫人。隱居菰川之上，孝友力學。初從馬世奇受經，後入東林書院，從高世泰學，積十餘年，遂入世泰之室。世泰卒，其子弟相與立夏為師，事之如世泰。湯斌撫江蘇，至東林，與夏講學，題其言，延至蘇州學宮，為諸生講《孝經》、小學，退而作《孝經解義》、《小學瀹注》。見《清史稿》卷四八○。

【滿江紅·秦園遇歌者蘇生用顧伊人韻】

曾事通侯，酬郢曲、樽前紅豆。遇軍變、江州烽火，洞庭遺叟。萬馬東來流竟斷，六龍南幸城如斗。看三宮、車轞發臨安，傷心否。

峰第一，誇舊口。泉第二，傳新手。掩春申珠履，孟嘗雞狗。對我欲舒蘇嶺嘯，當筵尚說元王酒。謝桃花潭水殢行舟，汪倫又。

（張宏生主編：《全清詞·順康卷補編》第一冊，南京大學出版社 2008 年版，第 511 頁）

許　虬

許虬，生卒年不詳。字竹隱，號敏庵，江南長洲（今江蘇吳縣）人。弱冠好讀書，即交當世名士。其制義文稿，家絃戶誦。順治戊戌（十五年，1658）進士，授思州府推官，再遷永州知府。為官以廉幹稱。登臨讌賞，賓從雜遝，名篇麗句，

往往得之鏡湖禹廟間。晚與汪琬、尤侗輩相善，多所著述見稱。有《萬山樓詩集》二十四卷。見《（乾隆）長洲縣志》卷二五、《（同治）蘇州府志》卷八八、《（民國）吳縣志》卷六八上等。

【一叢花・明月堂夜宴觀劇】

一江淮水過瓜洲。新月正如鉤。維揚太守眞名士，對青山、坐嘯高秋。折柬邀賓，深杯貯酒，爛醉不成休。　　簫聲隋苑總荒丘。邗柳萬枝柔。聽今夜、歌翻珠串，雪兒頻換錦纏頭。杜牧詩篇，絳仙眉黛，相引越添愁。（張宏生主編：《全清詞・順康卷補編》第一冊，南京大學出版社 2008 年版，第 596 頁）

仲　恒

仲恒（？～1694 後），字道久，號雪亭，晚號漁隱道人，錢塘（今浙江杭州）人。諸生。父敬則，以文行著於鄉。恆九歲能文章，負氣節，事母金少不懌即長跪，俟顏霽乃起。伯兄鼎遭謗下獄，恆未弱冠變服爲傭保營救，得釋。著有《雲亭編年詠》、《詞韻》等。見《（民國）杭州府志》卷九一、卷一三九等。

【搗練子・觀女伶】

歌舞罷，顧影自情傷。檀板輕敲銀甲緩，霓裳飄動暗塵香。和影度西廂。（南京大學中國語言文學系《全清詞》編纂研究室編：《全清詞・順康卷》第八冊，中華書局 2002 年版，第 4764 頁）

【雨中花・歌妓】

愛爾多情綣繾。更著意、接人溫軟。的的紅牙，低聲緩唱，故故撩人眼。　　檻外黃鸝嬌樣囀。相應處、一般委婉。百轉千迴，行雲停遏，怎不人留戀。（南京大學中國語言文學系《全清詞》編纂研究室編：《全清詞・順康卷》第八冊，中華書局 2002 年版，第 4822 頁）

胡文學

胡文學，生卒年不詳。字卜言，一字道南，浙江鄞縣人。順治壬辰（九年，1652）進士，授正定府推官，擢監察御史，巡視兩淮鹽政，建安定書院。官至太僕寺少卿。著有《適可軒詩集》，選有《甬上耆舊詩》。見《（雍正）畿輔通志》卷六九、《（乾隆）鄞縣志》卷一七、《國朝詩人徵略》卷二、《全浙詩話》卷四一、《（光緒）重修安徽通志》卷一八六等。

【贈歌者韓子二首】

（其一）春風樓下百枝鐙，一曲同心舞席曾。莫數大梁韓秀好，新傳白紵自西陵。

（其二）青青楊柳拂微波，重唱尊前宛轉歌。後夜曼聲應未歇，幾人掩袂憶韓娥。（《適可軒詩集》卷三，清康熙十二年李文胤刻本）

孫枝蔚

孫枝蔚（1620～1687），字豹人，號溉堂，三原（今屬陝西）人。幼爲諸生，遭亂，乃走江都，從賈人遊，三致千金皆散去。既而閉戶攻詩古文辭，名噪海內。康熙十八年（1679）以布衣舉博學鴻詞，自陳衰老，遂不應試，授內閣中書銜。詩詞多激壯之音。著有《溉堂集》。見《（乾隆）江南通志》卷一七二、《清史稿》卷四八四等。

【減字木蘭花・看雲濤戲筋斗】

妖姿無那，移向掌中嫌掌大。叠鼓相催，收拾紅巾換繡鞋。　　亂翻筋斗，不辨佳人身與手。翔鳳驚鸞，下得塲來仔細看。（《溉堂集》詩餘卷一，清康熙刻本）

【減字木蘭花・贈山西妓】

昭君村裏，當日題詩傳子美。何地無才，一朵紅蓮山後開。　　能歌善舞，借問芳年纔十五。門少垂楊，却勝楓橋遇泰娘。（《溉堂集》詩餘卷一，清康熙刻本）

【減字木蘭花・寄雲濤】

（其一）歌喉舞態，寒夜能留春色在。更是情長，曾送狂夫上太行。　　劉郎老矣，重到天台應不似。白髮雖然，若問心情勝少年。

（其二）歡娛難買，破費千金吾不悔。只惜囊空，又別鴛衾雨雪中。　　看卿體態，合與詩人長作對。肯嫁寒儒，同守匡床竹火爐。（《溉堂集》詩餘卷一，清康熙刻本）

編者案：《詩詞卷・初編》已收孫枝蔚，此係增補。

毛先舒

毛先舒（1620～1688），初名騤，字稚黃，錢塘（今浙江杭州）人。先舒初出陳臥子之門，又嘗從劉念臺講心性之學，淵思盛藻，華實雙佩，與毛西河奇齡、毛鶴舫際可齊名。時人爲之語曰：「浙中三毛，文中三豪。」列於「西泠十子」。著有《東苑詩鈔》、《思古堂集》等。見《國朝先正事略》卷三七、《國朝先正事略補編》卷一、《國朝詞綜》卷三、《文獻徵存錄》卷六、《兩浙輶軒錄》卷七、《清詩別裁集》卷八、《晚晴簃詩匯》卷三三等。

【歸舟聞吳歌】

吳兒搖船夜唱歌，歌聲宛轉感情多。今夜還鄉猶淚落，今夜離鄉當奈何。（《東苑詩文鈔》詩鈔，清康熙刻思古堂十四種書本）

【水調歌頭・與洪昇】

君子愼微細，虛薄是浮名。子家素號學海，書籍擁專城。不在風雲月露，肍擱花牋彩筆，且問十三經。屋漏本幽暗，篤敬乃生明。

百年事，千古業，幾宵燈。莫愁風迅雨急，雞唱是前程。心欲小之又小，氣欲斂之又斂，到候薄青冥。勿謂常談耳，斯語可箴銘。

（南京大學中國語言文學系《全清詞》編纂研究室編：《全清詞・順康卷》第四冊，中華書局 2002 年版，第 2190 頁）

【念奴嬌・秋夕聽歌】

中秋近矣，正涼飆輕爽，彩雲團結。緩緩清歌天外起，燈穗和香如屑。笛孔驚寒，笙簧試煖，漸入宮商咽。美人紅豆，隔簾偷記新闋。　　坐中有客疏狂，抽簪扣盌，碧玉幾敲折。寄語嫦娥休笑我，此種情懷難說。月照白榆，風吹青桂，滿地流煙雪。一聲嘹唳，任他山竹驚裂。（南京大學中國語言文學系《全清詞》編纂研究室編：《全清詞・順康卷》第四冊，中華書局 2002 年版，第 2195 頁）

王嗣槐

王嗣槐（1620～？），字仲昭，號桂山，錢塘（今浙江杭州）人。康熙己未（十八年，1679）薦舉博學鴻詞，不及與試，授內閣中書舍人以歸。博覽群書，擅賦工詩，與陳維崧、毛奇齡、吳任臣、吳農祥、徐林鴻并稱爲「佳山堂六子」。不信太極圖說，謂出於北固老僧，華山道士傳之，點綴其文，託名濂溪。凡著論七十九篇，時人謂可破圖學之僞文。詞瑰麗，尤善爲賦。性簡脫，與俗忤。

年過壯盛，抑鬱不得志，日偕友人散髮袒裸，拍浮糟邱，興酣意極，嬉笑怒罵，不復知人間事。著有《桂山堂偶存》、《嘯石齋詞》等。見《清文獻通考》卷二二六、《文獻徵存錄》卷四、《己未詞科錄》卷一、《兩浙輶軒錄》卷一一等。

【仙娥曲】

六月芰荷滿銀塘，微風香氣吹夜涼。邢關主人羅玉饌，琉璃杯瀉紅霞漿。飲酣長跪前致辭，有客麗眉寬博衣。能爲幻術驚東海，黃公赤刀不足奇。初爲藏鈎累丸戲，木偶人歌掉雙臂。層冰皚皚落玉盤，大谷甘梨滿衣袂。須臾噓氣涼風生，的的金膏照錦屏。輕紗籠光薄如霧，皎如秋月東溪明。美人冉冉乘雲至，初試新粧墜馬髻。茱萸雙帶凌空飛，佇立含羞目凝睇。從容拂紙揮素毫，龍蛇驚走挾奔濤。清歌一曲哀玉響，自題小青來遊遨。斂容卻立復垂手，低頭不語生千嬌。翩翩欻若驚鴻逝，亭前梧葉空蕭蕭。我言此客眞有術，少君文成是儔匹。世間鬼物何不有？吁嗟小青未磨滅。來時跨鶴隨月飛，歸渡廣陵江水黑。四座聽歌曲未闌，曈曨曉日東方出。（《桂山堂詩文選》詩選卷十一，清康熙青筠閣刻本）

【與歌妓脫樂籍者】

三月春風北苑來，花開旅館獨啣杯。東墻美人知愛客，含態含嬌歌落梅。自言少小墜風塵，怨雨愁雲幾度春。何人舞鶴過吳市，何處吹簫西向秦。此夕飄然脫罝網，寂寞章臺垂翠幌。無心柳陌逐香車，那更青溪渡兩槳。可憐語罷淚沾衣，但看南山烏鵲飛。（《桂山堂詩文選》詩選卷十一，清康熙青筠閣刻本）

【客安春讌和胡子志仁】

纔破東軒臘，簾前已放梅。枝添晨霰密，蕚似暮雲裁。白社新詞好，紅兒度曲來。南枝開未落，又見北枝開。（《桂山堂詩文選》詩選卷十一，清康熙青筠閣刻本）

【有客寓禪堂演女樂嘲方丈和尚】

法堂無礙客如歸，又見紅裙入翠微。一夜笙歌天女舞，蓮花夢裏落僧衣。（《桂山堂詩文選》詩選卷十二，清康熙青筠閣刻本）

【贈歌者朱允瞻】

綠陰小鳥啄櫻桃，醉裏風吹玉笛高。爲愛王維能解曲，倚欄更唱

《鬱輪袍》。（《桂山堂詩文選》詩選卷十二，清康熙青筠閣刻本）

【雨中飲丹麓宅贈歌者】

（其一）潘郎座上曾聽曲，王大堂前今更聞。多少濕雲飛不去，長留亭樹雨紛紛。

（其二）綿綿細雨過花村，促數行杯日易昏。更唱少年《金縷曲》，玉簫吹斷自消魂。（《桂山堂詩文選》詩選卷十二，清康熙青筠閣刻本）

【春讌觀劇諸伶索詩口占贈之】

（其一）上元春月泛春巵，澹蕩東風拂座宜。已見梅花開似雪，更教玉管又頻吹。

（其二）月裏梅花繞畫樓，三更玉漏漫沉浮。彩雲片片低箐度，也似凌虛坐十洲。

（其三）吳中爭唱柳青青，檀板銀箏繞畫屏。我亦座中能顧曲，新翻水調付旂亭。

（其四）曲曲新聲侑酒杯，含花眠柳暗相催。箇箇憑欄工撧笛，阿誰獨擅李龜才。（《桂山堂詩文選》詩選卷十二，清康熙青筠閣刻本）

【觀瓊花夢戲劇和高念東先生韻】

（其一）夢裏姻緣夢後疑，邯鄲枕上幾多時。何如夢覺皆如覺，應笑神仙說夢痴。

（其二）顧曲何人古調荒，忽聞妍弄繞蘭堂。可似雙鬟西市上，卷簾並坐唱楓香。

（其三）人生箇箇苦求仙，蝶舞蟻鬭總可憐。破得黑甜開口笑，歌場便是蔚羅天。（《桂山堂詩文選》詩選卷十二，清康熙青筠閣刻本）

梁清標

梁清標（1621～1691），字玉立，號蒼巖，又號棠村，直隸眞定（今河北正定）人。明兵部尚書夢龍曾孫。明崇禎癸未（十六年，1643）進士，授翰林院庶吉士。順治元年（1644）補原官，累遷秘書院學士、禮部右侍郎、吏部侍郎、兵部尚書。有武林斥生誣首逆案，株連甚眾，清標訊得其情，置之法，餘皆得全。康熙九年（1670）補刑部尚書，調戶部。時議撤諸藩。清標奉命之廣東，移尚可喜家口。兵眾洶湧，民皆竄匿，清標鎮靜以安人心，得無變。二十一年夏大旱，

帝問弭災之方，清標以省刑爲對，上嘉納之。拜保和殿大學士兼兵部尚書，卒於官。著有《蕉林詩集》、《蕉林近稿》、《棠村詞》、《棠村隨筆》、《棠村樂府》等。見《（雍正）畿輔通志》卷七二、《（嘉慶）大清一統志》卷二九等。

【越溪春·高司寇招飲演秣陵春新劇】

二月鶯啼風日麗，蔣徑暫開局。主人情重傾杯斝，剪燭花、奏出新聲。太史填詞，秣陵春色，司寇園亭。　　風流雙影分明，搬演小秦青。麗譙三點四點漏滴，華堂斗轉參橫。多難一身行樂地，俯仰欲沾纓。（南京大學中國語言文學系《全清詞》編纂研究室編：《全清詞·順康卷》第四冊，中華書局 2002 年版，第 2224 頁）

【蝶戀花·宋荔裳觀察招飲觀劇次阮亭韻】

榆莢風清飄蜀纈。水漲銀塘，纔過清明節。絳蠟金樽歌未歇，柳花檻外飛如雪。　　舊事甘陵翻數闋。今昔關情，優孟眞奇絕。絲管咽啾聲漸徹，魚龍波底搖殘月。（南京大學中國語言文學系《全清詞》編纂研究室編：《全清詞·順康卷》第四冊，中華書局 2002 年版，第 2231 頁）

【永遇樂·七夕觀項王諸劇同汪蛟門舍人陸恂若茂才王子諒內弟王奕臣內侄吳介侯甥長源弟】

大火西流，雙星初會，塡河佳節。絳燭高燒，湘簾暮捲，歌舞當筵設。賓朋膠漆，披襟引滿，領取澹雲新月。暑將殘、秋光一片，先到鳳城雙闕。　　鍼樓兒女，競陳瓜果，自笑吾生全拙。急管繁絲，好天良夜，莫問蕭蕭髮。周郎在座，伊涼悲壯，千古風流堪接。歎劉項、紛紛蟻戰，英雄銷歇。（南京大學中國語言文學系《全清詞》編纂研究室編：《全清詞·順康卷》第四冊，中華書局 2002 年版，第 2241 頁）

【念奴嬌·舟發章門楊陶雲載梨園置酒敍別】

江城如畫，雪初晴、渺渺長天空碧。好友輕帆攜酒到，載得滿船春色。吳下秦青，新翻樂府，橫吹寧王笛。旅懷無奈，茫茫對此交集。　　憐我海角浮蹤，逢君遷客，相對頭堪白。舞罷柘枝歌子夜，攪起魚龍窟宅。杜牧情多，司空見慣，懊惱紅燈夕。地鄰溢浦，青衫今日重濕。（南京大學中國語言文學系《全清詞·順康卷》第四冊，中華書局 2002 年版，第 2247 頁）

【菩薩蠻・贈伎】

斜風細雨清宵永，徘徊忽見燈前影。命薄每傷神，偏憐薄命人。
輕羅迴小扇，省識如花面。百媚坐來生，無情若有情。（南京大
學中國語言文學系《全清詞》編纂研究室編：《全清詞・順康卷》第四冊，中
華書局 2002 年版，第 2252 頁）

【菩薩蠻・贈女伶】

樽前若個歌金縷，盈盈十五芳如許。笑靨半含羞，嬌憨不解愁。
眉痕青尙淺，秋水雙眸剪。何處耐人思，歌停掩袖時。（南京大學
中國語言文學系《全清詞》編纂研究室編：《全清詞・順康卷》第四冊，中華書
局 2002 年版，第 2252 頁）

【春風嫋娜・上元王胥庭司馬召飲觀劇】

喜良宵煙月，依舊清平。花市煖，暖風輕。有尙書、好客堂開簾
捲，故人歡笑，妝點春城。百寶珠輪，九枝青玉，絳燭高燒列畫屏。
琥珀光浮千日酒，赤瑛盤薦五侯鯖。　　誰把燕山舊事，移宮換羽，
倩優孟、譜入新聲。紅牙串，紫鸞笙。歌喉未歇，客欲沾纓。夢裏功
勳，休嗟陳跡，眼前盃酌，且盡平生。種槐庭院，看年年無恙，紅燈
綠醑，快聚良朋。（南京大學中國語言文學系《全清詞》編纂研究室編：《全清
詞・順康卷》第四冊，中華書局 2002 年版，第 2263 頁）

【一寸金・夏日傅去異邀飲觀劇】

茉莉飛香，風滿簾櫳入輕縠。正琅玕畫展，紋生碧簟，冰盤高列，
光搖寒玉。白墮樽凝綠。行廚進、露葵芳薂。樂工是、內部梨園，錦
襽蠻靴競絲竹。　　日永如年，門閉似水，何心問除目。喜主人情重，
深盃避暑，詞場對遣，清筵顧曲。演到關情處，憑燒燼、兩條銀燭。
歌聲裏、有客沾裳，疑聽燕市筑。（南京大學中國語言文學系《全清詞》
編纂研究室編：《全清詞・順康卷》第四冊，中華書局 2002 年版，第 2264 頁）

【疏簾淡月・雨後幼平表弟子諒內弟招飲觀劇演隋末故事】

雨餘如沐。正暑氣乍消，階除新綠。有客樽開琥珀，駢羅絲肉。
珠簾高捲斜陽裏，扇熏風、小堂花竹。過雲絃管，忘形親串，清懽
何足。　　歎當日、陳隋競逐。看螢苑迷樓，皆成荒麓。重演繁華
蓮鏡，光涵冰玉。揚州煙月渾如舊，更誰翻、夜遊清曲。興亡一夢，

且酬佳夕，笑燃銀燭。（南京大學中國語言文學系《全清詞》編纂研究室編：《全清詞·順康卷》第四冊，中華書局 2002 年版，第 2271 頁）

【拜星月慢·七夕何婿生辰觀劇】

岫爽迎襟，庭柯含雨，一派好天良夜。落葉疏香，綴秋容如畫。鵲橋展，喜遇九宵嘉會，散作人間蕭灑。玉潤懸弧，正雲開晴午。

蟻浮樽、軒檻飄蘭麝。新聲倚、弄笛紅燈下。搬演文武衣冠，成六朝佳話。問天孫、此夕應無價。堪相賀、秦隴風煙罷。畫屏冷、客醉甌酕，看銀河欲瀉。（南京大學中國語言文學系《全清詞》編纂研究室編：《全清詞·順康卷》第四冊，中華書局 2002 年版，第 2272 頁）

【滿庭芳·秋夜觀劇中有歌者娟秀如好女】

霽色迎人，檐花戀客，暇日簾敞前楹。杯浮醽醁，秋滿鳳凰城。笑聽吳歈佐酒，繁絲與、夜氣同清。燈兒下、梨花素面，看煞小秦青。

輕盈。且漫說，殷勤渭唱，窈窕旗亭。儘燒殘絳蠟，炙暖鵝笙。奏徹江東白苧，座中有、杜牧多情。渾消盡，閒愁萬斛，瑤瑟憶湘靈。（南京大學中國語言文學系《全清詞》編纂研究室編：《全清詞·順康卷》第四冊，中華書局 2002 年版，第 2272～2273 頁）

【燭影搖紅·友人出家伎佐酒】

絳蠟秋宵，朱闌曲曲開芳醞。曼聲檀口囀雛鶯，膩臉薇香嫩。樂府新翻偏韻。乍回眸、紅潮微暈。元人宮調，吳下排場，風流重認。　　舞罷前溪，蠟煤落翠懂無盡。寧王玉笛莫愁歌，更有蠻靴襯。銷卻柔腸一寸。怕催人、漏銅滴緊。愁多子野，狂發分司，笑迴紅粉。（南京大學中國語言文學系《全清詞》編纂研究室編：《全清詞·順康卷》第四冊，中華書局 2002 年版，第 2273 頁）

【春風嫋娜·花朝何婿邀飲演衛大將軍劇】

恰春寒初退，日麗皇州。羅綺席，上簾鉤。喜何郎、顧曲閒樽招客，鸞笙瑤瑟，永夕消愁。白苧新聲，紅樓高唱，說甚當年秉燭遊。老去襟懷須放達，醉來調笑更淹留。　　試演平陽主第，家奴上將，盛衰事、轉眼都休。看戚里，取封侯。英雄失路，壯士懷憂。富貴浮雲，徒誇汗馬，恩仇翻掌，羨煞江鷗。謾論世態，幸春光如舊，燈前酒碧，花底風柔。（南京大學中國語言文學系《全清詞》編纂研究室編：《全清

詞·順康卷》第四冊，中華書局 2002 年版，第 2276 頁）

【柳腰輕·觀邢郎演劇】

溶溶三五春宵讌。銀燭照，紅牙按。紫雲筵上，袁絢臺畔。不數當年奇豔。奏新聲、幾度杯停，趁東風、一枝花顫。　　信是吳儂妙選。問尹邢、美名誰擅。齊肩揚袖，淺顰低笑，省識芙蓉如面。座中有、子野情多，每腸迴、舞裙歌扇。（南京大學中國語言文學系《全清詞》編纂研究室編：《全清詞·順康卷》第四冊，中華書局 2002 年版，第 2286 頁）

編者案：《詩詞卷·初編》據《本事詩》卷八收梁清標《春宵觀邢郎演劇》一首，可參看。清·徐乾學《憺園文集》卷七收有《奉和大司農棠邨先生韻贈歌者邢郎四首》、清·徐釚《南州草堂集》卷七收有《和棠邨公韻贈歌者邢郎》，以上所詠或爲同一人。

【乳燕飛·立秋前二日觀小伶演劇】

斜日湘簾暮。趁新涼、紅燈綠醑，嬌歌豔舞。懷智凋零龜年老，輸與吳儂小部。觸漫舉、頓忘炎暑。碁局紛紛心徒苦，算不如、按拍聽金縷。今古事，名場誤。　　閒情久作沾泥絮。奈當筵，舊狂尚在，束綾幾許。檐外浮雲流不斷，滿院芭蕉秋雨。透紈扇、西風暗度。纔罷柘枝翻白苧，喜新聲、一串驪珠吐。蓮漏僕，歡何足。（南京大學中國語言文學系《全清詞》編纂研究室編：《全清詞·順康卷》第四冊，中華書局 2002 年版，第 2286 頁）

【菩薩蠻·秋日觀邢郎演劇】

晶簾雨過空天碧，芙蓉笑醼斜陽立。花影正重重，人從花底逢。　　月高絲管沸，溜出歌聲脆。對此意茫茫，偏憐秋夜長。（南京大學中國語言文學系《全清詞》編纂研究室編：《全清詞·順康卷》第四冊，中華書局 2002 年版，第 2286～2287 頁）

【月下笛·秋夜友人招飲聞歌】

小閣無譁，涼雲沾席，一闌秋色。燈紅酒碧。人倚窗紗吹笛。寫當年、文武衣冠，盡收拾黛眉巾幗。喜何戡尚在，雪兒無恙，問今何夕。　　新聲入破，聽變徵移宮，都堪浮白。衣香鬢影，惱煞分司狂客。玉繩低、蠟煤未銷，輕雷忽然來四壁。乍回眸，仿佛湘靈夜舞光瑟瑟。（南京大學中國語言文學系《全清詞》編纂研究室編：《全清詞·順康卷》

第四冊，中華書局 2002 年版，第 2287 頁）

【氐州第一・贈西泠吳舒鳧即次觀劇原韻】

　　　　帝里秋晴，喜逢越客，小堂笑燃華炬。四座全傾，單辭皆妙，不數掾稱三語。相見頻嗟，晚讓爾、詞場獨據。遼左藜床，魯城絳幔，誰爭旗鼓。　　優孟衣冠江左誤。演西子湖邊士女。麗句新填，蠻牋立草，漫道吟髭苦。憶前宵、涼月下，鵝笙炙、重添桂醑。明日風煙，悵萍分、梁園人去。（南京大學中國語言文學系《全清詞》編纂研究室編：《全清詞・順康卷》第四冊，中華書局 2002 年版，第 2287 頁）

【永遇樂・重陽前一日祖文水明府招飲演□種情劇】

　　　　秋滿長安，白雲紅葉，高堂撾鼓。丹鳳城南，黃花筵上，預醉重陽雨。使君情重，招邀勝友，何似龍山歡聚。歡匆匆、軟塵十□，好景此宵留住。　　繁絲急管，燒殘樺燭，一任玉繩低度。小部梨園，蠻靴錦屩，踏節金鈴舞。當年紅粉，生生死死，總被情多軼誤。那知有、愴懷司馬，青衫濕處。（南京大學中國語言文學系《全清詞》編纂研究室編：《全清詞・順康卷》第四冊，中華書局 2002 年版，第 2288 頁）

　　　　編者案：《詩詞卷・初編》已收梁清標，此係增補。

任繩隗

　　任繩隗（1621～？），字青際，號植齋，江蘇宜興人。順治丁酉（十四年，1657）舉人。青際倚聲亦有名，與陳其年唱和最多，周旋於張西銘、尤展成之間，年輩頗高。著有《直木齋集》。見《倚聲初集》卷四、《晚晴簃詩匯》卷二八等。

【漁歌子・舟泊張舍觀演義俠傳奇】

　　　　晚風涼，初月白。青詞度曲紅牙拍。倩挑簾，落畫戟，演盡桑間本色。　　俏女郎，盈巷陌。低頭不語喬羞澀。夜闌珊，歌已寂，墮履遺簪堪拾。（南京大學中國語言文學系《全清詞》編纂研究室編：《全清詞・順康卷》第五冊，中華書局 2002 年版，第 2916 頁）

龔士稹

　　龔士稹，生卒年不詳。字伯通，安徽合肥人。龔鼎孳長子。見《全清詞・順康卷》第五冊。

【賀新涼·蔡子崑陽徐子原一朱子天敘孟子端士孫子屺瞻王子藻儒見招觀一枕緣劇即席漫賦】

滿座春風卷。羨傳奇、通天枕幻，空函竟遺。一部悲歡離合處，賺得蘭膏頻泫。不惜贈、吳綾越繭。兩段良姻憑夢定，有緣人、自覺蓬萊淺。交頸夕，黛眉展。　　裁花護月藏還顯。費多少、婆心孔釋，巧心輪扁。恨殺權奸施毒手，甘作狂嘷桀犬。刺客傳、裙釵寧免。最喜當場親供狀，莽銅錘、爽快朝家典。催玉漏，莫教剪。（南京大學中國語言文學系《全清詞》編纂研究室編：《全清詞·順康卷》第五冊，中華書局2002年版，第2935～2936頁）

龔士稚

龔士稚，生卒年不詳。字駢齋，安徽合肥人。龔鼎孳次子，拔貢生。著有《芳草詞》。見《全清詞·順康卷》第五冊。

【念奴嬌·觀劇索楊雪門和】

暮春天氣，卻乍晴乍雨，黃鸝聲滑。畫鼓紅牙消夜漏，堪羨輕盈嬌怯。歌遏梁塵，舞翻燈影，頓使愁腸結。鳳刀雙舉，繞身疑是堆雪。　　慚我沒計隨卿，癡魂一片，思化雙蝴蝶。夢裏吹簫低唱處，也莫人間花月。急索金罍，連傾綠蟻，醉殺何須歇。多情楊子，料應同我心折。（南京大學中國語言文學系《全清詞》編纂研究室編：《全清詞·順康卷》第五冊，中華書局2002年版，第2940頁）

【怨三三·李逸齋恒山署中觀耍孩兒演節節高和宋又宜韻贈歌者三兒】

臨風弱柳最堪憐。燕子翩躚。拖地衫兒血色鮮。道三五、是儂年。　　撩人楚楚娟娟。喜今夜、和伊並肩。奈月不長圓。行將西去，野店孤眠。（南京大學中國語言文學系《全清詞》編纂研究室編：《全清詞·順康卷》第五冊，中華書局2002年版，第2953頁）

田茂遇

田茂遇，生卒年不詳。字楫公，號鬖淵，江南華亭（今上海松江）人。順治戊子（五年，1648）舉人。授新城知縣，不赴。康熙己未（十八年，1679）舉博學鴻詞。茂遇赴鴻博試，客都門，輯《燕臺文選》。歸築水西草堂，觴咏以老。又與張淵懿、董俞選當代名人詩，名《十五國風》。又選《高言集》、《清平詞》。

其少負時名，善屬文。陳黃門謂夏考功曰：「此子才氣卓犖，他日必成偉器。」
後黃門歿，子幼貧，代償荒田官租，復梓其遺集。著有《水西草堂集》等。見《國
朝詞綜》卷一、《國朝詩人徵略》卷四、《晚晴簃詩匯》卷二四等。

【鵲踏花翻・美人解和徐文長韻】

寂鼓重喧，停鑼乍響，一聲箭失桃花騎。眼前影亂鞭搖，滴溜曹
騰，機關渾脫柔荑嚲。疾時星落漢雲天，緩猶風捲楊花地。　　　滿地
草染，碧衫空翠。掌人手鳥天然伎。無數王孫陌上，神移目逆，酒肆
金貂墜。奈何天氣恰相逢，柳枝一曲筵前醉。（南京大學中國語言文學系
《全清詞》編纂研究室編：《全清詞・順康卷》第五冊，中華書局 2002 年版，第
2898 頁）

魏學渠

魏學渠，生卒年不詳。字子存，號青城，嘉善（今屬浙江）人。順治戊子（五
年，1648）舉人。除成都府推官，遷刑部主事。出為湖廣提學道僉事，擢江西湖
西道參議。授成都府推官，時蜀中初定，招撫流亡，綏輯兵民，事事得宜。擢刑
部主事，改定例過嚴者數十條。陞湖廣學道、江西湖西道，務從寬簡，屬令有苛
政劾去之。與王阮亭、田紫來相倡和。生平輕財好施，桐城錢澄之與學渠交最深，
感德不忘，名其樓曰「懷青」。且有詩曰：「還家擬建懷青閣，從此飢驅不出門。」
武林汪繼昌以所贈築園江干，名曰「魏園」。黃宗炎求買山之助，出紙襆置其袖，
視之，則黃金一掬也。他率類是。著有《青城山人集》。見《己未詞科錄》卷六、
《兩浙輶軒錄》卷三、《國朝詞綜》卷一、《國朝書人輯略》卷二等。

【清平樂・鄂渚某帥出家伎演劇是從京師席上舊見者】

內家妝束，記得人如玉。驀見周郎眉語簇，莫遣閒情顧曲。　　　脂
香蓮蹙荑柔，當筵無不風流。魂斷長安月下，橫波一寸新秋。（南京大
學中國語言文學系《全清詞》編纂研究室編：《全清詞・順康卷》第五冊，中華
書局 2002 年版，第 2547 頁）

【紅窗聽・絃索】

珠院梧桐移月影。憐今夜、吹簫人迥。錦瑟塵封尋豔曲，閣繡裙
重整。　　　細語雙鬟先煮茗。再休道、離鸞別鵠，風疏雨冥。思歸引
好，有日調笙並。（南京大學中國語言文學系《全清詞》編纂研究室編：《全清
詞・順康卷》第五冊，中華書局 2002 年版，第 2558 頁）

【鷓鴣天・贈歌妓】

南國娉婷絕代人，海棠妖豔雪精神。琵琶塞曲嫌淒怨，別按紅牙嬌上春。　　從乍見，便情親。飄零憐我尚風塵。剪燈潛結鴛鴦社，粘得湘川一縷雲。末句寓姬小字。（南京大學中國語言文學系《全清詞》編纂研究室編：《全清詞・順康卷》第五冊，中華書局 2002 年版，第 2562 頁）

【鷓鴣天・贈歌妓倩倩】

十五良家籍主謳，嬌移箏雁半含羞。西園北里何曾見，盡說盧家有莫愁。　　歌扇底，舞伊州，果然端正又風流。身輕願向雕梁語，莫鎖春深燕子樓。（南京大學中國語言文學系《全清詞》編纂研究室編：《全清詞・順康卷》第五冊，中華書局 2002 年版，第 2562 頁）

【鷓鴣天・聽張濟甫絃索座中某姬嘗學藝於張者也】

協律延年技自工，啼鶯語燕共春風。當筵絳樹情偏解，學得吹簫憶箇儂。　　雲淡淡，月溶溶。青衫淚漬曲難終。一聲小妹銷魂處，暗度華年錦瑟中。（南京大學中國語言文學系《全清詞》編纂研究室編：《全清詞・順康卷》第五冊，中華書局 2002 年版，第 2563 頁）

【虞美人・讌集贈歌姬西音】

舞茵歌扇花光裏，似剪橫秋水。新聲宛轉繞梁塵。卻怪回頭窺宋、是東鄰。　　相思盼斷長安月，乍見盈還缺。瀟湘風雨夜來深，肯放西歸錦瑟、續清音。（南京大學中國語言文學系《全清詞》編纂研究室編：《全清詞・順康卷》第五冊，中華書局 2002 年版，第 2563 頁）

【蝶戀花・和飲光月下與濟甫對飲濟甫自理絃索原韻】

玉露無聲香霧裏，檀板輕敲，烏鵲驚飛起。明滅波光晴亦雨，碧天萬里涼如洗。　　楊柳梢頭月上矣，一派秋聲，譜入宮商理。多病閒愁誰起予，夜遊秉燭君言是。時予病未出門，飲光句中兼相招也。（南京大學中國語言文學系《全清詞》編纂研究室編：《全清詞・順康卷》第五冊，中華書局 2002 年版，第 2571 頁）

【鳳銜杯・贈小妓鶯初】

曉日新粧矜翠鈿，畫堂鸚鵡邀人見。背立怕生疏，破瓜年幾羞迴面。將玉指，撚金線。　　袖遮紅，裙拖茜，憨姿惠性橫波倩。情透

黯無言，春風難鎖深深院。晴絲裊處鶯囀。（南京大學中國語言文學系《全清詞》編纂研究室編：《全清詞·順康卷》第五冊，中華書局 2002 年版，第 2575 頁）

【西施·洪參戎席上觀女劇演浣紗】

春秋吳越矢相加，蠡種策堪誇。人心驕豔色，吳沼已鳴蛙。卻怪江東謀略，無雙士，明麗盡如花。　　姑蘇臺下持蓮橛，傾城絕、代西家。只恨得、巾幗臣韜賣夫差。千載五湖、共汎鴛鴦翼，媒妁屬溪紗。（南京大學中國語言文學系《全清詞》編纂研究室編：《全清詞·順康卷》第五冊，中華書局 2002 年版，第 2582 頁）

【花犯·長水寓中聽鄰姬夜談西廂用清真韻】

隔銀牆，珠簾金屋，覷新粧情味。香風過處，早細逗鶯聲，一枝纖麗。狂夫流浪闌空倚。自悲還自喜。更剪燭、邀尋鄰女，薰爐擁繡被。　　忽見案頭束殘書，是西廂多少、柳嬌花悴。草橋夢，分攜正，夕陽西墜。知心侍兒堪寄束，人待闕、鴛鴦春社裏。漏將盡、往事休談，高樓枕河水。（南京大學中國語言文學系《全清詞》編纂研究室編：《全清詞·順康卷》第五冊，中華書局 2002 年版，第 2610 頁）

徐石麒

徐石麒，生卒年不詳。字又陵，自號坦庵。其先爲浙之鄞人，明初遷揚州。承父學，精研名理，隱居不應試。好著書，有《談經筍》、《在茲錄》、《詞府集絲》、《寶儉小言》、《敍書說》、《禽愧錄》、《天籟譜》、《倦飛集》、《甕吟》、《瓠聲》、《忝香集》、《壺天續筆》、《文字戲》、《宮閨粧飾》、《指水遺編》、《詩餘訂譜》、《轉注辨》、《訂正詞韻》、《談騷寱言》、《女鑑》、《吉兇影響錄》。其載於范石湖薈集中者又有《松芝集》、《枕函待問錄》、《趨庭訓述》、《古今青白眼》、《花傭月令》、《三憶草》、《白石篇》、《坦庵瑣錄》、《客齋餘話》、《且謠》。散曲有《忝香集》，雜劇有《大轉輪》、《拈花笑》、《買花錢》、《九奇逢》、《珊瑚鞭》、《辟寒釵》、《胭脂虎》、《范蠡浮西施》諸種。袁于令慕其所爲曲，訪之湖中，演所譜《珊瑚鞭》以質之。李漁來坐，終日不論一詞曲。王阮亭司理揚州，招致境中名士，吳嘉紀、雷世俊、呂潛皆爲網羅，而石麒獨不往見。與兄子元美、女元端家庭唱和，以供笑樂。見《淮海英靈集》甲集卷一、《揚州畫苑錄》卷一、《劇說》卷五等。

【行香子・歌自製曲】

韻譜新修，樂府精搜。舞陽春、高調誰儔。詳推字眼，穩拍歌頭。早泠吳歈，分楚豔，擅齊謳。　　不唱甘州，不和伊州。最宜傳、二八歌喉。酒酣翠幄，花近紅樓。正響琵琶，清羯鼓，摑箜篌。（南京大學中國語言文學系《全清詞》編纂研究室編：《全清詞・順康卷》第九冊，中華書局 2002 年版，第 5167 頁）

【風流子・秦淮歌館】

青樓誰窈窕，拋紅豆、新唱夢揚州。聽宮字欲流，嬌能掩誤，徵音初變，弱不禁愁。一聲繞、錦投三萬軸，酒下十千籌。落日正低，西風初度，當杯入手，肯教淹留。　　今朝相逢好，私心計、拚取醉臥壚頭。但使碧紗穩護，莫放吟眸。恐二陵風雨，寒驚客夢，三山草木，影落歌樓。老子壯心未已，還賦悲秋。（南京大學中國語言文學系《全清詞》編纂研究室編：《全清詞・順康卷》第九冊，中華書局 2002 年版，第 5168〜5169 頁）

【拂霓裳・邀袁籜菴看演珊瑚鞭傳奇】

儘商量。人生萬事熟黃粱。收拾在，春風錦繡一奚囊。英雄啼有淚，兒女笑生香。杜韋娘。趁當筵、歌舞拂霓裳。　　風流況是，客座上，有周郎。摧拍了，不教絃箏誤宮商。調高人語靜，燭短酒盃長。謾端相。繡簾開、明月遶歌梁。（南京大學中國語言文學系《全清詞》編纂研究室編：《全清詞・順康卷》第九冊，中華書局 2002 年版，第 5172 頁）

【虞美人・席前贈歌妓】

狂奴不愛杯中酒，只愛擎杯手。殷殷小語聽鶯聲，說道一分清酒十分情。　　新歌半折香喉媚，消得今朝醉。摩挲倦眼向人時，那更笑執紈扇索題詩。（南京大學中國語言文學系《全清詞》編纂研究室編：《全清詞・順康卷》第九冊，中華書局 2002 年版，第 5180 頁）

【唐多令・贈歌姬】

粉面試芙渠，清謳學鷓鴣。探蓮舟、歌斷西湖。酒到箇儂聲漸款，加一倍、費工夫。　　小字愛郎呼，香肩醉欲扶。耳邊廂、私語模糊。欲問分明羞再語，佯整頓、鬌梳頭。（張宏生主編：《全清詞・順康卷補編》第二冊，南京大學出版社 2008 年版，第 968 頁）

【沁園春·詠傀儡】

　　傀儡場中，人物依然，眞耶幻耶。見百般做弄，衣冠旋改，幾番格樣，粉墨新搽。東往西來，兩邊門戶，若個機關繫着他。排場定，看狐猱狙鵠，稱意豪華。　　一般白紵紅牙，算只礙當頭一線差。歎掉頭頗速，藏身欠好，折腰雖慣，舉步難遮。纔唱南詞，又翻北調，木偶何曾解得些。收場了，問來朝院本，更打誰家。（張宏生主編：《全清詞·順康卷補編》第二冊，南京大學出版社 2008 年版，第 970～971 頁）

李鄴嗣

　　李鄴嗣（1622～1680），原名文允，以字行。一字杲堂。鄞（今浙江鄞縣）人。楒之子，年十二能詩，十六侍其父官嶺外，通人張孟奇歎異之，與爲忘年交。順治初，楒以海上事牽連，被逮下杭州獄，鄴嗣亦繫定海馬廄中。友人萬泰救之得免。楒出獄，尋卒。鄴嗣一慟幾絕，自此絕意進取。燕人梁以樟至鄞，鄴嗣與萬泰、徐鳳垣、高斗權、斗魁從之賦詩，倡和無虛日。詩文高華曲折，絕出流輩，里中奉爲宗主。凡社集，仿場屋糊名易書例，請鄴嗣第其甲乙，一聯被賞，遂增聲價。晚年力任文獻之重，輯《甬上耆舊詩》，人各有傳。書成，立諸人之位祭以少牢。學者稱杲堂先生。另著《笑讀齋集》、《杲堂集》等。見《（乾隆）鄞縣志》卷一七、《兩浙輶軒錄》卷一、《遺民詩》卷一〇等。

【江上弔三絃女子歌】本士人女，亂後流爲女優。年十六，工三絃子。父欲贖之不得，因抱絃自投甬江死。

　　小鬟抱絃調鳳髓，嬌若芙蕖半開蔂。臂支獨枕紅守宮，傍人但許聽歌死。羅衣垂手骨欲翔，綠幦化蝶嬲蓮香。愁心只慕箜篌引，冰蠶織絲千縷涼。改絃撥出思鄉調，素蛟迎舞幽蘭笑。江上風廻曲未闌，小魂夜拜曹娥廟。鷺屧躡浪月漉漉，手執朱鞭牽白鹿。酏酥何處醉氍毹，熱粉吳姬紫槽促。（《杲堂詩文鈔》詩鈔卷四，清康熙刻本）

【絕句二首（之二）】

　　幾年遷客厭箜篌，纔唱從軍淚欲流。今日故鄉重聽曲，吳姬盡度小涼州。（《杲堂詩文鈔》詩鈔卷七，清康熙刻本）

李式玉

　　李式玉（1622～1683），字東琪，錢塘（今浙江杭州）人。諸生。孤儁落拓，

不以世務經意。家近清波門，往往禿巾野服，入深山高歌，聲振林木。爲人篤孝義、急友難，至性所激，沛然莫遏。平生著書數十種，主要有《魚川集》、《二集》、《巴餘集》、《南蕭堂詩稿》、《武林雜事》、《春城樂府》等。見《國朝詞綜補》卷五、《（雍正）浙江通志》卷一七八、《兩浙輶軒錄》卷六、《（民國）杭州府志》卷一四五等。

【早梅芳・淮安秦海士明府擁歌兒留杭予撰曲贈之歲暮別去悵然賦此】

廣陵簫，淮安鼓。能按霓裳譜。霍家小史，來向西陵橋畔住。夜飛清嶂月，朝捲朱簾雨。自言家近遠，剛在桃花塢。　　竹枝歌，柘枝舞。紅燭堂前暮。春風一曲，都是相思腸斷句。銀箏雙袖撥，玉盞春纖舉。卻含羞，又怕周郎顧。（南京大學中國語言文學系《全清詞》編纂研究室編：《全清詞・順康卷》第四冊，中華書局2002年版，第2201頁）

曾　畹

曾畹（1622～？），原名傳鐙，字庭聞。寧夏籍，寧都（今屬江西）人。乃明太常卿應遴子，隨父軍中，後奔走閩、越、關、隴，遂入籍隴西。順治甲午（十一年，1654）舉人。鄉舉後始歸省。母與弟燦並工詩，有蒼涼之音，在寧都諸子中亦矯矯者。著有《金石堂集》。見《江西詩徵》卷六六、《國朝詩人徵略》卷四、《晚晴簃詩匯》卷二七等。

【東山留別胡奎岡總戎】

將軍容挾客，樂劇始登臺。謾折東山屐，頻傾北海盃。星垂三戶暗，角動五更哀。秣馬西歸去，他年草檄來。（《曾庭聞詩》卷三「五言律」，清康熙刻本）

【六月唐采臣置酒南塘舟中作別客有度吳曲者隱隱多歎息之聲聊賦短章奉酬唐子】

（其一）屢別無行色，殊方會面難。我車忽已駕，暑雨下河灘。莫度吳儂曲，寧忘沙塞寒。關繻久棄得，又復過長安。

（其二）灞橋今夜柳，面面向南枝。一片黃沙氣，都非惜別時。樓船垣外動，簫管荻中遲。我自賦河水，君聽六月詩。（《曾庭聞詩》卷三「五言律」，清康熙刻本）

【泰興遊季氏園】

延令三面水，戰艦幾時侵。江國城池濶，人家橘柚深。落花飛浴鷺，宿霧散鳴禽。似有吳娃在，依稀隔竹音。季有女劇。（《曾庭聞詩》卷三「五言律」，清康熙刻本）

【夜聽伎】

行樂無他日，遣愁猶昔年。美花霑席上，小影側春前。愛至偏宜泣，嗔多不受憐。伊涼今夜曲，爲汝一鳴絃。（《曾庭聞詩》卷三「五言律」，清康熙刻本）

【別張異資崖州】

愛向牛車轉，愁經火宅行。炎州十日出，黎水萬山流。鞭血《鴛鴦榜》，張有《鴛鴦榜》傳奇。潛身鶗鴂秋。無由隨五馬，細數海中漚。（《曾庭聞詩》卷三「五言律」，清康熙刻本）

編者案：清・焦循謂：「通州張孝廉異資擢士，康熙初爲崖州知州，有感於寇萊公事，作《崖州路》傳奇，詞甚奇崛，賓白整齊。又作《麒麟夢》、《鴛鴦榜》、《黃金盆》三種。」（《劇說》卷四，民國誦芬室讀曲叢刊本）

【潞安府口號】

三街伎舘一時荒，惟有銅鞮舊日倡。莫唱前朝王府曲，新翻都是《山坡羊》。（《曾庭聞詩》卷六「七言絕」，清康熙刻本）

【小松凹伎席】月三□。

五龍壇後拊蒼麟，一樹霜皮一樹雲。廟鼓隆隆明□散，東山挾伎是何人。（《曾庭聞詩》卷六「七言絕」，清康熙刻本）

郝 浴

郝浴（1623～1683），字冰滌，又字雪海，後更號復陽。定州（今河北定縣）人。順治丙戌（三年，1646）舉於鄉，己丑（六年，1649）成進士，授刑部廣東司主事，後以御史巡按四川，請開屯田，足兵食，爲全蜀計，民賴其利。劉文秀率兵圍保寧，吳三桂挾王爵驕貴，意持兩端，故遲其援兵。浴密陳吳三桂兵驕橫劫殺狀，三桂劾其欺罔，譴戍邊陽。居二十餘年，潛心經義，無一日不讀書。同戍者贈以詩云：「祇愁深夜裏，凍殺蠹書蟲。」平生講程朱之學，偶事吟詠，皆有道氣。三桂叛，魏環極再疏薦之，起故官，出撫廣西。著有《中山集》。見《（雍

正）四川通志》卷七下、《蓬窗附錄》卷上、《清史稿》卷二七〇、《晚晴簃詩匯》卷二五等。

【村社雨中留飲】

社鼓頻催火樹春，倚闌新雨罷紅塵。燒燈夜奏梨園曲，入座驚看解語身。一向徜徉寧遁世，可憐引滿似高人。侵晨又控盤遊騎，煙水蒼茫問紫鱗。（《中山集詩鈔》卷三「七言律」，清康熙刻本）

董漢策

董漢策（1623～1691），字帷儒，一字芝筠，烏程（今浙江湖州）人。歲貢生。康熙庚戌（九年，1670）年，江浙大水，漢策創糶私改折諸議，以寬民力。又捐貲賑米，遠近賴以存活者無算。范忠貞公撫浙，曾舉應才品優長、山林隱逸之詔，引見，奉旨以科道員缺試用。忌者誣奏，放歸。歸後益肆力經史，以教後學。著有《周易大成》、《讀古定本》等書。另著有《乍浣居詩集》。見《兩浙輶軒錄》卷二、《國朝詞綜補》卷七等。

【齊天樂・丙辰春日在魯瞻侄齋頭觀劇繼又在雲襄侄齋看牡丹用史邦卿韻】

頻拈鏡裏陽秋話，香國蝶衣來去。月壓桃雲，霞橫螺黛，一蹴燕迷簾雨。被池如許。看袖擁花王，鄂君湘渚。靜洗宮商，屏中金翠搖琪樹。　　錯落柘枝珠舞。喧闐燈影外，梁園星聚。調罷銀箏，斜飛丹鳳，小立闌干靈羽。揮盃倚柱。儘唾逗酣紅春思，誰知人臥遙帷，憶招腰好語。（南京大學中國語言文學系《全清詞》編纂研究室編：《全清詞・順康卷》第六冊，中華書局 2002 年版，第 3612 頁）

【鼓笛慢・嘲宮戲】

少君蓮帳疑聲喚，多了訴請絲竹。堪笑伊、終日成高臥，也學人兒僕僕。總聽他驅遣，虛心事、不辭奔逐。幸人間淺陋，登場作戲，魚龍幻贏勞碌。　　傀儡無端轉誚，道君家，漫勞薰沭。試捫心問，傴僂俯仰，假借人眉目。不及無情我，喜雙黛、未曾頻蹙。聽伊言，便覺難堪奈何，反羞慚食肉。（南京大學中國語言文學系《全清詞》編纂研究室編：《全清詞・順康卷》第六冊，中華書局 2002 年版，第 3615 頁）

【沁園春·秋夜沈晦菴社兄招飲優人演宜春院傳奇乃稗史所載廣陵女子
張紅紅故事也即席漫賦】

月倚涼秋，春隨薄醉，酒動花神。譜開元遺事，風流天子，梨園
協律，調笑能臣。暫怨長門，終歸幕府，雙綰鴛鴦結契新。紅紅被玄宗
召入禁中，爲宜春院長，卒嫁韋生。又僕射南宮之女，亦嫁韋生，韋時已任節度。
還應道，但宜男賦就，便勝宜春。　　重將舊史評論。一女子、嘗關
治亂因。歎憐取紅紅，英雄顛倒，韋生訪紅紅不得，奔走淮揚間。盧龍擾
攘，也惜眞眞。指祿山與太眞也。羯鼓愁雲，琵琶江月，博得今宵笑幾
巡。安排好，早天生李郭，有箇人人。時晦菴得子，有晬盤之慶，故兩結
俱逗此意。（南京大學中國語言文學系《全清詞》編纂研究室編：《全清詞·順康
卷》第六冊，中華書局 2002 年版，第 3625 頁）

笪重光

笪重光（1623～1692），字在辛，號江上外史，江南句容（今江蘇句容）人。
順治九年進士，官監察御史、江西巡按。其風骨稜稜，雖權貴亦憚之。詩清剛雋
上，如其人。山水得南徐江川氣象，書法眉山。著有《書筏》、《畫筌》等，曲盡
精微。另有《江上詩集》十卷。見《國朝詩人徵略》卷二、《歷代畫史彙傳》卷
六〇、《晚晴簃詩匯》卷二六等。

【賽太尉】

歲鼓闐闐動，春旗匝匝飛。村人迎太尉，繞巷復巡陂。雉尾攢神
冠，繡襦爲神幃。神來日顛倒，神喜風披靡。兒童戴粉面，丁壯舞紅
衣。恣睢魏武皇，裊娜越西施。簫管雜銅鉦，彩繩揮金椎。三社互爭
雄，四村無敢窺。雙豨上姜壒，千艇呼潘詞。鯉魚及雞鶩，一一皆有
詩。所祝弭災祲，又願豐年時。創爲樂府題，神兮知不知。（《江上詩集》
卷一，鄧之誠：《清詩紀事初編》上冊，上海古籍出版社 1984 年版，第 494 頁）

馮夢祖

馮夢祖（1623～1697），字召孫，號蘐庵，錢塘（今浙江杭州）增生。夢祖
喪父，哀毀備至，水漿不入口，越六日有奇。居喪不遊觀宴會。免服後，每覩遺
物及所曾遊之地，悲不自勝。其潔身自治，性不苟同。詠言二百餘首，幽情自賞，
閒遠蒼涼。著有《蒼源賸草》十卷。見《兩浙輶軒續錄》卷二、《八千卷樓書目》
卷一七等。

【謝池春・村社】

寶篆香濃，絃管唱炎紅燎。列班行、趨蹌老少。眠癡遲俸，倩雞聲驚覺。歎神工、簇人侵早。　　豚羹濁酒，賽罷群僑傾倒。賭喧賒、傲儸舞裊。如狂釀興，比賓筵還憦。願年年、酒沉長禱。（南京大學中國語言文學系《全清詞》編纂研究室編：《全清詞・順康卷》第六冊，中華書局2002年版，第3649頁）

侯　杲

侯杲（1624～1675），字偓蓓，號霓峰，江蘇無錫人。順治六年（1649）進士。知宣平縣。宣平民貧多逋賦，杲輸家貲補之。辦軍興供億，未嘗擾民，亦不廢事。遷禮部主事，擢郎中。改刑部，督九江關。清慎奉公，悉罷額外征，商旅德之。丁外艱歸，遂不出。見《（光緒）無錫金匱縣志》卷二〇、《（光緒）宣平縣志》卷七等。

【小秦王・戲贈招官越西兩女伶時演李衛公傳】

招娘還讓越娘佳，豆蔻含香半吐花。羯鼓聲中銀燭爛，紫袍偏稱罩烏紗。（張宏生主編：《全清詞・順康卷補編》第二冊，南京大學出版社2008年版，第776頁）

徐　倬

徐倬（1624～1713），字方虎，號蘋村，德清（今屬浙江）人。年十七，遊會稽，受知於倪文正公。因謁劉蕺山，遂以王學爲依。康熙癸丑（十二年，1673）進士，授編修。乙酉南巡，考試在籍諸臣，拔第一，授禮部侍郎，欽賜壽祺雅正匾額。年九十卒。所著詩文十餘種，合之爲《蘋村集》。見《國朝先正事略》卷四〇、《兩浙輶軒錄》卷五等。

【江城子・觀劇】

洞簫聲裏降飛瓊。步盈盈。影亭亭。試問海棠，燭下睡還醒。纔啓櫻唇花早落，人道是，女秦青。　　喉香眼媚盡傳情。夢惺惺。怨聲聲。要與臨川，風月鬥聰明。一樣簪花寶髻後，蜂和蝶，逐卿卿。（南京大學中國語言文學系《全清詞》編纂研究室編：《全清詞・順康卷》第六冊，中華書局2002年版，第3430～3431頁）

【江城子（湘簾偷下拭冰絃）】

　　湘簾偷下拭冰絃。影兒娟。月兒圓。挑動姮娥，今夜不能眠。兩點嬌紅羅襪好，過洛水，問誰妍。　　腰身鬥處總生憐。鏡兒前。沼兒邊。驀見垂垂新柳、弄輕煙。歌舞只教掌上穩，凌風去，奈何天。（南京大學中國語言文學系《全清詞》編纂研究室編：《全清詞·順康卷》第六冊，中華書局 2002 年版，第 3431 頁）

【江城子（香溫玉軟眼含波）】

　　香溫玉軟眼含波。出雲窩。下庭莎。叵耐彎靴，微重步難那。故作思鄉愁樣子，啼眉細，掩輕羅。　　六朝金粉俊人多。任如何。不如他。試看烏紗，雪貌紫雲歌。到處只愁人看煞，真衛玠，帶雙螺。（南京大學中國語言文學系《全清詞》編纂研究室編：《全清詞·順康卷》第六冊，中華書局 2002 年版，第 3431 頁）

【江城子（曉風殘月誤前因）】

　　曉風殘月誤前因。掃雙蠑。掩朱唇。只見如花，含笑又含嗔。細細腰肢重裹束，吳鉤珮，拂羅裙。　　小喬忽變美髯身。氣如焚。月無垠。要識英雄，兒女總非真。赤壁風流無限恨，脂粉淚，濕紅雲。（南京大學中國語言文學系《全清詞》編纂研究室編：《全清詞·順康卷》第六冊，中華書局 2002 年版，第 3431 頁）

【江城子（莫羨人間解語花）】

　　莫羨人間解語花。逐鈴猧。打啼鴉。喜煞金閨，靜女自無譁。也著兜鍪成壯士，蓮襪露，苦難遮。　　菱歌低唱厭人誇。解鈿車。付箏琶。聞道纏頭，紅錦不虧他。為是東君深愛惜，裝束待，月兒斜。（南京大學中國語言文學系《全清詞》編纂研究室編：《全清詞·順康卷》第六冊，中華書局 2002 年版，第 3431 頁）

【江城子（愁雲恨雨壓眉偏）】

　　愁雲恨雨壓眉偏。倚闌干。嚲雙肩。簾下秋花，帶瘦愈生妍。催譜宣和宮裏事，忠孝氣，口脂傳。　　龍旗鵲印付人專。恨金源。忘還轅。可信大河，南北一嬋娟。紅燭氈毹風散後，人困也，柳三眠。（南京大學中國語言文學系《全清詞》編纂研究室編：《全清詞·順康卷》第六冊，中華書局 2002 年版，第 3432 頁）

【江城子（梳裏居然林下風）】

梳裏居然林下風。黛餘鋒。步猶弓。只爲吹簫，微褪舊脂紅。如水羅衫倭墮髻，燒香去，露華濃。　　夫人頭腦自冬烘。入花叢。怨遊蜂。那識有人，憔悴月明中。剩得開元內苑曲，留唱與，白頭翁。（南京大學中國語言文學系《全清詞》編纂研究室編：《全清詞·順康卷》第六冊，中華書局 2002 年版，第 3432 頁）

【玉梅令·同紫凝子丹子開觀劇】

東風有舊。來訪門前柳。人無恙、梅花略瘦。問竹林諸阮，春興幾多般，一分狂、三分詩酒。　　吾衰甚矣，放顛還又。倩扶老、花間紅袖。香雲藍隊裏，有鮑老郎當，風流儘、君還知否。（南京大學中國語言文學系《全清詞》編纂研究室編：《全清詞·順康卷》第六冊，中華書局 2002 年版，第 3435 頁）

【百字令·流香閣觀劇贈錦泉】

當年米芾，恣揮毫玉殿、狂呼奇絕。使向錦堂觀妙伎，狂態還應尤烈。庾信才郎，肩吾名父，聲叟吾元結。拋殘紅豆，風流應徧南國。　　只疑聽徹霓裳，孤弦么鳳，不是人間節。簾內紅牙輕拍處，吹氣都成蘭雪。檀板分明，香喉溫潤，太史文章潔。行雲遏盡，四更還吐殘月。（南京大學中國語言文學系《全清詞》編纂研究室編：《全清詞·順康卷》第六冊，中華書局 2002 年版，第 3439 頁）

【百字令·同孫屺瞻前輩西棠讌集】

霓裳羽序，雖司空見慣、阿儂狂絕。喉囀淒清涼沁肺，寄語秋陽休烈。隋馬梳輕，留仙裙薄，腰怯流蘇結。難逢絕代，采香除是吳國。　　東君顧曲風流，頻敲檀扇，代拍紅牙節。主客都忘拱揖少，玉碗勤揮香雪。孫綽新詞，漢宮妙舞，齊向瑤臺潔。漫天笙鶴，姮娥應悔奔月。（南京大學中國語言文學系《全清詞》編纂研究室編：《全清詞·順康卷》第六冊，中華書局 2002 年版，第 3439 頁）

編者案：《詩詞卷·初編》已收徐倬，此係增補。

潘　高

潘高（1624～？），字孟升，號鶴江，又號南村，江南金壇（今江蘇金壇）

人。諸生。王漁洋曰：「潘孟升五言學韋、柳，余愛其清真古淡，可與邢孟貞、王言遠頡頑。」沈歸愚曰：「南村詩古淡生新，絕無雕飾，而自然合度。」金陵詩社賦秦淮曉渡，爭勝者多長篇累幅。南村曰：「我年老才竭，只二十字也。」出示，眾皆斂手。潘高詩以淡雅勝，七言絕句尤有風致。著有《南村詩稿》。見《清詩別裁集》卷八、《文獻徵存錄》卷一〇、《晚晴簃詩匯》卷三三等。

【戲贈歌者王郎四絕】同御老吉人象明作。

（其一）才名英妙若為儔，老大煙波宴畫樓。試向旗亭同貰酒，定知此子唱凉州。

（其二）玉節珊珊步屢遲，翩如驚燕欲飛時。詩人風味應難減，老去猶吟紅豆詞。謂御君先生。

（其三）歌殘霜氣入簾寒，酒罷鐘聲接夜闌。不識海棠花外影，何如銀燭樹前看。

（其四）何戡頭白走風塵，一曲陽關淚滿巾。無限當時舊賓客，江湖零落更何人。（《南村詩稿》詩卷十五，清康熙鶴江草堂刻本）

【賽神曲】

婦女剪紙男擊鼓，男婦平安神作主。夜來巫覡醉誰家，小兒自送神前花。齊齊拜跪堂前樹，樹傍小姊彈琵琶。琵琶數聲旋起舞，神欲來兮無處所。新婦作家近如何，牛羊今比去年多，神之來兮朱顏酡。

（《南村詩稿乙集》卷四，清康熙鶴江草堂刻本）

陳祖法

陳祖法（1624～？），字湘殷，浙江餘姚人。舉人。康熙二十四年（1685）知齊東縣，士民為立生祠，陞晉州知州。著有《古處齋詩集》。見《（道光）濟南府志》卷三八、《（雍正）浙江通志》卷一四三等。

【寓維揚興教寺即事（之四）】

入寺經旬半，常愁耳目煩。閉門歌舞艷，隔院鼓鐘喧。貴介公子帶女優住隣僧房。賣藥童行市，挑薪婦上原。獨存樸野意，僧對少寒溫。（《古處齋詩集》卷五「五言律」，清康熙刻本）

計　東

計東（1625～1676），字甫草，號改亭，江蘇吳江人。順治丁酉（十四年，1657）舉人。計東從汪苕文游，又謁湯潛庵講程朱之學，以經世自負。過鄴下，拜謝茂秦墓，傾橐金為修葺，題詩而去。沈歸愚《論詩絕句》有云：「眇目山人足性靈，詩盟寒後苦飄零。後來誰弔荒墳者，只有吳江計改亭。」著有《改亭集》。見《清詩別裁集》卷五、《感舊集》卷一二、《（同治）蘇州府志》卷一〇六、《文獻徵存錄》卷一、《晚晴簃詩匯》卷二八等。

【望夕聽同門魏山公彈琴感舊有作】

昔我友湯子，琴心美無匹。《關雎》尤擅長，老手歎莫及。我時從之學，累月忘寢食。高山流水間，徽音猶脈脈。吁嗟我友亡，悵然鏝六翮。囊琴不復彈，十年空挂壁。性頗嗜絃歌，時時在胸臆。識曲聽其眞，斯人邈難即。丙申得雛姬，產自湘江北。少小解彈箏，青衣抱錦瑟。更有厮養婦，生長王、謝宅。能傳南九宮，明慧善自匿。兩人同刺繡，閉閣辨音律。隱隱度曲聲，側聽且歷歷。予時最怡悅，聊用蠲愁疾。嬌絲與急管，競奏滿庭室。既已愛新聲，古調坐相失。廻顧舊懸琴，慘淡無顏色。一從喪賢子，淚灑西河赤。所欣久棄置，雅鄭俱不識。良朋召宴會，每若落魂魄。愧忘公瑾顧，誰掩田文泣？今我來師家，春風散餘憾。魏子同門生，亦有絲竹癖。後堂隔絳紗，吟弄私自得。季夏三五夜，明月牆東出。迷迭蓺幽香，清輝照几席。同好三四人，列坐娛今夕。誰為據梧者？慷慨燕南客。逸響入雲霄，密意貫金石。促柱再三彈，星稀見昴畢。四座皆極歡，我獨向隅泣。舊事感中腸，似聽山陽笛。況有臺門痛，沉綿疇能釋。太上貴忘情，我何為情役！（《改亭詩文集》詩集卷一，清乾隆十三年計璵刻本）

【夜再集畫溪閣聽張濟甫度曲呈司農公】

莫烟凝湖堤，漁火映脩竹。倚徙亭臺間，遊興亦已足。移樽小閣中，避寒聊就燠。主客再飛觴，痛飲盡一斛。酒酣眞氣生，樂往悲來觸。座中老何戡，頭白工度曲。急絃唱高言，萬事悲轉轂。茂陵金盌空，銅臺芳艸綠。勞生竟何為？天地同局促。歌罷客俱醒，霜花滿林木。（《改亭詩文集》詩集卷一，清乾隆十三年計璵刻本）

【江寧奉酬施愚山參政】

去年隆冬日，遇公鴛湖濱。論文一握手，傾倒若有神。爲言兩年前，山東遇李君。亦當冰雪時，談讌至夜分。每語必及子，嗟嗟眞殷勤。李君抗直士，意氣非徒云。以此頗知子，思得交其人。予時最顦顇，事事多邅迍。感公文章伯，領袖斯人倫。盼睞豈虛設，磊落欲自振。從公放鶴洲，高會來嘉賓。老梅古樹下，小閣甉甉新。白頭老何戡，度曲多酸辛。司農既掩袂，四坐皆沾巾。相從且極樂，爲樂忽踆踆。公復念我寒，解衣語諄諄。子爲負米出，何以慰老親。固窮行自勖，錫類言何仁。別後不一月，公詩再相存。勉我飽經術，立言期大醇。展卷數百字，道氣厚且尊。予方急衣食，佗傺走風塵。朝馳瀨水畔，莫宿笠澤湄。著書帆檣間，艸艸非雅馴。累公品題重，負公期許眞。俛仰愈艱難，努力將奚因。何幸歲方匝，復遇公白門。拜公逆旅中，低頭愧難陳。爲別非不久，我道仍無聞。依賢竟浮慕，望古徒逡巡。山高高無極，水深深無垠。願公終吹噓，寒谷回其春。爲畫謀食資，杜門養經綸。安知十年後，我無席上珍。大哉烈士懷，可賤不可貧！（《改亭詩文集》詩集卷一，清乾隆十三年計璔刻本）

【初冬院中月下聞歌】

古檜高入雲，寒月光如晝。徘徊廣庭中，南望苦搔首。去家已兩年，內顧多慼疚。音書久不來，倚閭恐老瘦。百端攻寸心，排悶非醇酎。忽聞掬箏聲，度曲院牆右。清揚轉柔曼，激楚含僝僽。頓挫有餘悲，促柱間遲驟。聞之愁益深，淚落沾衣袖。摻手憶閨房，此技各能奏。每當清宵長，競歌爲母壽。老眼發濃笑，歡喜及童幼。淒凉不復彈，自我出門後。念此不成眠，霜華滿簷霤。（《改亭詩文集》詩集卷一，清乾隆十三年計璔刻本）

【對蘭有感再成四首（之三）】

北堂永日坐花前，三婦司花共儼然。低撥嬌絲齊度曲，白頭微醉午餘天。（《改亭詩文集》詩集卷六，清乾隆十三年計璔刻本）

陳維崧

陳維崧（1625～1682），字其年，江南宜興（今江蘇宜興）人。維崧天才絕豔，十歲代大父撰《楊忠烈像贊》，比長，侍父側，每名流讌集，援筆作序記，

千言立就，瑰瑋無比，皆折行輩與交。補諸生，久之不遇，因出遊，所在爭客之。嘗由汴入都，與朱彝尊合刻一稿，名《朱陳村詞》，流傳至禁中，蒙賜問，時以爲榮。康熙己未（十八年，1679）以諸生召試博學鴻辭，授翰林院檢討，修《明史》，在館四年，病卒。著有《兩晉南北集珍》六卷、《湖海樓詩集》八卷、《迦陵文集》十六卷、《湖海樓詞》三十卷、《四六金鍼》一卷等。見《清史稿》卷四八四、《國朝耆獻類徵》卷一一七、《國朝先正事略》卷三九等。

【調笑令·詠古七首（之七）】

《瑤芳公主》：槐安貴主名瑤芳，穠香遊戲搖鳴璫。相牽貪看石延舞，寺前暗調淳于郎。蘭摧玉折一何苦，青春又葬同昌主。淮南裨將慣酒悲，慟哭繁華黯無語。　　無語，奈何許，憶在寺門魂暗與。布衣眞向瑤芳主。一霎日斜歸去，大槐安國飛紅雨，腸斷舊遊何處。（南京大學中國語言文學系《全清詞》編纂研究室編：《全清詞·順康卷》第七冊，中華書局2002年版，第3887頁）

【念奴嬌·龍眠公坐上看諸客大合樂記丁酉中秋曾於合肥公青谿宅見此今又將十年矣援筆填詞呈龍眠公並示樓岡太史邵村侍御與三孝廉】

醉來闌入，正司空筵上、一羣腰鼓。老子婆娑牀上坐，矍鑠聽歌似虎。一片西風，千堆畫燭，月好清輝苦。回頭往事，青溪舊夢重作。　　謝公笑問兒郎，此閒何處，略記隋堤路。老矣廉頗猶健飯，莫負紅么翠羽。人在當場，曲逢入破，白髮休予侮。新磨幡綽，世惟公等堪語。（南京大學中國語言文學系《全清詞》編纂研究室編：《全清詞·順康卷》第七冊，中華書局2002年版，第4094頁）

【八歸·二月十一夜風月甚佳過水繪園聽諸郎絃管燈下因遣家信淒然不成一字賦此以寄閨人】

彈得絃清，飄來笛脆，曲室諸郎歌管。他鄉風月佳無比，只是中年以後，心情頓嬾。遙憶故園妝閣上，鎮玉臂、雲鬟淒斷。傷心處，何事尊前，聽一聲河滿。　　卻是絳河欲沒，珠繩乍轉，畫角譙樓哀怨。舊事如塵，新愁似夢，可惜一場分散。奈天涯滋味，瞞不過南歸魚雁。吮霜毫、纔提還倦，莫慮春寒，羅襟紅淚暖。（南京大學中國語言文學系《全清詞》編纂研究室編：《全清詞·順康卷》第七冊，中華書局2002年版，第4217頁）

【賀新郎・讔玉峰徐健庵太史宅歌舞煙火甚盛】

月照梨花午。讔華堂、西京趙李，東都燕許。玉珮珠袍聯翩至，綠酒春缸正乳。不須恨、英雄無主。穆護沙纏衮徧了，九天開、飛下瑤臺女。又解作，霓裳舞。 偃師百戲堂堂去。看場圓、交竿放出，火蛾無數。髣髴蜃樓海門市，西極狻猊偏怒。更炮打、襄陽門戶。傾刻鴉啼金井曉，撖頭船、且睡波深處。篷背上，響春雨。（南京大學中國語言文學系《全清詞》編纂研究室編：《全清詞・順康卷》第七冊，中華書局2002年版，第4243頁）

編者案：《詩詞卷・初編》已收陳維崧，此係增補。

陸 進

陸進（1625？～1697後），字薈思，仁和（今浙江杭州）人。貢生。官溫州府學訓導。其詩古風以漢、魏爲法，近體以初、盛唐爲宗，於雅俗之間，蓋最致謹。繼西泠十子而起者，未能或之先也。著有《巢青閣集》。見《兩浙輶軒錄》卷一、《清詩別裁集》卷七、《國朝詞綜》卷一二、《晚晴簃詩匯》卷五○、《（民國）杭州府志》卷一四五等。

【綺羅香・任鶴洲招飲觀劇】

錦幄光浮，綺筵色麗，宴客烹鮮蒸鮓。雜坐花陰，競把詩詞傳寫。憶昨宵、玉盞頻傾，又今夜、銀瓶倒瀉。況燈前、樂奏龜茲，飄然清韻轉難捨。 翩翩年少姿態，還舞裙歌扇，暗沾香麝。誰記新聲紅豆，隔簾佳話。歛豪氣、心折任安。摧談鋒、口噤陸賈。惱聽他、更鼓連敲，早催人去也。（張宏生主編：《全清詞・順康卷補編》第二冊，南京大學出版社2008年版，第800頁）

徐 沁

徐沁（1626～1683），字埜公，號委羽山人，會稽（今浙江紹興）人。著有《明畫錄》八卷、《謝皐羽年譜》一卷等。見《鄭堂讀書記》卷四八、《四庫全書總目》卷六○等。

【多麗・本意】

敞虛堂，滿座春融香氣。忽然間、綠紗深處，舞衣歌板齊至。搶雲和、炙笙吸管，隔簾櫳、字字嬌細。催拍將停，移宮未歇，唱來香

豔詞誰製。紅幺譜、分明曾記。音過梁塵起。如花隊，滿堂絲竹，迥異塵世。　怪儂正、多愁善病，豈堪復逢斯際。一聲聲、耳根繚繞，攪得心窩已如醉。強不擡頭，偏生回首，嫣然悄覺送微睇。始知道、司空見慣，誰解聞歌意。催歸後、明月空庭，梨花深閉。(張宏生主編：《全清詞・順康卷補編》第二冊，南京大學出版社 2008 年版，第 864～865 頁)

管　捷

管捷（1626～1690），字膚公，吳縣（今屬江蘇）人。順治十八年（1661）進士。見《國朝詞綜續編》卷一、《國朝詞綜補》卷二等。

【鷓鴣天・贈歌姬】

曲院疎簾笑倚筵，搓瓊撚玉露華鮮。柘枝未舞閒拈帶，金縷纔歌怯應絃。　鶯睍睆，燕翩躚，應將顧誤博人憐。最愁絳蠟消殘處，夢作巫雲一縷煙。(清・黃燮清輯：《國朝詞綜續編》卷一，清同治十二年刻本)

何　采

何采（1626～1700），字第五，一字敬輿，號醒齋。安徽桐城人。相國文端公如寵之孫，黃州太守應璜子。以江甯籍成順治己丑（六年，1649）進士，由庶常歷侍讀。文章翰墨，爲一時詞臣之冠。世祖章皇帝嘗比之蘇軾。然好罵詈刺譏，在翰林名陷輕薄，不諧於時，以疾歸。見《吳詩集覽》卷二下、《古夫于亭雜錄》、《（光緒）重修安徽通志》卷一八〇等。

【永遇樂・觀朱買臣傳奇】

道上謳歌，墓間饑凍，邸內驚走。掾卒推排，守丞陳列，爭看垂腰綬。大車駟馬，馳驅東越，何似夜行衣繡。問經過、故鄉樵徑，可記負薪時候。　樓船橫海，九卿超拜，詎料荒丘難首。小吏張湯，故人嚴助，恩怨無何有。酒旗戲鼓，升沉半霎，五十光陰偏驟。謾圖得、功名富貴，但誇去婦。(南京大學中國語言文學系《全清詞》編纂研究室編：《全清詞・順康卷》第八冊，中華書局 2002 年版，第 4688 頁)

【永遇樂・買臣妻】

辛苦艱難，備嘗之矣，率爾求去。不是羞窮，也非羞賤，羞被謳

歌誤。若教翁子，拋書輟誦，只與樵夫為伍。便終身、相隨負戴，穩在爛柯山住。　　夫妻上冢，夫妻治道，依舊貧家荊布。綵綬纍纍，繡衣赫赫，冷眼聊偷覷。後車以載，自經以謝，怕見功名末路。豈當年、蘇秦妻嫂，可同日語。（南京大學中國語言文學系《全清詞》編纂研究室編：《全清詞·順康卷》第八冊，中華書局2002年版，第4688頁）

單隆周

　　單隆周（1626～？），字昌其，號雪園，浙江蕭山人。諸生。與毛西河生同里，學同塾，年又相若，西河以十歲出應童子試，隆周則九歲能文，讀書日計寸許，一時鄉里並號神童。其詩凡數變，尤得力於少陵。文力追兩漢，與人交，不妄許可，以故不悅於俗。所著有《史記考異》、《希姓補》、《經濟錄》、《鹿革囊》、《四子書講義》、《雪園詩集》、《文集》等。見《兩浙輶軒續錄》卷一、《全浙詩話》卷四三等。

【代言宅聽王生絃索有贈】

　　　　暗水嗚咽東城坳，竹枝樟葉風蕭蕭。主人閉關傾琥珀，膾絲如雪羊頷高。金燈絢爛華屋深，星光月色俱沉淪。眼看不落飛滿座，庭前寒氣空嶙峋。座中王生五十餘，白髮種種容顏舒。紅牙玉甲一聲發，酒人寂靜心神蘇。良久喉轉柱旋應，澗泉細向深林趨。忽逢盤石流且駐，咿唔唵啞倏若無。須臾變徵凄復孤，大塊噫氣山鬼呼。瀟湘洞庭萬株樹，片片摧剝彌平蕪。西湖每憶曾同載，草木再花音未改。往往清謠繞夢魂，時時真態銷塊壘。只今索寞窮冬時，君復能來我仍在。誰令樽前興不闌？天遣王生老湖海。王生王生一彈再鼓伎入神，試聽風聲與水聲。（《雪園詩賦》初集卷七，清康熙刻本）

【舞伎】

　　　　翦却畫屏燈，洋洋舞態增。斂衿如未諳，細步似初能。擁髻鈿方顫，翻空掌欲承。氍毹剛五尺，愁殺是飛騰。（《雪園詩賦》初集卷九，清康熙刻本）

【與歌者鳳生】

　　　　清韻繞高梁，清歌度折楊。傳心持玉椀，顧曲待周郎。映燭顏微賴，當筵袖故長。酒闌貪避客，深坐細添香。（《雪園詩賦》初集卷十，清

康熙刻本）

【席上與歌者阿蘭】

灼灼紅桃倚露新，輕軀細骨掌中身。嬌歌乍斷求清茗，濕却羅裳泥殺人。（《雪園詩賦》初集卷十五，清康熙刻本）

【席上觀劇口占】

（其一）花陰樹影共低昂，絲竹應憐春夜長。今日當筵誰第一？畫屏深貯柳青娘。

（其二）兩行蠟炬碧紗籠，影入深盃琥珀紅。繡柱珠圍春色煖，不知明月滿庭中。（《雪園詩賦》初集卷十五，清康熙刻本）

【贈祁奕遠伎人】

燭下孌童紅錦襦，餘桃滿口似塗朱。酒間細數南宮調，更拂鸞簫唱鷓鴣。（《雪園詩賦》初集卷十五，清康熙刻本）

朱茂暥

朱茂暥（1626～？），字子蓉，號東溪，秀水（今浙江嘉興）人。爲詩心慕手追，專師太白。著有《鏡雲亭集》。見《感舊集》卷一二、《靜志居詩話》卷二二、《檇李詩繫》卷二六等。

【念奴嬌・觀劇】

誰將彩筆，占樓臺、撰取良辰佳月。搬演千年成底事，今古興亡夢蝶。聚散悲歡，狹邪恩怨，顛倒多豪傑。些兒匹配，間關何自悽切。　　堪嘆優孟衣冠，容儀還睹，秖爲尊前設。人笑場中眞傀儡，傀儡分明甄別。欲醒迷人，人迷重醉，醉醒何時歇。乾坤老去，一場懽儸方撤。（南京大學中國語言文學系《全清詞》編纂研究室編：《全清詞・順康卷》第八册，中華書局2002年版，第4584頁）

【南湖醉歌呈姜給事埰及諸同座】

湖南美景白日徂，相呼共泛城南湖。湖中酒客十四五，縱飲不數高陽徒。吳門諸宋最年少，劇狂謔浪任與俞。金陵余懷擅詞曲，陸生君暘播絲竹。轉憶當時度曲人，停歌宛轉思相續。世事浮雲何足奇，興亡大略姜公知。屈指間關凡幾載，滿目風塵傷別離。斗酒重逢共南

國，諸公何在觴今夕。陳孟聲傳已破家，魯朱本是偏憐客。壯士沉吟空嘆嗟，萍浮浪梗隨天涯。尊前有酒且盡醉，城頭黯淡悲鳴笳。（清·沈季友：《檇李詩繫》卷二十六，清文淵閣四庫全書本）

王　昊

王昊（1627～1679），字惟夏，江蘇太倉人。康熙己未（十八年，1679）舉博學鴻詞，授內閣中書。命下，先卒。計甫草云：「惟夏善詩歌，吳梅村先生歎為天下無雙之才。既而身經憂患，孤憤抑塞之氣蓄久而無所洩，於是其詩之所蘊益深，以厚而出之，益頓挫沉鬱、纏綿悱惻，有合於變雅楚辭之義，非近日諸漫然為詩者可及也。」王憲尹云：「碩園邃於詩，篇什甚富。早歲才情華贍，辭氣激昂，有睥睨一世之概。中更憂患，聞道日深，間託於老莊、竺乾，以銷磨其壯心，剗除其豪氣，而抑塞磊落，時發露於不可捫。」著有《碩園詩稿》。見《國朝詞綜》卷一○、《婁東詩派》卷一五、《晚晴簃詩匯》卷四六等。

【隔牆聞歌者】

（其一）小院經時暑雨頻，露牀斜倚岸烏巾。誰將白苧新翻調，愁殺文園病裏身。

（其二）箏語纖纖半未和，高樓簾卷動池波。銀鞍柘彈誰家子？應向樽前笑綺羅。

（其三）園鎖初開石徑斜，空庭猶記折榴花。可憐絲管紛紛處，不是西陵舊宋家。墻外為離賫荒園，予舊讀書處，今季弟以貸人。

（其四）當筵我亦寫新詞，愁病年來苦不支。艷曲無聲人更杳，閒將紅豆打鴛兒。（《碩園詩稿》卷七，清五石齋鈔本）

【贈歌者】

清商一闋月如霜，誰似吳閶粉面郎。風雅正宜搜律呂，聰明兼解愛詞章。妖姬壓酒傳鸚鵡，小史吹簫教鳳凰。最是奈何頻欲喚，怕隨年少醉西堂。（《碩園詩稿》卷十三，清五石齋鈔本）

【虎丘席上贈歌者蘇崑生故寧南侯幕中客也】

秋山塔高響鈴鐸，有客移尊就孤閣。一闋清商度未終，暗令征夫淚雙落。由來妙藝須精思，驪珠徐吐忘竹絲。片言指摘入神妙，驚殺吳中老教師。蘇生蘇生負高識，咽羽含宮出胸臆。堪將遺響比前朝，

段老琵琶李薈笛。吳俗淫哇競舌唇，年來腔譜爭翻新。郢曲雖高和原寡，豪貴莫救蘇生貧。誰知賞鑒風流客，只有當年幕府人。幕府遺踪尚堪數，百戰方聞臥荊楚。猶記胡牀對伎時，萬帳鳴笳更搥鼓。乍引當筵奏羽聲，能使君侯醉起舞。一朝烽火遶城紅，鄂渚樊山戍盡空。已覯平原散賓客，還看天寶哭伶工。南樓明月西門柳，夙昔繁華竟何有！孤身獨上浙江船，荻葉楓林□回首。只今潦倒金閶行，單衫短幘輕公卿。時向燈前談徃事，颼颼四座寒風生。可憐白雪歌仍在，知己不見徒傷情。窮途此日初逢爾，共感飄零歎流水。舊調虛傳阿濫堆，新詞欲咽河滿子。擊筑吹簫總斷腸，眼前江左似他鄉。何戡未老嘉榮在，留與詞人話武昌。（《碩園詩稿》卷十八，清五石齋鈔本）

【和李爾公贈春詩即次原韻（之二）】

東風何處不尊前，劇愛佳吟獨斐然。白雪裁篇人共羨，紅牙按曲我猶憐。小優顧生極爲爾公所賞。花疑臨水初窺豔，月憶嫦娥欲鬪娟。此日揚州尋好夢，李青蓮是杜樊川。（《碩園詩稿》卷二十，清五石齋鈔本）

【上弦宴集觀劇】

（其一）書廳雲淡月如鈎，最愛燒燈樂事稠。客裏清尊淹永夜，座中白袷畏深秋。

（其二）玉杯行罷人皆醉，銀管吹來字欲愁。終宴更看歌舞換，不知身在古洪州。

（其三）天涯把酒一霓裳，每聽清歌意易傷。溢浦蘆花連夜雨，秣陵楓葉隔年霜。去年此日，予客長干。

（其四）江山此地秋方老，兄弟他鄉夢□長。醉折茱萸思預插，倍愁明日是重陽。（《碩園詩稿》卷二十，清五石齋鈔本）

【飲席觀劇】

（其一）廿年空自譜宮商，此夕纔聞眞弋陽。愁殺旋波呈舞罷，更翻邊調入伊涼。

（其二）新腔何必廢龜茲，急拍哀箏也足悲。漫說傳頭何地好，誤人清唱是吳兒。

（其三）一聲哀艷一聲愁，攪遍鄉心可自由。正是荻花楓葉候，身疑司馬在江州。

（其四）紅牙按處淚潸潸，青塚琵琶意暗關。腸斷八年前此曲，離魂今欲到雲間。罷宴後，與姜子暉發及含章宗叔偶話舊事。（《碩園詩稿》卷二十，清五石齋鈔本）

【聽胡章甫歌贈以五截句】

（其一）南音舛錯北音亡，此道推君獨擅場。欲借三絃存古調，蠅頭細字譜《西廂》。

（其二）一曲真堪靜四筵，驪珠弗串吐俱圓。非絃非指非喉舌，妙處原來在不傳。

（其三）水調歌殘已落暉，燈前重奏更沾衣。無端畫出蒲東寺，五月能教黃葉飛。

（其四）陽春和寡不湏愁，絕藝天教遇勝流。莫道賞音今世罕，吾家先有一廉州。章甫自云：徃過家廉州兄，甫奏一曲，即大稱賞。

（其五）秦淮楊柳尚青青，唱徹陽關酒半醒。此去右軍觴詠地，好將絲竹補蘭亭。時章甫將徃山陰，應王蒼嵐少參之召。（《碩園詩稿》卷二十二，清五石齋鈔本）

項景襄

項景襄（1628～1681），字去浮，號眉山，秀水（今浙江嘉興）人。順治乙未（十二年，1655）進士，官至兵部侍郎。時閩、浙海上未平，山東巡撫慮漁戶通海，欲禁篷桅。眉山力爭曰：「山東與閩、浙不同。閩、浙海無礁，寇來往易，故禁捕魚。東海多礁，寇不敢入。既奉旨許捕魚，海舟非篷桅不行，今禁篷桅是絕民命也。」由是得免。見《國朝詩人微略二編》卷三、《（民國）杭州府志》卷一二五、《晚晴簃詩匯》卷二六等。

【玉蝴蝶・女史演劇】

豔質一身能化，方為杜麗，旋做崔鶯。紫竹低吹肉韻，細引絲聲。怨春風、蒲東蕭寺，尋好夢、嶺表花亭。燭光明。目成波轉，眉語山橫。　　娉婷。題真寫怨，圖貽柳子，詩寄張生。死繫生縈，柔情傳出古媛情。上氍毹、名稱某某，歸簾幙、仍是卿卿。斂秦箏。巫雲一段，又向誰行。（南京大學中國語言文學系《全清詞》編纂研究室編：《全清詞・順康卷》第九冊，中華書局 2002 年版，第 5023 頁）

傅　眉

傅眉（1628～1684），字壽髦，號糜道人，山西陽曲人。壽髦，青主子。工畫，善作古賦，常賣藥四方。青主抗節不出，壽髦躬耕以養。青主喜苦酒，號老蘗禪，壽髦因號小蘗禪。青主出遊，令壽髦將車夜宿村店，篝鐙讀書，旦必成誦乃行。詩附《霜紅龕集》後。青主舉鴻博，堅臥不入試，時壽髦已前卒矣。著有《我詩稿》。見《晚晴簃詩匯》卷一四、《國朝畫徵錄》卷上、《歷代畫史彙傳》卷五二等。

【與彈琵琶者】

搊彈本領有高低，何必匙頭嵌碧犀。一面不須拘鵓鴿，半槽難得盡鷗鷄。春風陌上桑先發，明月城邊烏夜啼。響到木蘭花慢落，收場移入阮郎迷。（《我詩稿》卷四，清鈔本）

【觀妓對撥三首】

（其一）忽雷斜起鬱金裙，先掃巫山一段雲。月照烏孫愁帝子，天攔紫塞絕昭君。

（其二）小鳳金花壓四圍，新翻楊柳綠依依。一雙鴻雁幾時下，兩個鴛鴦不住飛。

（其三）鳳凰牙子綵絲繩，邐迤檀槽夾紫冰。想見風流謝仁祖，如今零落鄭中丞。（《我詩稿》卷六，清鈔本）

唐夢賚

唐夢賚（1628～1698），字濟武，別字豹喦，淄川（今山東淄博）人。順治己丑（六年，1649）進士，改庶吉士，授檢討。著有《志壑堂文集》十三卷、《詩集》十五卷。見《國朝詞綜》卷一、《晚晴簃詩匯》卷二五等。

【萬年歡‧四疊前詞座上贈歌客沈亮臣】

迅掃山橋，選雲根、岞崿將踏層雪。乍見臨風瓊樹，一時遲發。頗似雙鬟度曲，人畫壁、擁爐呼絕。闌干外、唱徹梅花，香魂搖落冰骨。　　暮年狂心漸軟。舞氍毹小隊，興味全別。生此佳兒，咄咄老嫗何物。座上紅牙輕拍，渾不似、蠻靴猩襪。肯延佇、載酒西溪，尋芳同醉春月。（張宏生主編：《全清詞‧順康卷補編》第二冊，南京大學出版社2008 年版，第 920 頁）

【百字令‧觀劇演蘇張故事】

　　縱橫前事，排場上、銀戟牙旗如雪。誓海盟山都已敗，堪笑蘇張憑舌。半碎貂裘，如拳相印，恩怨何悲切。東秦西趙，漫勞此道陳說。咫尺瓦裂周原，載金加幣，敢信諸侯結。翻手作雲覆手雨，浩氣感生黃髮。鬼谷藏書，函關建業，原自傳心別。瓲瓵鉦鼓，無聲脈脈聞鵁。

（張宏生主編：《全清詞‧順康卷補編》第二冊，南京大學出版社 2008 年版，第 943 頁）

俞士彪

　　俞士彪，生卒年不詳。原名珮，字季瑮，錢塘（今浙江杭州）人。官崇仁縣縣丞。著有《玉蕤詞鈔》二卷。見《國朝詞綜》卷一三。

【虞美人】

　　明燈照臉嬌波滑。我已銷魂殺。扇邊嚦嚦轉香喉。拚得爲伊瘦了一生休。　　殷勤不住迴眸顧。豈爲宮商誤。狂郎家近閭闉城。唱道江南一曲最難聽。（南京大學中國語言文學系《全清詞》編纂研究室編：《全清詞‧順康卷》第八冊，中華書局 2002 年版，第 4416 頁）

袁惇大

　　袁惇大，生卒年不詳。字其文，湖北公安人。諸生。明末僑寓京城。嘗游四川，後家居終老。著有《海虹詞》。見《全清詞‧順康卷》第九冊。

【金明池‧題楊廣文所作雪蘭血衫傳奇】

　　世少眞才，那尋情種，眼底茫茫聚散。何事雪蘭心獨苦，忍抱定、血衫冤判。最堪憐、翠冷香消，直等待、三載泉臺相見。看玉旨旌嘉，永偕仙侶，不管鳥啼花怨。　　這都是文章奇幻。對春雨春雲，益增悽惋。想作者、下筆酸心，還剩與、古今長歎。歎英雄、多少遭磨，豈獨惜劉蕡，獨悲王粲。但顧曲周郎，一官閒也，醉課梨園檀板。（南京大學中國語言文學系《全清詞》編纂研究室編：《全清詞‧順康卷》第九冊，中華書局 2002 年版，第 5014 頁）

安致遠

安致遠（1628～1701），字靜子，號拙石，又號繊庵。山東壽光人。康熙壬子（十一年，1672）拔貢。致遠詩根柢摩詰，文規橅廬陵，晚構草堂三楹，顏曰「晚讀」，講習其間。著有《紀城詩草》。見《國朝詩人徵略》卷三、《晚晴簃詩匯》卷三七等。

【鷓鴣天·女郎禪院觀劇】

勾欄鎮日舞梨園。彩閣團場妝束鮮。花樣新裁驕扇底，瓜仁誤唾墮僧前。　　衣嫋娜，態翩躚。風鬟霧鬢博儂憐。歌殘日晚遊人散，悶倚禪門數麗娟。（南京大學中國語言文學系《全清詞》編纂研究室編：《全清詞·順康卷》第九冊，中華書局 2002 年版，第 5028 頁）

【滿江紅·同曹梁父觀劇是日演沈萬三故事】

四座財奴，醉朦懂、真須醒起。笑千古、錢神滋味，大抵如此。眼底賺來黃鹹計，樓頭不用綠珠死。解連環、瑣屑青田翁，偶然耳。

一斗酒，新豐市。一闋曲，臨邛婢。且題詩畫壁，旗亭徵妓。雙髻排成鬼谷隊，全身混入天魔裏。正江南、倦客愁無聊，思歸矣。

（南京大學中國語言文學系《全清詞》編纂研究室編：《全清詞·順康卷》第九冊，中華書局 2002 年版，第 5030 頁）

趙吉士

趙吉士（1628～1706），字天羽，號恒夫，安徽休寧人。順治辛卯（八年，1651）舉人。康熙七年戊申（1668），任山西交城知縣。凡五年，多有建樹，徵為戶部山西司主事。二十年（1681），榷揚關，寬以惠商。旋入會典館，修《會典》及《鹽》、《漕》二書。未久，擢戶科給事中。著有《萬青閣自訂詩》、《交山平寇錄》等。見《國朝詞綜補》卷一、《（光緒）重修安徽通志》卷一八六、《晚晴簃詩匯》卷二五等。

【秋波媚·贈歌者】

灼灼芳姿淡淡粧，今夜恰新涼。歌殘無力，佯羞推醉，絕勝蕭孃。

東風如夢人如畫，憶殺舊橫塘。多愁洗馬，那能堪此，相對茫茫。

（《萬青閣詩餘》卷一，清康熙刻本）

【賀新郎・贈歌者】

月到花梢午。正衙齋、兩行絳蠟，數聲腰鼓。妙技玲瓏爭試取，新合延秋小部。中捧出、箇人霞舉。翠袖垂垂腰肢軟，逞嬌羞、乍試迴風舞。更一曲，黃金縷。　　卿家舊住橫塘路。記生小、吳趨坊畔，雨雲朝暮。回首天涯愁似海，此日飄零誰訴。幸不作、春殘飛絮。相見休歌思歸引，怕隔簾、惱殺紅鸚鵡。重觸起，鄉關苦。（《萬青閣詩餘》卷三，清康熙刻本）

章性良

章性良（1628～1710），字聖可，江都（今江蘇揚州）人。諸生。考選教習。以詩古文名，與魏禧、葉燮游。著有《種學堂詩文集》十卷。見《清詩紀事初編》上冊。

【燕臺六十韻】

北鄉隣大漠，南人動長吁。陋俗莫可耐，奇禍多不虞。層城屆三月，開溝役千夫。亡命入坎窖，赤腳蘸泥塗。便液漉篝籃，溷汁沃頭顱。平地防為池，當門掘成洿。穢德欲熏天，巨塹將阬儒。惴惴觸危機，縮縮踐畏途。掩鼻氣侵腦，逐臭滴濺襦。鎮日生涯斷，經旬來往無。潴淖中間濕，飛灰面上鋪。瞇目墮竇穴，失足遭沾濡。阱深詎能出，馬陷與之俱。朱明敷潤澤，白雨流盤盂。東舍忽傾壁，西家蕩作湖。蛆蟲緣廁屋，蝸角戰繩樞。憑虛連棧道，出郭倩輪艀。愁遇淋頭客，憐隨沒髁奴。驕陽起燒空，烈燄易焦膚。元氏蠅難遣，周公枕易蘇。跤鳥墜巖岫，壁蝨上氈毹。痛癢手捫摸，糜爛血模糊。黑夜嗅沖龍，惡味如螻蛄。蚤跳費驅遣，蝎走羣驚呼。咮微肌暗吮，尾螫毒潛痡。秋蟾輝滿窟，顧冤土為模。逐隊歡鳴鼓，焚香拜習膜。三冬狂颮吼，四境光景殊。溲渤污人塵，齒頰含垢區。點染增厚顏，清白失故吾。皴瘃裂指拇，冰凍結髭鬚。甃甋床炙背，火糞霧騰鑪。燃炭淚教落，爆星裘每枯。醵金羅秦越，鬻食奏笙竽。繰經選梨園，宰殺集浮屠。雜迻易竊鉤，閉寂慣穿窬。媚神繁社會，尚鬼敬師巫。綆修汲水濁，麥末灌腸臞。燒春辣于薑，淶酒苦似茶。簪髻老嫗怪，粉黛少婦嫫。蒸煤浣步蓮，噓煙辱脣朱。茹葷釀口過，慕羶貴酪酥。頑童爭女寵，里曲奪吳歈。衰色態故妍，哇音耳寧娛。逢迎半白望，厚薄論青

蚨。分疏無一可，擬律有餘辜。或云宜節取，已甚胡爲乎。鄉音萬國
聚，方物薄海輸。騏驥驟都市，輪轂聯街衢。瓜李沁肺肝，桃梨耀槃
盂。魚雉珍遼左，鹿豕甘邊隅。寶刀芒射斗，羽鏃利盈觢。西山積雪
皎，盧溝印月孤。經碑序存古，石鼓籀垂謨。雖云本多瑕，似亦不掩
瑜。聞此黽然笑，如彼焉可誣。六朝便舟楫，堯封罕我徒。無心戀雞
肋，莫怪憶蒪鱸。將辭黃金臺，罷看疊翠圖。亟歸足高臥，不去何其
愚。（《種學堂詹詹吟藁》卷一，鄧之誠：《清詩紀事初編》上冊，上海古籍出版
社 1984 年版，第 507～508 頁）

蔣 梧

蔣梧（1628～？），字荊名，號天涯布衣，江南長洲（今江蘇吳縣）人。著
有《天涯詩鈔》四卷、《讀史》一卷、《詩餘鈔》一卷等。見《清詩別裁集》卷
二〇。

【京師太平園觀劇戲題竹枝】

（其一）老人無計遣愁懷，貰酒長安十字街。應制優伶名內聚，
太平園裏唱《荊釵》。

（其二）梨園大抵是吳儂，妙舞清歌入九重。多少書生頭白盡，
笑啼無處肯相容。

（其三）悲歡離合演來眞，優孟衣冠絕有神。喉囀盡如絲竹脆，
聲聲飛出遏梁塵。（《天涯詩鈔》卷三，清康熙三十三年丘如升刻本）

【又三首】皆指小旦葉四官。

（其一）班頭聲價動長安，眾裏先尋葉四官。可奈《荊釵》無脚
色，開簾止許刹那看。臺上額「刹那看」三字。

（其二）遏雲絕技勝秦青，何日清歌洗耳聽。水噴桃花瓜子面，
暫時含笑立娉婷。

（其三）知情鼓板說風騷，同舖雙雙霸占牢。此處無銀三十兩，
如何妄想喫餘桃。後三首俱指葉四官。欲通葉者，先商之點鼓板，賂同舖者三
十金。（《天涯詩鈔》卷三，清康熙三十三年丘如升刻本）

【程維高齋觀周忠介遺事劇誌感】并序 劇俗名《五人墓》。

吳門周蓼洲先生，名順昌，諡忠介，天啓朝吏部主事。以忤逆璫魏忠

賢，矯詔逮斃獄底。初緹騎下吳時，人情洶洶。及忠介慷慨就繫，先舅氏王貞明先生暨先君子受業師劉懈于先生皆諸生，昌言公庭，趣當事解救，不之省，遂激閭閻，義俠奮臂一呼，通國響應，擊緹騎有殪者，後益鍜鍊成獄。崇禎立，優恤子，謚先舅氏名節，後登崇禎己卯賢書。先師名羽儀，明經。憶是歲丙寅，先君子尚未婚，余小子尚在鴻濛中。今五十餘年，鵑啼西蜀，鶴化遼東，忽遇排場，空留樂府。余小子流離異地，母骨猶寒，對此茫茫，何堪回首？悲歌當泣，遠望當歸，四韻吟成，聞者將無徹樂。噫！

（其一）新聲惹起客愁多，舊事低佪嘆逝波。父老說來真慷慨，簡編讀罷久滂沱。鐙前更把梨園照，醉裏疑從鶴市過。節義文章千古在，獨憐飄泊聽笙歌。

（其二）閹豎幾將國步移，丙寅年事實堪悲。忠良羅織成鉤黨，奸佞馮依列鼎司。矯詔忽傳三市震，昌言誰達九閽知。驚天義憤誅緹騎，士氣非常草澤奇。

（其三）搖落天涯望渭陽，離家去國總滄桑。西州久隔羊曇路，北道重看優孟妝。三徑無人成宅相，一棺有母在江鄉。時先慈柩厝先參藩墓側五十年矣，是年冬即蒙念，因脫驂迎柩合葬。越來溪上松楸冷，夢繞姑蘇半夜霜。先舅氏墓在吳山。

（其四）吾師文行邁前賢，私淑先人受業年。自昔淵源來絳帳，於今流落藉青氊。侯芭罷掃安陵塚，孔鯉徒存闕黨編。一曲綵雲歌舞散，山陽聞笛倍淒然。（《天涯詩鈔》卷三，清康熙三十三年丘如升刻本）

【天中前一日丘養正招集河北園亭攜小樂度曲限簫字】旦菴昔字養正。

芳園一渡白雲遙，山水清音愛寂寥。解穢莫教頻擊鼓，和鳴且試未吹簫。王郎度曲當新月，屈子懷沙在詰朝。令序最嫌喧競渡，何如觴咏此中消。（《天涯詩鈔》卷四，清康熙三十三年丘如升刻本）

徐喈鳳

徐喈鳳（1628～？），字竹逸，江蘇宜興人。順治戊戌（十五年，1658）進士，官永昌府推官。著有《蔭綠軒詞》一卷、《續集》一卷。所作詩餘，蕭寥工雅，兼備風騷，如聆清琴，不覺意消心遠。見《清文獻通考》卷二三二、《國朝詞綜》卷一一等。

【滿江紅·湖中聞度曲】

雨歇波平，來泛此、一湖醽醁。忽聞得，畫船清唱，絕勝絲竹。不是潯陽江上調，也非燕子樓中曲。想多情亦爲乍晴天，聲嬌足。

蘭橈轉，飛鳧浴。檀喉倦，啼鶯續。怕歌終客散，渚蓮空綠。琴操學參荒野廟，蘇娘表墓留殘術。歎從來紅粉易消沉，還追逐。

（南京大學中國語言文學系《全清詞》編纂研究室編：《全清詞·順康卷》第五冊，中華書局 2002 年版，第 3070～3071 頁）

【摸魚兒·爲其年悼歌兒】

近清明、是花皆放，摧殘一夜風惡。君家歌者美如花，最惜亦隨花落。魂何託。料尚在、柳園桃塢閒飄泊。泉臺寂寞。逐玉管仙童，霓裳帝女，再奏鈞天樂。　尤堪惜，司馬長年作客。南北每同帷幄。從今更向京華去，誰弄寓樓絃索。春夢覺。驀聽得、鶯啼燕語思量着。香魂渺漠。便野店孤檠，虛齋短枕，血淚應秋涸。（南京大學中國語言文學系《全清詞》編纂研究室編：《全清詞·順康卷》第五冊，中華書局 2002 年版，第 3082 頁）

【金縷曲·歌妓文卿別二十二年矣甲寅春邂逅鄉村詞以贈之】

燈下曾相約。候檻畔花開，再向尊前笑謔，那信睽違圓嶠路，廿載風塵魷閣。訪音耗、傳來非確。何幸璧人雲裏降，踏青時、素手欣重握。話舊事，怳如昨。　銀箏笑撥全無卻。把滿懷、離愁積想，歌中巧託。翠袖捧杯低語勸，莫負春光昭灼。更莫負、當年心諾。但惜朱顏今共改，看飛花穿過鞦韆索。添絳蠟，恣深酌。（南京大學中國語言文學系《全清詞》編纂研究室編：《全清詞·順康卷》第五冊，中華書局 2002 年版，第 3084 頁）

【二郎神·溪西觀劇】

積陰初霽，放眼溪山如畫。況堤柳、絲絲搖嫩綠，分明把、遊人牽惹。便泛輕舠聽戲鼓，正當場、兵爭仗打。怪的是、宋元遺事，付與梨園閒耍。　堪訝。當年忠佞，誰真誰假。但多少、衰翁和少女，見扮出、權奸都罵。直道信乎今尚在，傳奇與、春秋上下。歎炙手威名，不肯流芳，未之思也。（南京大學中國語言文學系《全清詞》編纂研究室編：《全清詞·順康卷》第五冊，中華書局 2002 年版，第 3092 頁）

董以寧

董以寧（1629～1669），字文友，號宛齋，江南武進（今江蘇武進）人。邑諸生，天資明敏，少與鄒訏士祇謨齊名。善詩文，於曆象、樂律、方輿之恉，多所發明。晚年專事窮經，尤深於《周易》、《春秋》。著書滿家，有《正誼堂集》、《蓉渡詞》等。見《（乾隆）江南通志》卷一六三、《國朝先正事略》卷三八、《疇人傳四編》卷七等。

【江城梅花引·夜聽隔鄰蕭氏絃索】

誰將銀甲撥清商。是蕭郎。是蕭娘。悄似玉人，虛步繞迴廊。驟似避人遲似戀，淒涼似，誤佳期，正遠望。　　遠望。遠望。最難忘。夜正涼。曲未央。聽也，聽也，聽不足，更度新腔。最是一聲，小妹斷人腸。戚戚噥噥如對語，難禁得，向東風，訴恨長。（南京大學中國語言文學系《全清詞》編纂研究室編：《全清詞·順康卷》第九冊，中華書局 2002年版，第 5208 頁）

編者案：《詩詞卷·初編》已收董以寧，此係增補。

朱　嶸

朱嶸（1629～1678），字草孫，號與西，江南長洲（今江蘇吳縣）人。諸生。喜攻詩。南歷閩越，北遊燕冀，所見聞皆發於詩。性孝友，父歿，遺產悉讓之兄。著有《窺園詩鈔》。見《窺園詩鈔》卷首所附朱彝尊撰《傳》、《（同治）蘇州府志》卷八八等。

【拍歌】

家向巫山住，人從洛浦傳。樓臺半風月，歌舞遏雲煙。柳陌春調馬，蓮洲夜繫船。青娥颦自惜，翠袖薄誰憐？贈珮明珠的，題名蜀錦懸。莫書團扇賦，珍重駐華年。（《窺園詩鈔》，清康熙刻本）

葉奕苞

葉奕苞（1629～1687），字九來，一字鳳雛，號二泉，別署群玉山樵。江蘇崑山人。少師事葛雲芝、葉宏儒等，務根柢之學。工詩，善書法。康熙戊午（十七年，1678）舉博學鴻詞。罷歸，葺半繭園，與海內名流姜宸英、施閏章、陳維崧及同里徐開任、歸莊等流連觴詠，文采輝映一時。間集秦漢以來金石碑刻，辨證詳覈。又作《太甲改元》、《周公居東》、《周詩用》、《周正辨》諸篇，穿穴經義，

有禪學者。與盛符升輩預修縣志，未竣而邑令董正位罷官，奕苞乃益悉心採訪，別成志稿二十二卷。隸事必求其實，家世必詳所自，於全邑區圖考尤條分縷析，爲他志所不及。著有《經鋤堂詩稿》八卷、《金石錄補》二十七卷、《金石小箋》一卷、《賓告》一卷、《醉鄉約法》一卷等。戲曲方面，著有雜劇《老客歸》、《長門賦》、《燕子樓》、《奇男子》，均存。見《兩浙輶軒錄》卷九、《（同治）蘇州府志》卷九六、《晚晴簃詩匯》卷五二等。

【月夜虎丘聽湘洲歌】

天肅秋雨餘，月迥疏林表。斜暎鶴澗平，倒影劍池小。迎風笛倚樓，遏雲歌待曉。竟與世相違，此樂吾生少。（《經鋤堂詩稿》卷一「五言古詩」，清康熙刻本）

【白彧如彈琵琶】

戊戌五月十二日，鷗莊忽來四絃客。朱纓縵首短後衣，箕踞花前地爲席。自言此技世擅名，獨遭喪亂更有情。十年出入遼陽鎮，絃中輒寫邊關聲。仰天鳴鳴訴未了，耆狀一聲驚山鳥。輕攏慢撥續續彈，白晝虛堂寒料峭。初如落葉卷空村，既焉萬馬脫轡奔。細於幽窗泣嬌女，雄似百折來崑崙。千聲萬聲一指作，譜出興亡事如昨。僕似江淹本恨人，回思十載淚雙落。君今落拓何所歸，投老虞山學息機。他時載酒一相訪，勿逐群鷗下釣磯。（《經鋤堂詩稿》卷二「七言古詩」，清康熙刻本）

【賴氏】

賴姬年十五，樂籍價連城。竟體百花和，新眉兩葉輕。帶愁含薄怒，嬌語出微醒。偶度尊前曲，聲聲奪囀鶯。（《經鋤堂詩稿》卷三「五言律詩」，清康熙刻本）

【集鄰園觀劇戲題長句呈徐暎薇先生】

（其一）泛宅東過罨畫溪，歌嬌舞艷玉山西。魂消十斛何能換？手散千金未是迷。蝶共趁花翻翅舞，鶯還穿柳盡情啼。青衫白髮爭喧笑，不覺尊前醉似泥。

（其二）名園纔過二分春，排日徵歌喚比鄰。眼底落花嬌半面，掌中飛燕妬前身。閑情未玷陶公賦，感夢如逢洛浦神。不是朱家眞好客，那能消遣最閒人。

（其三）一發狂言首盡回，兩行紅粉不須猜。當塲傀儡燈前笑，入破關山笛裏哀。人世舍君皆夢國，仙家除此少蓬萊。厭厭一刻春宵短，不許南城漏點催。

（其四）追歡行樂慣逢塲，其奈中年易感傷。紅燭替誰偏墮淚？畫屏留客似廻腸。花鬚柳眼紛相逐，燕語鶯啼著底忙。湘瑟曲終人不見，酒醒差覺夜初長。（《經鋤堂詩稿》卷四「七言律詩」，清康熙刻本）

【過陽羨訪徐暎薇先生留飲樂孺堂觀劇】

扁舟乘興故紆回，曉逐銅山爽氣來。仙路有花迎客放，碧天無雨爲詩催。屏圍絳蠟呈新調，月泛清尊出舊醅。欲識主人情意重，綵雲縋住不教開。（《經鋤堂詩稿》卷四「七言律詩」，清康熙刻本）

【家大人過經鋤堂夜讌有歌者】

雪後茆堂淑氣回，高燒樺燭送金罍。朋良不速知心至，親老忘機笑口開。遠岫月生緣話久，空梁塵拂試歌哀。及時豈少承顏樂，何必斑斕學老萊。（《經鋤堂詩稿》卷四「七言律詩」，清康熙刻本）

【妓席偶贈】

百媚眞從一笑生，含桃著雨鬥輕盈。也知惱斷當筵客，不語偏傳無限情。（《經鋤堂詩稿》卷八「七言絕句、十宮詞」，清康熙刻本）

【聞鄰家張樂戲柬】

檀板催花送玉巵，流鶯驚起最高枝。隔樓一樣多情月，偏炤狂生獨坐時。（《經鋤堂詩稿》卷八「七言絕句、十宮詞」，清康熙刻本）

【陽羨徐暎薇先生攜女樂湘月輩數人過崑侍家大人觀劇次韻四首】

（其一）東風吹柳鬥鵝黃，春日春人正擅塲。薄鬢叢叢歌緩緩，就中絕艷是凝香。

（其二）千金一曲教初成，解得歌時萬態生。拍遍闌干花正落，泥人腸斷不分明。

（其三）脉脉歌情曲外生，一廻舞態一廻輕。只應天上容他住，何怪曾傾下蔡城。

（其四）搖曳翻身下舞筵，蟬衫麟帶尙回旋。無端白我青絲鬢，惹起閒愁到枕邊。（《經鋤堂詩稿》卷八「七言絕句、十宮詞」，清康熙刻本）

【前題次盈水韻六首】

（其一）淡晴天氣半山黃，十二雲鬟爭晚粧。鸚鵡簾頭催畫鼓，不容按譜一思量。

（其二）山縣春深綠滿堤，畫堂擊鼓日沉西。風流太守休閒計，手點紅牙板眼齊。映翁有自製傳奇。

（其三）簇錦重茵一片香，新歌少誤傲周郎。百年來日無愁短，坐客花前皆醒狂。

（其四）杏梁取次動歌塵，迴雪停雲掌上身。不信石家珠一斛，便能換得眼前人。

（其五）錦筵特地向花開，絳蠟高懸七尺臺。欲續張衡觀舞賦，銷魂鶯燕漫相猜。

（其六）袁叟看花劇可憐，一般三月斷腸天。細吟不想花枝句，此夕寧輸二載前。袁籜菴有「自見嬌容不想花」之句。（《經鋤堂詩稿》卷八「七言絕句、十宮詞」，清康熙刻本）

朱彝尊

朱彝尊（1629～1709），字錫鬯，號竹垞，秀水（今浙江嘉興）人，明大學士國祚曾孫。少穎悟，書過目輒成誦。肆力古學，客遊南北，必橐載經史百家以自隨。所至叢祠荒冢、破爐殘碣之文，莫不搜剔考證，與史傳參校同異。歸里，約李良年輩爲詩課，文名益噪。康熙十八年（1679）召試博學宏詞，授檢討，入直內廷。未幾罷歸。彝尊博極群書，尤長於考据。爲詩清新贍麗，與新城王士正齊名。著有《經義考》、《日下舊聞》、《曝書亭集》、《靜志居詩話》等。又嘗選《明詩綜》，或因人錄詩，或因詩存人，銓次爲最當。卒，年八十一。見《（嘉慶）大清一統志》卷二八八、《（同治）蘇州府志》卷一一二、《清史稿》卷四八四等。

【滿庭芳・席上送客歸武林時演春燈謎劇】

渡小長干，訪中山第，大功坊口依然。身隨社燕，處處繞蘭橡。轉入西堂深徑，看還是、卉木平泉。香風起，赤闌橋下，猶放半池蓮。

樽前有行客，勞勞亭畔，已纜歸船。且莫辜良夜，相勸芳筵。急翦銅盤官燭，須聽取、促柱繁絃。江南好，承平舊事，曲子相公塡。

（南京大學中國語言文學系《全清詞》編纂研究室編：《全清詞・順康卷》第九冊，中華書局2002年版，第5372～5373頁）

編者案：《詩詞卷・初編》已收朱彝尊，此係增補。

魏　憲

　　魏憲，生卒年不詳。字惟度，福清（今屬福建）人。諸生。惟度嘗選國朝詩爲《詩持》，凡三集。又別採百家，號《詩持廣》。集中多顯宦，列己於末。朱竹垞獨不與。竹垞有詩云：「近來論詩多序爵，不及歸田七品官。直待書坊有陳起，江湖諸集庶齊刊。」即指此。著有《枕江堂集》。見《雪橋詩話》餘集卷三、《晚晴簃詩匯》卷三三等。

【聿清招過大寺同曉亭星若聽二伶度曲】

　　　綠陰新滿日偏長，瘦馬暫息自徜徉。有客相思潔酒漿，招我同志醉禪房。隔院梨園兩六郎，楚楚翹翹調羽商。商聲欲歇羽聲揚，顧盼生姿倚玉床。白日停停月吐光，爲誰顚倒著衣裳？座上風流贈紵香，一絲能續百年腸。余獨凝睇罷相望，脉脉含情不得將。歸來託夢訴鴛鴦，晨鷄喚醒地天荒。

　　　陳曉亭云：「是寫生妙手，欲使天下有心人盡望二伶於臨風顧盼時。」
　　　張又益云：「是王昌齡輩郵亭風雪中興致。」（《枕江堂集》卷三「七言古」，清康熙十二年有恒書屋刻本）

【青蘿齋讌集德碧雲美人度曲分得深字】

　　　勝集驚予後，開簾尙雅音。九宮皆按譜，一鳳欲挑琴。脣動桃花碎，杯翻竹葉深。相將憐月影，玉漏莫教沉。（《枕江堂集》卷五「五言律」，清康熙十二年有恒書屋刻本）

【吳伯成明府招飲】

　　　尺木堂開冰雪生，火雲飛盡有餘清。客從萬里尋詩至，令有千秋問字聲。醉倚西樓憐舊雨，劇演西樓。坐分東閣喜新晴。何堪數載相思夢，同向天涯此夕傾。（《枕江堂集》卷六「七言律」，清康熙十二年有恒書屋刻本）

【觀劇贈姜郎】

　　　（其一）相見何曾道姓名，兩行秋水已多情。空窗寂寂雲無影，靜倚微聞嘆息聲。
　　　（其二）槐樹深陰旭日扶，推窗潛看態還無。薄綃低蓋珊珊骨，題作微雲掩月圖。
　　　（其三）纔共分襟日未晡，忽然燈影舞氍毹。當年君作苧蘿女，

少伯無心更沼吳。

　　（其四）何處芭蕉幻夙因，丹成名就両無塵。神仙自是多情種，天上燈前總一身。（《枕江堂集》卷十「七言絕」，清康熙十二年有恒書屋刻本）

【傀儡】

　　何事相逢太率眞，登塲傀儡總依人。狂風半夜燈花落，各自東西不認身。（《枕江堂集》卷十「七言絕」，清康熙十二年有恒書屋刻本）

【影戲】

　　戲中爲戲笑無因，幻作燈前月下身。我本戲中君更戲，大家啼笑總非眞。（《枕江堂集》卷十「七言絕」，清康熙十二年有恒書屋刻本）

【宮戲】

　　貌得衣冠半似眞，不言不笑不生釁。入宮端不蛾眉妒，線綫全憑在下人。（《枕江堂集》卷十「七言絕」，清康熙十二年有恒書屋刻本）

董元愷

　　董元愷（？～1687），字舜民，號蒼梧生，江蘇武進人。順治庚子（十七年，1660）舉人。以名孝廉忽遭註誤，侘傺不自得，故激昂哀感，悉寓於詞。著有《蒼梧詞》十二卷。見《清續文獻通考》卷二八一、《國朝詞綜》卷三、《倚聲初集》卷四等。

【拂霓裳・觀蘭語堂女樂】

　　蕙風天。幽蘭欲語氣如煙。簾幕靜，畫堂珍重啓芳筵。銀絲鏤雪鱠，玉茗瀉冰泉。月娟娟。一行行、紅粉擁神仙。　　明璫翠袖，不羨錦瑟華年。歌喉細，紫綃絳樹鬭妖妍。檀槽催按拍，竹肉應鳴絃。舞蹁躚。暗銷魂、醉倚百花前。（南京大學中國語言文學系《全清詞》編纂研究室編：《全清詞・順康卷》第六冊，中華書局 2002 年版，第 3301 頁）

【法曲獻仙音・銅虎媒填詞初成聽梁溪女郎為予歌二郎神一曲喜而賦此】

　　釵閃銀屏，簾垂璧月，填就新詞銅虎。黃絹深慚，朱唇輕囀，消得佳人含吐。細味幽蘭香氣，偏識郎心苦。　　郎無誤。有蕭娘，殷

勤堪顧。紅燭下、一字敲來宮譜。拂拂墮梁塵，聽嫋嫋、歌喉如縷。笑問知音，閨閣外、可曾相許。倩浮白、千杯領取，清商全部。（南京大學中國語言文學系《全清詞》編纂研究室編：《全清詞・順康卷》第六冊，中華書局 2002 年版，第 3308～3309 頁）

【念奴嬌・曹顧庵學士過集學文堂同錢湘靈諸公觀陳椒峰家劇即席限雪字用坡公韻】

　　學文高謔，似蘭亭、彷彿永和人物。疊嶂疏桐微點綴，坐擁雲山半壁。黃絹分題，烏絲拈韻，細詠梁園雪。鴛湖學士，共推海內詞傑。

　　又是子夜新聲，前溪妙舞，四座清商發。笑語風和簾幕靜，隱映蘭缸欲滅。紅豆徵歌，霓裳按拍，一縷音如髮。厭厭既醉，霜飛窗外寒月。（南京大學中國語言文學系《全清詞》編纂研究室編：《全清詞・順康卷》第六冊，中華書局 2002 年版，第 3338 頁）

李中素

　　李中素，生卒年不詳。字鵠山，又字子鵠，湖北麻城人。初客單父，爲詩十律，易名李載贈客，爲余中丞及龔宗伯、王宮詹所賞。中丞時官諫垣，每鄉人來，輒問知李載否，皆無以應。會詔舉鴻博，余公欲以其人薦，而不知李載即李中素，苦索蹤跡不得。疏已繕復止，爲遲遲兩月甫上。而鄉人復有見余公者，具悉前事，乃大歎憾。中素後謁余公於吳門，執弟子禮，並獻《感遇詩》云：「投老猶爲躑躅行，數奇終愧動公卿。同時幸問《相如賦》，異地終疑范叔名。千里長嘶勞蒭拂，十年一拜見平生。移情只合遊天海，從此休彈別鶴聲。」康熙中任湘鄉教諭，工詩古文辭及書畫，人有「鄭虔三絕」之譽。巡撫鄭端聘充嶽麓書院山長。凡經指授，俱有法程。後官閩縣知縣，調臺灣月山，卒於任。見《小鉋庵詩話》卷五、《（光緒）湖南通志》卷一〇四、《簠衍集》卷二五、《楚詩紀》卷一二等。

【滿庭芳・雉皋元夜聽冒巢民先輩家新演梨園束同遊諸子】

　　漏下星稀，雪消泥淨，六街燈月同香。名都繁會，千指弄笙簧。盡捲珠簾繡幕，恐妨他、十倍春光。留人處、東山太傅，歌舞未郎當。

　　多情輕按拍，一聲鬆去，地老天荒。似鶯雛燕乳，軟語雕梁。不管新愁舊憾，須重換、百轉柔腸。關心事，吳山楚水，遮莫便參商。

（張宏生主編：《全清詞・順康卷補編》第二冊，南京大學出版社 2008 年版，第760 頁）

鈕琇

鈕琇（？～1704），原名泌，字書城，號玉樵，江蘇吳江人。康熙十一年壬子（1672）拔貢生，由教習考授知縣，歷知河南項城、陝西白水縣。又攝沈邱、蒲城篆，後終廣東高明縣。為人有才略，遇事敢為。項城多曠，土民多以逋賦逃亡。琇悉捐舊逋，具牛種以招徠之，皆復舊業。沈邱獄有淹繫家口歷十七年者，琇至三日盡出之，而後聞於上官。上官深嘉之。於蒲城、高明，則鋤強暴，嚴守禦。著有《臨野堂集》及《觚賸》行於世。見《（乾隆）震澤縣志》卷一六、《（同治）蘇州府志》卷一〇六、《（道光）肇慶府志》卷一七、《國朝先正事略》卷三八、《國朝詩人徵略》卷二〇、《晚晴簃詩匯》卷三九等。

【除夕李蒼山招過華嚴寺寓同訂入秦之約時蒼山將歸江寧座有歌者】

蕭寺燈寒寄此身，宦遊踪跡說燕秦。一年未盡唯今夕，萬里將歸是故人。尊惜共傾情爛熳，曲嫌頻顧態逡巡。東風已到梅花驛，好覓來朝隴上春。（《臨野堂詩文集》詩集卷九，清康熙刻本）

【立春後一日訪李蒼山於中部留署信宿兼觀社鼓之嬉有贈】

去官猶作彭衙客，念友還尋翟道行。改歲田豐民獻貉，放衙事簡吏鳴箏。沙平沮水春烟澹，柏老橋陵夜月清。須信心閒知政美，繡旗畫鼓徧山城。（《臨野堂詩文集》詩集卷十一，清康熙刻本）

【觀木偶戲口占】

繡服雕冠傅粉脂，箇中機變竟誰知？終朝氣魄隨人轉，略勝鄜州土稚兒。（《臨野堂詩文集》詩集卷十一，清康熙刻本）

【長安旅舍夜聽琵琶贈鄒九臨】

鄒生吹律能通玄，忌也彈絲名亦傳。才多藝高關內客，於今復見清門賢。玉塵會勝青桐叟，金管疑逢紫鳳仙。妍歌粲論無不可，妙指尤工撥四絃。長安梵宮漏初下，龍首斜出銀燈前。乍憐小憁語喁喁，旋驚幽澗流濺濺。琤琮箭鳴響忽急，滴瀝珠散聲仍圓。恍然一夢入紫塞，飛花浮雲悲遠天。嗟余家本在吳會，七載寄此如匏懸。日厭西岳耳欲塞，到處雷動何喧闐。楓香曲奏神已移，與君邂逅寧非緣。青衫飄零泣夜月，黑河黯淡吟秋煙。相攜且作思歸引，舊庄未必輸藍田。世間知音復有幾？容易莫上岐王筵。（《臨野堂詩文集》詩集卷十一，清康熙刻本）

【夏夜雨後與陳健夫吳赤霞小飲友人寓齋命家僮鶯郎度曲各賦七絕
　　四首】

　　　　（其一）白紵新凉雨後生，隔簾纖細按歌聲。乍疑眷樹聞嬌囀，
不負鶯兒是小名。

　　　　（其二）龜年老去五侯家，遺響猶傳列井花。纖月正懸楊柳外，
可無人與按紅牙。

　　　　（其三）燕市重來覓酒徒，不堪往事憶名都。青琴歌曲青衫淚，
併作燈前大小珠。

　　　　（其四）一字遲聲進一巵，輕炎消盡玉參差。座中佳客風流甚，
明日應教唱麗詞。（《臨野堂詩文集》詩集卷十二，清康熙刻本）

冒殷書

　　冒殷書，生卒年不詳。字文足，號借廬，江蘇如皋人。諸生。玉簡、文足、
箕疇，皆鑄錯老人子，與巢民二子可稱競爽。文足時已中落，有句云：「姑遲一
食當再食，更壞何衣補此衣？」可謂一寒至此矣。著有《梨雨堂集》、《春浮集》、
《何文居集》、《萬卷樓初二集》等。見《淮海英靈續集》巳集卷四、《晚晴簃詩
匯》卷四一等。

【如此江山・真逸堂觀演西廂記長亭分別用史達祖韻】

　　　　（其一）華堂卻是留髡處，贏得潑天狂興。好事無多，歡場有幾，
須識千秋俄頃。萍蹤不定。聽歌怨勞亭，落暉昏暝。戲語鶯鶯，獨眠
曾否繡衾冷。　　　無端教我恨也，記牽衣執手，如醉難醒。夢裏江山，
心頭車馬，何用當前人俊。私情耿耿。對紅燭烏絲，倏然孤詠。不解
前因，何為離別永。

　　　　（其二）雙文若是無尋處，從今切莫乘興。石黛迎觴，秋波射
座，稍待須臾之頃。商音甫定。覺煙樹傷心，亂山楓暝。餞了行人，
雁兒叫得寸腸冷。　　　多才偏惹懊惱，怪青天夢夢，終古難醒。潘
岳牽情，陰鏗飲泣，辜負名場稱俊。還多耿耿。歎詩到無題，有誰
能詠。幾個良宵，獨揑清漏永。（南京大學中國語言文學系《全清詞》編
纂研究室編：《全清詞・順康卷》第十四冊，中華書局 2002 年版，第 8455 頁
～8456）

吳 綃

吳綃，生卒年不詳。字素公，一字片霞，號冰仙，江南長洲（今江蘇吳縣）人。常熟許瑤室。陳迦陵曰：虞山許太守夫人吳片霞有詩才，其《梨花雙蝶》一詩，世尤誦之。素公工書畫，兼擅絲竹，其詩清麗婉約。著有《嘯雪庵詩鈔》。見《國朝畫識》卷一六、《歷代畫史彙傳》卷六七、《晚晴簃詩匯》卷一八四等。

【曲句】

手捧紅牙按節輕，纔煙裂玉最星星。偷聲一轉無人會，應是樊家舊典刑。（《嘯雪菴詩集》，清初刻民國鈔配本）

陳維嵋

陳維嵋（1630～1672），字半雪，江蘇宜興人。諸生。著有《亦山草堂遺稿》。半雪爲其年檢討仲弟，磊落振奇。嗜酒，不治家人生產。詩亦不事雕琢，自然俊朗。見《國朝詞綜》卷一四、《晚晴簃詩匯》卷五三等。

【減字木蘭花・觀劇】

柳斜鶯亂。曾倚明童聽翠管。半臂紅轉。記起分時又幾秋。　　今宵旅舍。逐隊征歡無賴者。草草歌終。一曲梁塵一笛風。（南京大學中國語言文學系《全清詞》編纂研究室編：《全清詞・順康卷》第九冊，中華書局2002年版，第5469頁）

陸 葇

陸葇（1630～1699），原名世枋，字次友，號義山，浙江平湖人。幼時值清兵收平湖，父被執，葇詣軍前乞代父。軍將手詩箋示之曰：「兒能讀是耶？吾赦汝父。」葇朗誦「收兵四解降王縛，教子三登上將臺」，曰：「此宋人贈曹武惠王詩也。將軍不嗜殺，即今之武惠王矣！」將軍喜，挾與北行，善育之。辭歸，補諸生，入國學，試授中書。康熙六年（1667）進士，管內秘書院典籍。再試鴻博，授編修，分纂《明史》，命直南書房。三十三年（1694）召試翰詹諸臣豐澤園，聖祖親置第一，謂曰：「連試詩文，無出汝右者。」一歲七遷，至內閣學士。葇性孝友，兄南雄知府世楷前卒，葇教養遺孤，俾成立，有名於時。年七十卒。著有《雅坪詩文藁》。見《全浙詩話》卷四三、《清史稿》卷四八四、《晚晴簃詩匯》卷四一等。

【百字令·閱鐵冠圖傳奇】

（其一）只爭門戶，處堂中、不管榱崩棟折。戚畹花磚，春夢熟，袖手貂璫賣國。盡室東遷，單鞭南渡，恥蹈前車轍。江山騰沸，鼎湖龍去川竭。　　雖復掩袂重泉，英雄遺恨，差勝臺城沒。宮女青萍能擊賊、勇似成公牙笏。鹿走平原，狐升上榻，清晝躔妖孛。畫圖何在，道人猶恁饒舌。

（其二）問誰修表，擅才名、盜跖殷湯周武。掃地斯文江左輩，笑睨楚囚首鼠。舞象昂頭，冠猴奮臂，節義憐如許。吞聲野老，一編稗史千古。　　嘆息下詔徵師，徹天烽燧，杳不來旗鼓。望斷陪京王氣盡，虛說蟠龍踞虎。敬德攀輞，申胥哭闕，天柱頹難補。亂雲宮殿，幾番滄海塵土。（南京大學中國語言文學系《全清詞》編纂研究室編：《全清詞·順康卷》第十冊，中華書局 2002 年版，第 5743～5744 頁）

朱萬錦

朱萬錦（1630～？），字樸愚，湖廣通山（在今湖北省東南部）人。康熙八年（1669）舉人，授江南上海縣知縣。著有《倚園詞略》。見《全清詞·順康卷》第九冊。《清人別集總目》著錄其另有《虎丘勝集》一卷。

【天仙子·嘲演場】

四字環聯全部戲。合違作變憂歡萃。參差轉換夢時形，形已異。聲復二。繁華子弟醒中寐。（南京大學中國語言文學系《全清詞》編纂研究室編：《全清詞·順康卷》第九冊，中華書局 2002 年版，第 5411 頁）

【天仙子】

彩綴雲霞傀儡集。風雷臺上吹轟急。峨冠疊摺古遺神，情掩襲。詞摭拾。燈紅人笑山猿泣。（南京大學中國語言文學系《全清詞》編纂研究室編：《全清詞·順康卷》第九冊，中華書局 2002 年版，第 5411 頁）

徐 惺

徐惺（1630～？），字即山，號子星，江南江寧（今江蘇南京）人。清順治六年（1649）進士。見《清秘述聞》卷一三、《（雍正）河南通志》卷三五等。

【高陽臺・贈歌者】

蟬噪花陰，鶴飛玉露，松風疊奏笙簧。雨過先秋，楚天新轉清
商。看誰不假勻脂粉，只芙蕖、冷浸紅裳。笑今日、知音甚少，惱
煞中郎。　　　冰心淨洗濃妝。壓人間韋杜，紅粉蘇張。鷺舞鷗迴，
聊添賀老清狂。欹枕何人空客夢，知別院、綠染絲長。似風帆，落
霞秋水，早賦南昌。〈南京大學中國語言文學系《全清詞》編纂研究室編：
《全清詞・順康卷》第五冊，中華書局 2002 年版，第 2737 頁〉

萬　樹

萬樹（？～1687），字紅友，江蘇宜與人。爲粲花主人吳炳之甥。其所作傳
奇，詳山陰吳秉鈞所作《〈風流棒〉序》，云：「余從紅友山翁遊，由閩而粵，
耳其緒論。與家小阮雪舫共以學填詞，請探其篋，得觀所譜諸劇：幽秀若《空
青石》、俊爽若《錦塵帆》、奇橫若《念八翻》、新穎若《十串珠》、剪裁點綴若
《黃金寶》、《金神鳳》。最後讀《資齊鑒》，以卷帙太重，急難開演，已請山翁
節而傳之。其他小劇，若《珊瑚毬》、《舞霓裳》、《覯姑仙》、《青錢賺》、《焚書
鬧》、《罵東風》、《三茅宴》、《玉山菴》，俱令家優試之氍毹上。余因操觚爲《電
目書》一種，吳棠楨亦作《赤豆軍》、《美人丹》。惟時藥菴呂君，亦有《回頭
寶》、《狀元符》、《雙猿幻》、《寶鏡緣》。藥菴令叔守齋，亦攜《金馬門》曲出
示。丙寅春，客有言某閨詞之俗者，余謂此可入劇，索山翁填之。不半月，而
《風流棒》曲成。茶郎之顛，林風之韻，菊人之摯，及連、霍之周圓，童、賴
之醜報，刻畫畢肖，可稱觀止矣。」見《劇說》卷四、《國朝詞綜》卷一二、《四
庫全書總目》卷一八三等。

【於中好・檢自製曲黃金甕空青石二種戲作】

珊瑚架上狸毛筆。索閒卻、怎容閒得。無端右臂因風濕。要揮灑、
愁無力。　　　年來況是雙眸澀。眞堪笑、看朱成碧。縱饒滿甕黃金積。
買不出、空青石。〈南京大學中國語言文學系《全清詞》編纂研究室編：《全清
詞・順康卷》第十冊，中華書局 2002 年版，第 5528～5529 頁〉

【轆轤金井・贈歌妓姜繡】繡，吳人，來歌於越。

浣紗人去，到今纔、返渡語兒溪口。茂苑歌傳，做吳儂音奏。東
風似手。故掀出、舞裙靴瘦。大好歡場，如何只恁，眉山長鬥。　　　樽
前悶多推酒。但拈棋應劫，沉算良久。還賭攤錢，勝瓊環雙扭。腮渦

蜆斗。這一會、泥人消受。怕向宵深，桐陰月轉，朝雲來否。（南京大學中國語言文學系《全清詞》編纂研究室編：《全清詞·順康卷》第十冊，中華書局 2002 年版，第 5560～5561 頁）

【水調歌頭·月中聽曲和子靜】

飄墮黑風舫，隔越白雲鄉。凝眸忽見身臥，瑤闕擁寒光。曾記碧琳一醉，群唱玉爐三澗，欹帽舞山香。要眇撼星影，沆瀣濕霞裳。

卻今宵，聞法曲，曼聲長。居然笙鶴，子晉吹侑紫瓊霜。直向崇臺百尺，更挾清颷萬仞，吹韻落秋江。與我洗塵耳，爲汝引詞腸。

（南京大學中國語言文學系《全清詞》編纂研究室編：《全清詞·順康卷》第十冊，中華書局 2002 年版，第 5568～5569 頁）

【滿庭芳·贈翼城崔文赤】少年新雋，見梨園歌余製曲，極爲心賞，因賦此贈別，兼訂明歲燈夕之遊。

苴蓿邀鞭，芙蓉挽佩，深慚縞苧天涯。清河佳客，文綺爛青霞。合贈晶鹽縹酒，聞鐘欬、時對蒹葭。看題徧，雲煙寺壁，宜看碧籠紗。時文赤寓招提中。　　箏琶。相倚處，高呼白墮，細聽紅牙。擬重爲周郎，別選詞華。遲爾燈邊月底，拚投礫、同載鈿車。休留滯，春風笑裏，紅映小桃花。（南京大學中國語言文學系《全清詞》編纂研究室編：《全清詞·順康卷》第十冊，中華書局 2002 年版，第 5570 頁）

【琵琶仙·贈徐筠皋明府】時令襄陵，余爲製《藐姑仙》劇，付諸伶歌之。

環翠平泉，直流到、竹裏聲縈瑤席。誰送天外青來，城頭藐姑射。梅影下、華燈絳蠟，肯輕放、索郎如蜜。中聖歡多，看君轉覺，冰雪顏色。　　畫屏小、蒥鴨添香，騁風月高譚永今夕。聊試玉臺新句，借珊瑚吟筆。還仗取，雛鶯滑軟，把早春、喚入長笛。忘了身是江南，鷓鴣詞客。（南京大學中國語言文學系《全清詞》編纂研究室編：《全清詞·順康卷》第十冊，中華書局 2002 年版，第 5583 頁）

【水龍吟·丙夜聞清吹】清吹，不聞歌聲，但絲竹相和。乃吳中老曲師所輯錄南北各舊曲合成者。

日南誰道天炎，晚來多雨收殘燠。倚欄長見，打殘榕粒，滴翻蕉

幅。緊是無憀，可堪何處，叫雲聲觸。更箏璈相應，依稀似有，鶯喉囀，聲聲逐。　　細聽紫雲碧玉。不聞歌，但聞絲竹。原來雅奏，吳儂新譜，剪紅裁綠。卻被風來，串珠吹斷，似停還續。問何妨待月，惹愁偏弄，雨淋鈴曲。（南京大學中國語言文學系《全清詞》編纂研究室編：《全清詞‧順康卷》第十冊，中華書局 2002 年版，第 5595 頁）

【透碧霄‧聞宮裳小史新歌】晉地歌聲駭耳，獨班名宮裳者解唱吳趨曲，竟協南音。絲竹間發，靡然留聽，幾忘身在古河東也。因賞其慧，酒餘輒譜新聲，授令度之。計得傳奇四部，小劇八種，登之紅氍毺上，亦能使座中客且笑且啼，豈可以並州兒語聱牙，遂抹煞三四迦陵雛耶？其族皆喬氏，因寵以斯詞，蓋擬諸銅台春色云。

載琴書。太行之險幾摧車。暗塵積耳，酸風射眼，吟興全疏。寧期今夕，秦箏趙瑟，解拍吳歈。映清揚、綠幘香腴。看碧桃花下，依然一曲，串落驪珠。　　向當筵憑仗，周郎休把，傖父笑康衢。北里歌、西京賦，聲價自覺懸殊。墨香燭影，淋漓醉草，分付伊渠。比屯田、新句何如。倘後時重過，萬一旗亭，踏雪圍爐。（南京大學中國語言文學系《全清詞》編纂研究室編：《全清詞‧順康卷》第十冊，中華書局 2002 年版，第 5615～5616 頁）

【白苧‧聽歌西廂長亭折】

千古來，一情字，掀翻不出。泥沾絮老，久已將心作石。聽新歌、奈何頻喚怎禁得。從昔。這柔腸，怕見的、離筵行色。黃花紅葉，偏對西風落日。何況他、昨宵剛是新婚夕。　　詞筆。惱煞王郎，寫來如畫，一幅秋山送客。賺幾許情人，斷魂悲惜。胸頭萬卷，笑年來忘盡，只留斯帙。但向尊前，脆管繁絃，長是霑臆。唱罷梁州，五煞休重拍。（南京大學中國語言文學系《全清詞》編纂研究室編：《全清詞‧順康卷》第十冊，中華書局 2002 年版，第 5631 頁）

【夜半樂‧閣中坐月聞隔院歌聲】

暮山紫翠如畫，憑欄獨立，雨過殘虹斂。又破碧飛來，一樓冰鑑。瘦多衛玠，情深趙嘏，夜涼慵展吳牋，怕臨湘簟。聽畫角、悠悠和更點。　　乍驚好韻縹緲，忽度煙林，驟縈風檻。調鳳竹、鶗絃低迷幽豔。裊晴絲曲，銷魂舊譜，聞他玉茗金栀，霧沉波泛。尚贏得、秦青

黛眉掩。　念我年少，浪跡狂遊、酒場詞坫。幾醉拍、銀鎗燭花暗。到如今、空對月冷芙蓉劍。紅豆句、故把閒愁賺。淚痕惟有青衫蘸。

（南京大學中國語言文學系《全清詞》編纂研究室編：《全清詞·順康卷》第十冊，中華書局 2002 年版，第 5636 頁）

【寶鼎現·聞歌療妒羹曲有感有序**】**先渭陽吳石渠先生曾製傳奇五種，即今所傳《情郵》、《畫中人》、《綠牡丹》、《西園》、《療妒羹》是也。先生年三十六為福州守，念外王父春秋高，遂棄組歸，因教諸童子於五橋石亭之間，拍新撰以娛老。余自學語時，從先宜人歸寧，即得飫聞，不覺成誦。嗚呼，今且四十年矣。後先生起刺吉安，隨以憲貳視學豫章，未幾遭闖變，歸覲建康。時先生婿晉陵鄒孝廉武韓亦攜家伎來，兩部合奏，堂上極歡，先生賦遂初焉。乃外王父丁寧命移孝，不得已叱馭行抵贛，未期而降帆出石頭矣。於是趨閩轉粵，間關鞠瘁，次衡陽見獲，遂絕粒而終。時方傳鐵籠車猶捆載書籠，垂暝尚自校所注易疏，謂數十年學力盡此。人第以先生少工制義，中耆音律，豈知先生者哉？子惟具茨兄一人，隱而早世，嗣孤才數齡，豈天不欲令先生表著耶。先生他著述多不傳，獨傳《粲花曲》，而讀粲花者又不知為先生書，傳猶弗傳。且《東岸驛記》為先生初筆，先剞劂於武林，後梓俱在金閶，故今翻刻者以四種成帙，而《情郵》弗與偕，延津之劍竟爾未合也。其所教諸童子，耳提口授者幾三百，惜亂後去留者半，旋復晨星。當具茨兄之存，五劇已不復備，猶得二三曲，時一奏，佐太夫人壽觴。余嘗有詩云：「繙過韻書朱點在，教來童子白頭多」，感慨係之。諸伶以余究心南北曲，多所就正，余為援譜竄定音讀字節，乃咸喜曰：「新詞不顧捱折嗓子，欲按板如吞蕨藜角，得此訂正，始可歌。」今又數年，而向之白髮梨園存者，祇三四耳。嗟乎，叔夜亡來，廣陵已絕，何戢老去，渭城亦荒，余髮燥聞歌，今亦齒搖落矣，即欲更坐果利巷舊宅，作顧誤人，又安可復得乎。前年客金臺，有韓娥數輩譜《活畫》及《綠牡丹》全本，戛然空谷矣。今來鉅鹿，忽有儋父獻伎，自言能歌《小青傳》，頗訝之，及自古門出，則《打油》、《釘鉸》，聞者哄堂，而余輒喚奈何，泫然下雍門之涕也。夫黃河羌笛，賭勝旗亭，大江鐵板，邀評坊曲，今滄桑翻覆，而餘韻在人，是作者名不傳而心已傳，縱令齚舌聱牙，亦自可喜，憑誰寄語芙蓉城內更復一粲乎？欷歔久之，乃成後作，雖然余有穉女慣竊窺吾句背誦，為阿娘笑索果餅。歸當取此詞秘敗簏中，勿令述向太夫人，動老人之感也。

　　香山家樂，四十年事，追懷如昨。記謝墅、兒時曾見，五馬歸來琴伴鶴。斑斕外、動兩行絃管，厭聽尋常宮角。別自譜、青霞淥水，綵筆一時花灼。　　慨自騎尾朱陵嶽。午橋荒、聲斷高閣。留得幾、

野狐懷智，絲竹潘輿還笑噱。長吉去、剩阿嬰無主，六代巢空移鵲。想舊時、簾櫳鎮迾，總似華胥一覺。　　誰道社鼓村棚，翻劚取、陽春糟粕。便從他、斷拍零腔，把伊州舞錯。兀自勝、音徽寂寞。傳語誰堪託。正愁絕、遊子青衫，偏賺西州淚落。（南京大學中國語言文學系《全清詞》編纂研究室編：《全清詞・順康卷》第十冊，中華書局 2002 年版，第 5637～5639 頁）

方　炳

方炳，生卒年不詳。字文虎，會稽（今浙江紹興）人。其爲文多奇氣。弱冠補弟子員，嘗謂友人曰：「吾儒讀書，不能置身兩廡，雖位列三公，非吾願也。」著有《孝經集註》、《詩經解》。姜兆驊、沈應銑輩皆出其門。年五十餘，夫婦相繼而逝，聞者爲之太息。見《（康熙）會稽縣志》卷二四、《國朝詞綜》卷一八等。

【鷓鴣天・書南柯記後】

線大長江扇大天。看他烏兔跳雙懸。好將春夢傳閒史，莫把秋思困少年。　　能醉飽，即神仙。東風色色不須錢。若教他日徵歌舞，白髮催人向後邊。（南京大學中國語言文學系《全清詞》編纂研究室編：《全清詞・順康卷》第十冊，中華書局 2002 年版，第 5791 頁）

【鳳凰閣・題李孟芬雜劇】

自詩詞之後，又增曲學。其中又自有標格。幾次朵頤染指，究竟高閣。不欲把、聰明盡鑿。　　君才飄逸，筆底千巖萬壑。視元人更有斟酌。多少事藉君傳，莫使閒卻。曾記得、詩人善謔。（南京大學中國語言文學系《全清詞》編纂研究室編：《全清詞・順康卷》第十冊，中華書局 2002 年版，第 5806～5807 頁）

宋　俊

宋俊，生卒年不詳。字長白，號柳亭，山陰（今浙江紹興）諸生。其素懷大志，雅負雋才，然仕途坎坷。著有《岸舫集》、《柳亭詩話》等。見《兩浙輶軒錄》卷七、《全浙詩話》卷四一等。

【繡帶子・百花洲聽鄰女搊箏】

綠樹繞山城。紅雨綴谿亭。不見東風人面，隔院正調箏。　　　　雁

杜攪春情。曾聽得、十五盈盈。憑誰贈取，纏頭片錦，約指雙銀。（南京大學中國語言文學系《全清詞》編纂研究室編：《全清詞·順康卷》第十冊，中華書局 2002 年版，第 5947 頁）

【憶秦娥·聽秧歌】

聽啼鴂。杜鵑叫罷流鶯咽。流鶯咽。懶煙癡雨，妬風饞月。　　桃花片片旗亭繣。柳絲漠漠山城雪。山城雪。麥黃瓜蔓，轆轤相接。（南京大學中國語言文學系《全清詞》編纂研究室編：《全清詞·順康卷》第十冊，中華書局 2002 年版，第 5948 頁）

【西施·與歌者花卿】

教坊新擅柘枝名。到處羨花卿。鳳簫龍笛，百轉雜流鶯。密意先傳、向畫闌西角，背倚小紅燈。　　青綾一束掌前輕。且趁拍、莫多情。回風舞雪、天上落雲英。可惜清宵、玉盞頻勞勸，握手竟何曾。（南京大學中國語言文學系《全清詞》編纂研究室編：《全清詞·順康卷》第十冊，中華書局 2002 年版，第 5960 頁）

【師師令·觀女劇】

瑤笙錦瑟。襯重茵三尺。風流慣打內家裝，消受煞、粉紅花碧。舞罷山香剛一劇。暗把春心擲。　　夜深還怕銀缸逼。向屏風偷立。雙眸斜眤繡裙鬆，捧春酒、纖腰無力。明月滿床歸未得。恨東君留客。（南京大學中國語言文學系《全清詞》編纂研究室編：《全清詞·順康卷》第十冊，中華書局 2002 年版，第 5960 頁）

【玉人歌·與歌童鎖春】

簾影度。正香動吳綃，風生楚紵。清歌一闋，揉碎春鶯語。解紅未識誰為主，且把閒情賦。好相看，雙袖翩躚，垂髫十五。　　按板從教數。便落盡梁塵，輕颺不住。暗想周郎，無計可回顧。東君多少消魂也，何用顰眉嫵。待花梢、月落放伊歸去。（南京大學中國語言文學系《全清詞》編纂研究室編：《全清詞·順康卷》第十冊，中華書局 2002 年版，第 5963 頁）

【瑣寒窗·隔院聞笙】

紅杏牆頭，碧桃花下，誰家庭院。銀笙乍引，吹徹數聲鵝管。似

緱山、仙風欲來，歌珠歷歷都盈串。漸金鈴飄動。玉人何在，彩雲遮斷。　不見。悠然處，任斷續飛揚，輕呼淺喚。小梅香透，冷落舞裙歌扇。想伊行、素手纖纖，等閒怕露芙蓉面。拚明朝、暗度苔垣，撚指先偷看。（南京大學中國語言文學系《全清詞》編纂研究室編：《全清詞·順康卷》第十冊，中華書局 2002 年版，第 5971 頁）

【翠樓吟·聽謝輕娥彈琵琶】

袖展驚鴻，鬟欹墮馬，檀槽纖指輕撥。小窗私語，百折愁腸，幾番離別。鶯喉燕舌。更塞外秋風，江干夜月。朱絃絕。低攏漫撚，餘音未歇。　就裏多少關心，看錦囊高捧，玉縑低結。韓朋幽夢冷，怕飛去、鴛鴦雙拆。楚腰一捻。待解遍纏頭，笑搴簾額。且看畫船欲上，渡江桃葉。（南京大學中國語言文學系《全清詞》編纂研究室編：《全清詞·順康卷》第十冊，中華書局 2002 年版，第 5972～5973 頁）

顧　湄

顧湄，生卒年不詳。字伊人，江蘇太倉人。諸生。本惠安令程新子。新與顧夢麟善，夢麟無嗣，幼鞠湄，遂姓顧，克承經學。曾師事陳瑚、吳偉業。徐乾學慕其名，延館於家。時爲納蘭成德刻《通志堂經解》，其較正爲多。其詩以綿力爲工，悲壯爲骨，與許旭、王撰、王昊等齊名，爲「太倉十子」之一。錢牧齋曰：伊人爲詩，陶冶性靈，清麗婉約。名章秀句，芊綿綺合。至於孤情瘁音，作者有不自知。而秋士恨人，每撫卷三歎焉。著有《水鄉集》。見《清詩別裁集》卷一四、《（嘉慶）直隸太倉州志》卷三六、《國朝詩人徵略》卷一四、《晚晴簃詩匯》卷三八等。

【滿江紅·錫山遇蘇崑生話舊次韻】

曲罷峰青，誰簌簌、淚珠拋豆。是當日、征南殘客，柳生蘇叟。檄下通侯髯奮戟，詩成學士胸羅斗。到而今、淪落只龜年，餘存否。

廣場月，猶挂口。蕭寺雨，重攜手。任臺傾戲馬，塘空走狗。慷慨休歌燕市築，逡巡且醉龍山酒。奈白頭、一闋授紅紅，春風又。

（南京大學中國語言文學系《全清詞》編纂研究室編：《全清詞·順康卷》第十冊，中華書局 2002 年版，第 6021 頁）

彭　桂

彭桂，生卒年不詳。原名椅，字爱琴，一字上馨。江蘇溧陽人。諸生。康熙
己未（十八年，1679）舉博學鴻詞，不就。著有《初蓉閣集》、《谷音集》等。見
《國朝詩人徵略》卷一四、《晚晴簃詩匯》卷四七等。

【女冠子·汝南贈女伶絳雪】

綠笙紅豆。盡着歡場消受。最堪憐。燕舞輸他軟，鶯歌似爾圓。

思量樺燭後，沉醉酒旗前。向人留一笑，落花鈿。（南京大學中國語
言文學系《全清詞》編纂研究室編：《全清詞·順康卷》第十冊，中華書局 2002
年版，第 6028 頁）

【偷聲木蘭花·觀伶人史輕雲演牡丹亭劇三夕始畢】

紅笙翠管連宵永。往事風流思玉茗。燕脆鶯圓。絕藝無雙江左傳。

紫衣供奉銷沉久。聽罷樽前堪白首。生死情多。一曲清歌喚奈何。

（南京大學中國語言文學系《全清詞》編纂研究室編：《全清詞·順康卷》第十
冊，中華書局 2002 年版，第 6040 頁）

【臨江仙·金漢廣招觀家伶作】

細雨深燈邀密坐，麗譙不覺嚴更。紅牙低拍繞紅笙。一聲紅豆，
花底滑流鶯。　　歌舞教成長供奉，自憐箇箇知名。幾番顧曲也關情。
珠盤玉串，宛轉又分明。（南京大學中國語言文學系《全清詞》編纂研究室編：
《全清詞·順康卷》第十冊，中華書局 2002 年版，第 6049 頁）

【桂枝香·贈眷西堂歌者蕭朗秋】

西來爽氣。覺朗甚高秋，落霞天際。眞箇嬌雲初日，翩翩小史。
順郎傳得新聲妙，又何誇、延年都尉。傳朱衣粉，比紅兒曲，一生花
底。　　盡壓倒、吳趨子弟。愛圓同珠轉，軟如鶯脆。供奉筵前，奪
取象笙鸞篦。海棠最好題詩晚，肯李琪不教留記。風流尤羨，蕭郎誰
主，蕭家穎士。（南京大學中國語言文學系《全清詞》編纂研究室編：《全清詞·
順康卷》第十冊，中華書局 2002 年版，第 6073 頁）

【合歡帶·秦淮聞絃索】

憶秦淮、三百年來。脂粉窟、管絃堆。自唱家山入破後，悵歌衣、
舞帶成灰。忽過青溪，檀槽乍撥，邐迤相催。聽舊人遺技，潸然雙淚，

不覺盈腮。　徐搊銀甲，暢倒金罍，此時此際徘徊。幡綽新磨消歇久，最傷心、汾鴈宮槐。知音白首，邊聲太急，河滿多哀。只南朝、玉樹聲中，幾換結綺樓臺。（南京大學中國語言文學系《全清詞》編纂研究室編：《全清詞・順康卷》第十冊，中華書局 2002 年版，第 6078 頁）

吳棠楨

吳棠楨，生卒年不詳。字伯憩，號雪舫，浙江山陰（今浙江紹興）人。諸生。著有《吹香詞》、《雪舫詩集》，并作有雜劇《赤豆軍》、《美人丹》二種，均佚。見《兩浙輶軒錄》卷九、《國朝詞綜》卷一一等。

【粉蝶兒慢・樊川譜傳奇編成喜萬鵝洲為余改訂賦此奉謝】

嫁蠱蠻村，迎虵蜑俗，更飼鸚哥藏癉。久棲幕府，厭紅毛新釀。底事袪愁呼雪兒，一曲檀喉低唱。戲翻新，譜寫來、杜牧參軍豪蕩。

自況。癡情蠢狀。媿何曾、協律難供清賞。喜經刪抹，便有霞思天想。茗子嬌鬟和紫雲，彷佛笑啼筵上。謝仙翁，筆花多、借人開放。

（南京大學中國語言文學系《全清詞》編纂研究室編：《全清詞・順康卷》第十一冊，中華書局 2002 年版，第 6176 頁）

【夜半樂・閣中坐月聞隔院歌聲】

碧榕影覆高閣，半梳瘦月，逗破雕窗罅。正抹麗鐙毯，暗香飄麝。客中病起，貪看夜色，懶從孤枕癡眠，小簾高挂。忽隔院、紅煙燭光射。　是誰嫋嫋度曲，一串鮫珠，玉盤齊瀉。願風捲、嬌音頻來書舍。牡丹亭畔，遙憐舊日，箇儂好夢難尋，燕嗔鶯咤。卻宛似、佳人泣羅帕。　猛記疇昔，愛去徵歌，粉塘花社。可嘆繁華半凋謝。只餘得、雙鬢不管春風罵。愁再聽、幾闋霓裳罷。斷腸消息雲鬟下。（南京大學中國語言文學系《全清詞》編纂研究室編：《全清詞・順康卷》第十一冊，中華書局 2002 年版，第 6178～6179 頁）

【白苧・聽歌長亭一招】

雪兒詞，粉兒曲，曾傳綺席。王郎興減，懶上斿亭畫壁。研吳箋、綠腰新譜盡蕭瑟。春日。雨絲中，聽斷續、紅牙輕拍。鶯喉巧囀，高下冰絃玉笛。知北音、正宮崔女雙文劇。　悽惻。馬路霜寒，雁程風緊，埋怨浮雲弄碧。恍絮語柔聲，淚痕偷滴。誰憐倦旅，把青衫掩

面，不堪聞得。但喜當筵，七寶深帷，何用遮隔。索性重歌，貼寄泥金色。（南京大學中國語言文學系《全清詞》編纂研究室編：《全清詞·順康卷》第十一冊，中華書局 2002 年版，第 6181 頁）

錢芳標

錢芳標（？～1678？），初名鼎瑞，字寶汾，後易名芳標，字寶馚。江南華亭（今上海松江）人。明刑部侍郎士貴子。雍容都雅，風神秀異，弱冠即以詩名。好倚聲，酒肆粉牆，倡家團扇，每因興會，輒有斜行。中康熙丙午（五年，1666）順天鄉試，官中書舍人。既而假歸。康熙戊午（十七年，1678）舉博學鴻詞科，撫臣薦爲江南第一才人，以丁内艱不赴。著有《金門橐》，《湘瑟詞》等。見《己未詞科錄》卷四、《今世説》卷三等。

【滿江紅·與陸君暘】

頭白張徽，曾供奉、華清曲宴。記承恩、霓裳譜就，重瞳頻盼。十載茂陵秋艸綠，調絃猶夢蓬萊殿。問朱門、弟子舊蛾眉，飄如霰。

黄褪了，垂楊線。紅落盡，殘花片。正江南好景、茅堂重見。一闋當筵何滿子，瓊桴亂撒珍珠串。濕青衫、有客最神傷，荀家倩。時余方悼亡。（南京大學中國語言文學系《全清詞》編纂研究室編：《全清詞·順康卷》第十三冊，中華書局 2002 年版，第 7571 頁）

編者案：錢芳標詞中涉及陸君暘處頗多。陸君暘，《（嘉慶）直隸太倉州志》謂：「陸曜，字君暘，以字行。貌陋，好滑稽。少能協律，尤善三絃。世祖召入，彈《龍虎風雲》之曲，稱旨。侯門貴邸邀請無虛日。或欲隸之太常，弗屑也。年七十尚能作過雲逸響，宋琬贈詩云：『曾陪鐵笛宴寧王，吹落梅花滿御床。幾度凄涼春草碧，不堪重過鬥雞坊。』曜歿，其傳遂絕。」（清·王昶：《（嘉慶）直隸太倉州志》卷四十一「人物」，清嘉慶七年刻本）

【蘇幕遮·送陸君暘之檇李時予將入都】

月烏驚，霜角曙。燭淚闌珊，又送何戡去。已是傷心無可語。莫向樽前，唱我傷心句。唱予悼亡後曲。 鳳城雲、鴛水樹。兩地離愁，且作須臾住。我到段師呈伎處。百子池邊，宮柳飄新絮。（南京大學中國語言文學系《全清詞》編纂研究室編：《全清詞·順康卷》第十三冊，中華書局 2002 年版，第 7572 頁）

【婆羅門引·見王阮亭用稼軒韻寄袁籜庵詞時袁已下世矣慨然有作即次原韻】

篷窗軟語，梁鴻溪上女牆西。秋筵一霎傷離。猶共開元賀老，瑣屑辯雌蜺。背夕陽人去，荻斷楓稀。　　長年易悲。況遠道，覓新知。聽徹楚江一曲，唱鮑家詩。前生杜牧，紅樓路、可憶墜鞭時。空寄與、短竹哀絲。賀老指嘐城陸君暘。袁亡於會稽，是夕，席間即演其所譜《楚江情傳奇》。（南京大學中國語言文學系《全清詞》編纂研究室編：《全清詞·順康卷》第十三冊，中華書局 2002 年版，第 7580 頁）

【鼓笛慢·八月十七日吳友數人集斜街寓齋】

紞如雙下花奴撾，先喚起，參差玉。問誰人偷向，嫦娥桂殿，演霓裳新曲。欲斷還聯處，香檀拍、幾回頻促。喜鷗弦宛轉，鵝笙瀏亮，鈞天夢、依稀續。　　浹耳吳音纖軟，數舊傳、漫誇曹穆。四筵屏息，一絲徐引，有梁塵時簌。漂泊京華客，身疑在、半塘船宿。漸紅霞映樹，秋河絡角，任燒殘樺燭。（南京大學中國語言文學系《全清詞》編纂研究室編：《全清詞·順康卷》第十三冊，中華書局 2002 年版，第 7594 頁）

【憶舊遊·悼嘐城陸君暘】

釣篷歸去路，又是年時，梅雨廉纖。按歌人何在，斜陽樾影，尚映湘簾。教坊子弟多少，空度望江南。記月下冰絃，燈前檀拍，曾對何戡。　　無端渭城後，任折柳匆匆，憔悴征衫。重到岐王宅，歎閒堦苔鎖，舊譜塵緘。廣陵漫想遺調，紅豆嬾頻拈。只鬼唱秋墳，棠棃落處雙淚霑。

北曲六宮，惟道宮失傳。君暘得虞山家宗伯藏本，有平仄而無字句，每欲索當世周郎盡補其缺。壬子歲，館余之西軒，爲填【雲和瑟冷】一闋，君暘以三絃度之，今童子猶能歌此曲也。又嘗以元人院本分別宮調、襯字，審音定拍，欲纂一書，與《南九宮譜》並傳。時已垂老，雖呵凍焚膏，無少倦色。恔將成，會余以假滿入都，未竟厥事，此老已云歿。今人多不彈，惜哉。（南京大學中國語言文學系《全清詞》編纂研究室編：《全清詞·順康卷》第十三冊，中華書局 2002 年版，第 7596 頁）

【鷓鴣天·聞歌】

柳碧橋紅月襯銀。曼聲微颺意逡巡。簪來釵股圓仍澀，搵處衫痕欬更勻。　　檀押句，杏霏塵。破長消得鳳尖頻。綠腰攙入楓香調，

猜遍屏間記曲人。《曲譜》：遲其聲以媚之，謂之簪攏。又板名。曲句綠腰，用段善本事。唐張紅紅稱記曲小娘。（南京大學中國語言文學系《全清詞》編纂研究室編：《全清詞‧順康卷》第十三冊，中華書局 2002 年版，第 7617 頁）

【法曲獻仙音‧弘軒席上聽楊郎弦索兼感陸君暘】

崔九堂前，段師亡後，那記開元遺譜。幾撥冰絲，一欄霜月，依稀舊曾聽處。是擪笛宮牆侶。偷將串珠度。　　按商羽。訝瑽琤、鐵衣金勒。俄變做、恩怨小窗兒女。莫道客忘歸，隔簾旌、雲也留住。鏤管花殘，畫旗亭、渾減新句。但更闌燭跋，喚罷奈何凝佇。是夕奏羅貫中《陳橋》、王實甫《蒲東曲》。（南京大學中國語言文學系《全清詞》編纂研究室編：《全清詞‧順康卷》第十三冊，中華書局 2002 年版，第 7644～7645 頁）

【雙雙燕‧逢長安舊歌者】

記休沐宴，喚宣武門西，蕊珠名部。丁香坼後，見慣白浮鳩舞。怊悵飛雲散去。似一枕、鈞天欲曙。誰知落拓逢伊，又是江南春暮。

無數。青衫淚雨。莏榻畔茶煙，鬢絲千縷。烏衣殘照，剩否翠衿雙語。聞說華榱易主。漸老卻、玄都桃樹。贏得舊識何戡，莫唱渭城樂府。（南京大學中國語言文學系《全清詞》編纂研究室編：《全清詞‧順康卷》第十三冊，中華書局 2002 年版，第 7653 頁）

編者案：《詩詞卷‧初編》已收錢芳標，此係增補。

何　鼎

何鼎，生卒年不詳。字夏九，號晴山。舉人。世爲山陰（今浙江紹興）人，寄籍於楚。康熙五十二年（1713）知嘉興府。蒞任日，告友戚曰：「予今日越人也，明日嘉興守矣。」治嚴肅，絕苞苴，人不敢干以私。任一載，鐫秩。年七十餘，貧無以歸，僑寓禾中，卒葬三塔寺後。見《（雍正）浙江通志》卷一二二、《（光緒）嘉興府志》卷四二等。

【聲聲慢‧再觀宮戲】

試花心懶。採藥情疏，何妨院本重看。倪儡場中，別裝優孟衣冠。不忺水伶合樂，愛木人、骨節珊珊。暢搬演、有龍身燭舞，蝶翅花翻。

陡地銷人魂魄，是無心嬝娜，不脛蹢躚。減字偷聲，知他甚處清圓。深宮想伊舊制，也託來、飛舞如盤。莫停罷，任簾櫳、梅梢月寒。

（南京大學中國語言文學系《全清詞》編纂研究室編：《全清詞・順康卷》第十
三冊，中華書局 2002 年版，第 7693 頁）

【沁園春・觀女伶演百花亭劇】

羃罥深垂，氊毹重鋪，合樂女娘。喜香胎珠骨，剛梳宮髻，鸞靴
龍甲，忽換軍裝。梅額元戎，櫻唇大帥，一捻腰圓懸劍囊。銷魂處，
是花亭月悄，軟語商量。　　驚看高坐油幢。恍錦傘、人來白玉堂。
又揮鞭入陣，慣擒健卒，吹燈就榻，想避新郎。困欲扶人，倦如中酒，
尚裊冰喉雛鳳凰。吾狂甚，待破巾擲去，粉墨登場。（南京大學中國語言
文學系《全清詞》編纂研究室編：《全清詞・順康卷》第十三冊，中華書局 2002
年版，第 7694 頁）

陳恭尹

陳恭尹（1631～1700），字元孝，號獨漉，廣東順德人。邦彥子，邦彥殉節
時，恭尹纔十齡。詩文傾動一時，名大起。其詩清迥拔俗，得唐人三昧，一時習
尚無所染。廣南三家，翁山擅長五律，藥亭擅長七古，幾無與抗行者。元孝自遜
力量不及兩家，而諸體兼善，七律尤矯矯不群，詩名鼎立不虛也。工書法。隱居
不仕，自稱「羅浮布衣」。著有《獨漉堂稿》、《五朝詩選》。見《獨漉堂詩文集》
詩集卷一五、《文獻徵存錄》卷一〇、《清詩別裁集》卷八等。

【東湖曲十首（之七）】

雲歙空江月滿汀，方舟行處眾聲停。新歌一曲清無敵，小妓生來
十五齡。（《獨漉堂詩文集》詩集卷十三，清道光五年陳量平刻本）

丁　煒

丁煒（1632？～1696），字澹汝，號雁水，福建晉江（今福建泉州）人。諸
生。由訓導歷官湖廣按察使。雁水爲明尚書啓濬孫，與弟煒韜汝齊名。漁洋、初
白皆盛推其詩，擬之劉文房長卿、許丁卯渾。持節雙江，即署東搆覽園，雜植花
竹，往來名流，競相賡和，一時傳爲佳話。著有《問山詩集》。見《國朝詩人徵
略》卷一三、《國朝詩人徵略二編》卷八、《清史稿》卷四八四、《晚晴簃詩匯》
卷三二等。

【剔銀燈・許際斯招飲出家伎咧喇】

綺席宵酣春醞。絲肉奏、橫陳釵鬢。節按明璫，衣翻暗麝，舞急

盤珠雙滾。泥金裙颭，偏露卻、淩波纖穩。　　最喜銀箏聲近。重譜伊涼新恨。背燭目成，緩歌心送，攪碎柔腸千寸。狂言休發，一靨怕、笑迴紅粉。（南京大學中國語言文學系《全清詞》編纂研究室編：《全清詞·順康卷》第十一冊，中華書局 2002 年版，第 6218～6219 頁）

【獻衷心·春宵觀劇】

　　　正春融繡閣，月靜金屏。調翠管，按銀笙。和繞梁音轉，玉脆珠瑩。絲幃上，燈影裏，出娉婷。　　尋舊夢，牡丹亭。柳枝花片太迷冥。幻離鸞棲鳳，死死生生。腸可斷，魂解返，總因情。（南京大學中國語言文學系《全清詞》編纂研究室編：《全清詞·順康卷》第十一冊，中華書局 2002 年版，第 6224 頁）

【玉燭新·癸亥小春高渭師招同張澹明章斐菴鮑遇麟遲默生查王望醵集署齋觀劇】

　　　冰蟾籠玉瓦。正綺檻移春，銀燈卜夜。後堂俊侶，簪裾合、偏喜季長多暇。香清圖史，繞蘭菊、暖熏緗架。絲竹奏、錦闕蠻靴，歌翻苧羅佳話。　　吳宮花草煙銷，便金鑄蛾眉，難留嬌冶，爭如燭下。傾不落、快啖五侯鯖鮓。藏鉤舞蔗。笑賭驪裘重貰。未須怯、城鑰葳蕤，曉鐘漫打。（南京大學中國語言文學系《全清詞·順康卷》第十一冊，中華書局 2002 年版，第 6225 頁）

毛際可

　　毛際可（1633～1708），字會侯，號鶴舫，遂安（今屬浙江）人。順治戊戌（十五年，1658）進士，授彰德推官，遷祥符知縣。康熙己未（十八年，1679）舉博學鴻詞。際可治《春秋》，著《三傳考異》。與毛奇齡（號西河）同宗。西河晚居虎林，註《易》，際可集唐人句寄之曰：「懶於街裏踏塵埃，林下從留石上苔。賢者是兄愚者弟，早潮纔落晚潮來。門闌多有投詩客，山翠遙添獻壽杯。講易自傳新註義，懸知獨有子雲才。」著有《松皋詩選》。見《晚晴簃詩匯》卷三〇。

【清平樂·冬夜稚黃兄宅聽新歌作】

　　　霜寒如許。燭焰紅偏吐。預借春光來作主。聽得輕鶯雙語。　　新詞幽恨無涯。聲聲顫落梅花。我欲徘徊起舞，漫教淚濕琵琶。（南京大

學中國語言文學系《全清詞》編纂研究室編：《全清詞・順康卷》第十一冊，中華書局 2002 年版，第 6399 頁）

【金菊對芙蓉・贈洪昉思】

燕市塵埃，紛紛車馬，問誰雙眼能青。正胸中隱起，五嶽難平。酒酣目攝荊卿去，還向人、倒盡銀瓶。新詞落紙，念奴傳唱，引破朱櫻。　　長夏午倦如醒。奈炎雲密佈，擬踏層冰。笑生疏禮法，獨我和卿。算來百計無如隱，相攜處想殺西陵。脫冠高臥，荷風習習，松露泠泠。（南京大學中國語言文學系《全清詞》編纂研究室編：《全清詞・順康卷》第十一冊，中華書局 2002 年版，第 6407 頁）

【沁園春・飲魯謙菴郡齋觀劇】

良夜開樽，庭院蕭疏，低亞芙蓉。是江山名郡，九峰三泖，文章太守，一飲千鍾。御李扶輪，留髡雜坐，賓主東南此日逢。裴回久，見觥籌交錯，墨陣爭雄。　　梨園換羽移宮。喜十萬、纏頭滿座中。正已遲更漏，雞鳴可待，久辭秋社，燕語還工。自笑酡顏，非關借酒，色映雙鬢小袖紅。遄歸也，竟花梢月上，倦眼朦朧。（南京大學中國語言文學系《全清詞》編纂研究室編：《全清詞・順康卷》第十一冊，中華書局 2002 年版，第 6413 頁）

【行香子・春夜飲成仲謙大參署中觀劇醉後邀賦新詞有贈】

深院簾櫳。良會匆匆。泛清樽，琥珀香濃。傾城一笑，尚隔巫峰。似霧霏微，燈掩映，月朦朧。　　翩若驚鴻。婉若游龍。想筵前見慣司空。錦箋數字，難寫情悰。是醉時狂，醒時憶，夢時逢。（南京大學中國語言文學系《全清詞》編纂研究室編：《全清詞・順康卷》第十一冊，中華書局 2002 年版，第 6422～6423 頁）

【減字木蘭花・贈歌者】

海棠初謝。燈火氍毹明月夜。背面簾櫳。酒襯羞顏一倍紅。　　團花雙袖。引得蜂黃粘欲透。小束纖腰。裊裊風前柳葉飄。（南京大學中國語言文學系《全清詞》編纂研究室編：《全清詞・順康卷》第十一冊，中華書局 2002 年版，第 6423 頁）

【西子妝·久客鄂城有為余作鰣魚鱠者適友人招飲促去不及試新屆薄暮酒闌欲出女伶演劇又以他事倉卒告歸戲詠】

錦網翻波，冰麟入饌，最好鰣魚風味。吳淞七箸已經年，喜楚江、行廚初試。鸞刀縷細。還珍重、金虀玉鱠。笑老饕，為頻邀折柬，欲留無計。　　歌舞地。樺燭銀屏，酒泛珊瑚紫。酣餘雜坐更留髡，盼筵前、粉兒佳麗。無情征騎。早催作、闌珊歸意。幾回頭、何日花前再至。（南京大學中國語言文學系《全清詞》編纂研究室編：《全清詞·順康卷》第十一冊，中華書局 2002 年版，第 6425 頁）

丁　煒

丁煒，丁煒之弟。生卒年不詳。字韜汝，福建晉江（今福建泉州）人。著有《滄霞詞》。見《國朝詞綜》卷四。

【剔銀燈·許際斯總戎出家伎唎喇次韻】

花氣潛勾芳醞。羅一字、鶯喉蟬鬢。拍按紅牙，箏調鈿柱，對對鏡鸞催滾。纖腰曲處，銀蠟顫、寶鬟偏穩。　　席倚韋娘最近。誤曲似傳春恨。願作香塵，平鋪錦闥，好趁鞋弓三寸。醉魂銷盡。莫更灑、縷衣金粉。（南京大學中國語言文學系《全清詞》編纂研究室編：《全清詞·順康卷》第十一冊，中華書局 2002 年版，第 6246 頁）

編者案：《全清詞·順康卷》第十一冊作「許際斯總成」，似應為「許際斯總戎」，「成」、「戎」形近而誤。

曹貞吉

曹貞吉（1634～1698），字迪清，一字升六，別號實菴，安邱（今山東安丘）人。幼具夙惠，初學為文章，即有神解。甫髫，與弟澹餘同負儁聲。辛卯，澹餘膺鄉薦，而貞吉獨不利於有司，益自奮厲，博極羣書，籌鐙雒誦，深夜不休。年三十，中康熙癸卯（二年，1663）鄉試第一，甲辰（三年，1664）成進士。庚戌（九年，1670）以推擇為中書舍人。出為徽州同知，內召禮部儀制司郎中，調湖廣學政，以疾辭歸。貞吉詩格遒鍊，其《黃山》諸作極為宋犖所推。與戶部侍郎田綸霞雯、巡撫都御史宋牧仲犖、刑部郎中謝千仞重暉、國子祭酒曹頌嘉禾、給事中王幼華又旦、刑部主事汪季用懋麟等更唱迭和，都人有「十子」之目。詞芊眠清麗，寄託遙深，不模周範柳，自成雅製。王士禎、彭孫遹、張潮、李良年、曹勳、陳維崧等，皆所推把。著有《珂雪詞》二卷、《朝天集》一卷、《鴻爪集》

一卷、《黃山記遊詩》一卷、《珂雪集》一卷等。見《文獻徵存錄》卷一〇、《感舊集》卷一二等、《杞田集》卷七等。

【蝶戀花·荔裳席上作用阮亭韻】

吹面東風能散纈。雨弄柔絲，過了清明節。脆滑鶯兒聲不歇。池塘淡淡霏香雪。　　好倩吳儂翻一闋。宮錦氍毹，顧影神清絕。銀燭光消銀箭徹。一鉤斜挂城邊月。（南京大學中國語言文學系《全清詞》編纂研究室編：《全清詞·順康卷》第十一冊，中華書局 2002 年版，第 6479 頁）

【蝶戀花·送沈郎再用前韻】

滿路丹榴明似纈。蜀道羊腸，細馬隨旌節。花重錦官香未歇。倚欄閒看峨嵋雪。　　記得梁園歌一闋。貼地腰身，四座顛狂絕。嫩綠池塘清影徹。依稀照見人如月。（南京大學中國語言文學系《全清詞》編纂研究室編：《全清詞·順康卷》第十一冊，中華書局 2002 年版，第 6479 頁）

【拜星月慢·秋日雨後飲宋子昭新泉亭座上聞歌】

撩亂苔錢，差池菱葉，白板橋邊秋水。點點浮漚，溜銀塘珠碎。斷雲漼，拖逗、餘霞明滅，暈作遠山螺髻。薄暮罇開，正玉簫聲起。
顫冰絃、百囀春鶯脆。西風冷、月落朱門閉。一朵兩朵幽蘭，共荷香迢遞。汲新泉、乍試龍團味。紅燈小、不照愁人醉。待歸時、露滿閒堦，有吟蟲伴睡。（南京大學中國語言文學系《全清詞》編纂研究室編：《全清詞·順康卷》第十一冊，中華書局 2002 年版，第 6506 頁）

【綺羅香·宋牧仲座上聞歌】

抹麗凝香，池塘過雨，屈注明河天際。雪酒銀桃，六月燕山風味。倩數聲、玉笛吹來，似一串、驪珠擲碎。看盈盈、初日芙蕖，雙瞳窈水兩眉翠。　　青衫留落舊客，遮莫嬌絲脆管，難令沉醉。幾點螢光，猶照蒼苔無寐。好宮調、賀老教成，倦心情、屏風立地。漫流連、入破伊州，記楓香曲子。（南京大學中國語言文學系《全清詞》編纂研究室編：《全清詞·順康卷》第十一冊，中華書局 2002 年版，第 6507 頁）

【沁園春·贈柳敬亭】

席帽單衫，擊缶鳴鳴，豈不快哉。況玉樹聲銷，低迷禾黍，梁園客散，清淺蓬萊。蕩子辭家，羈人遠戍，耐可逢場作戲來。掀髯笑，

謂浮雲富貴，麯蘗都埋。　　　縱橫四座嘲詼。歎歷落、嶔崎是辨才。想黃鶴樓邊，旌旗半捲，青油幕下，罇俎常陪。江水空流，師兒安在，六代興亡無限哀。君休矣，且扶同今古，共此銜盃。（南京大學中國語言文學系《全清詞》編纂研究室編：《全清詞・順康卷》第十一冊，中華書局 2002 年版，第 6514～6515 頁）

【賀新涼・再贈柳敬亭】

咄汝青衫叟。閱浮生、繁華蕭索，白衣蒼狗。六代風流歸抵掌，舌下濤飛山走。似易水、歌聲聽久。試問於今眞姓字，但回頭、笑指蕪城柳。休暫住，譚天口。　　　當年處仲東來後。斷江流、樓船鐵鎖，落星如斗。七十九年塵土夢，纔向青門沽酒。更誰是、嘉榮舊友。天寶琵琶宮監在，訴江潭、憔悴人知否。今昔恨，一搔首。（南京大學中國語言文學系《全清詞》編纂研究室編：《全清詞・順康卷》第十一冊，中華書局 2002 年版，第 6518 頁）

【賀新涼・送洪昉思歸吳興】

年少愁如許。嘆羈棲、京華倦客，雄文難遇。廣漠寒風吹觱篥，彈鋏歌聲太苦。且白眼、看他詞賦。單絞岑牟直入座，拚酒酣、撾碎漁陽鼓。欹帽影，掉頭去。　　　湖山罨畫迎人住。溯空江、白雲紅葉，一枝柔櫓。歸矣家園燒笋熟，五岳胸中平否。學閉戶、讀書懷古。舟過吳門頻問訊，是伯鸞、德耀傭春處。魂若在，定相語。（南京大學中國語言文學系《全清詞》編纂研究室編：《全清詞・順康卷》第十一冊，中華書局 2002 年版，第 6521～6522 頁）

【大酺・石林席上聞絃索】

正酒船行，人聲寂，好月如珪偷照。鶂雞初入破，響風箏刀尺，麻姑手爪。銀甲徐調，冰絲輕撥，啄木丁丁小鳥。空山無人處，任花開花落，洞天深窅。忽變作玉關，千羣鐵馬，平沙衰草。　　　吳儂歌縹緲。歎舊曲、誰似臨川好。遮莫向、岐王筵上，崔九堂前，琵琶彈出傷心調。未抵繁絃巧，引蝶翅、蜂鬚相惱。但羈客、青衫老。奈何頻喚，頓減中年懷抱。鬢邊明日白了。（南京大學中國語言文學系《全清詞》編纂研究室編：《全清詞・順康卷》第十一冊，中華書局 2002 年版，第 6526～6527 頁）

　　　編者案：《詩詞卷・初編》已收曹貞吉，此係增補。

袁　佑

　　袁佑（1634～1699），字杜少，號霽軒，東明（今屬山東）人。康熙壬子（十一年，1672）拔貢，官內閣中書。己未（十八年，1679）召試博學鴻詞，授編修。歷官中允。毛大可與袁佑同在史館，自言每日分廳起草，日落必撤筆，相對吟一詩，然後騎馬出東華門。其詩風骨峻上，不敢偶佚繩檢。長垣郿雪嵐謂，袁佑所為詩率本至性，旨趣原於風雅。體凡數變，每變益工。往往絲竹繁會中授簡揮毫，灑灑數千言立就，而一唱三歎，歸於雋永。著有《雪軒集》。見《國朝詩人徵略》卷一二、《晚晴簃詩匯》卷四一等。

【岸堂聽樊花坡彈琵琶】

　　　　蓼花荻葉散秋聲，一曲琵琶動客情。何俟潯陽江上聽，已教元閣

伴淒清。（《霽軒詩鈔》卷五「歸田集」，清康熙五十六年陸師等刻本）

王士禎

　　王士禎（1634～1711），原名士禛，字子真，一字貽上，號阮亭，別號漁洋山人，新城（今山東桓臺）人。卒後，以避世宗諱，追改士正。生有異稟，六歲入鄉塾，誦《毛詩》至《綠衣》諸什，輒根觸欲涕。十五歲有詩一卷，曰《落箋集》。十六補諸生。年十八，舉於鄉。順治十二年（1655）成進士，授江南揚州推官。康熙三年（1664）擢禮部主事，歷官戶部郎中、國子監祭酒、兵部督捕侍郎、左都御史、刑部尚書等。士禎姿稟既高，學問極博，與兄士祿等并致力於詩，獨以神韻為宗。取司空圖所謂「味在酸鹹外」、嚴羽所謂「羚羊掛角，無跡可尋」，標示旨趣。主持風雅數十年。同時趙執信始與立異，言詩中當有人在。既沒，或詆其才弱，然終不失為正宗也。著有《帶經堂集》、《帶經堂詩話》、《池北偶談》、《香祖筆記》、《居易錄》等。見《（道光）濟南府志》卷五五、《清史稿》卷二六六等。

【燕歸梁‧吳水部園亭觀演燕子箋劇時玉蘭盛開】

　　　　海燕紅襟語畫梁。似惜韶光。紅牙一曲舞山香。辛夷花，落銀牀。　　　良媒卻借烏衣燕，曲江往事堪傷。人閒何羨鬱金堂。憑遠恨，與衡將。（南京大學中國語言文學系《全清詞》編纂研究室編：《全清詞‧順康卷》第十一冊，中華書局 2002 年版，第 6557 頁）

　　編者案：《詩詞卷‧初編》已收王士禎，此係增補。

宋 犖

宋犖（1634～1713），字牧仲，號漫堂，亦號綿津山人，河南商邱（今河南商邱）人。權子。順治四年（1647），犖年十四，應詔以大臣子列侍衛。逾歲，試授通判。歷官湖廣黃州通判、理藩院院判、刑部員外郎、山東按察使、江蘇布政使、江西巡撫、江蘇巡撫、吏部尚書等。康熙四十七年（1708），以老乞罷。五十三年，詣京師祝聖壽，加太子少師，復賜以詩，還里。卒，年八十，賜祭葬。嗜古精鑒，收藏以富稱。見名畫家悉延至於家，耳濡目染，遂得畫法。水墨蘭竹，疎逸絕倫。博學，工詩詞古文。獎激後進，尤多造就。著《西陂類稿》、《綿津詩鈔》、《楓香詞》等。見《（道光）濟南府志》卷三七、《歷代畫史彙傳》卷五一、《清史稿》卷二七四。

【綺羅香・秋夜同方邵村諸公飲吳五崖寓齋聽吳兒度曲】

席帽聊蕭，塵襟冷落，恰喜騷人相見。永夜啣杯，珍重紅牙低按。乍飄來、管脆絲恬，任聽去、魂消腸斷。看燈前、年少吳趨，風流並極一時選。　　誰憐吾輩倦客，潦倒長安市，歲華偷換。邂逅歡場，莫道漏沉星轉。賦短句、宋玉增悲，縱高談、方干忘倦。問籬畔、菊有花不，還期花下讌。（南京大學中國語言文學系《全清詞》編纂研究室編：《全清詞・順康卷》第十一冊，中華書局 2002 年版，第 6578 頁）

【江城梅花引・月夜過友人寓齋聽臨姬度曲】

誰從比舍奏清商。小秋娘。小兜娘。一縷因風，裊裊度空牆。燕語乍停鶯又囀，黃昏後，聽來時，總斷腸。　　斷腸。斷腸。起徬徨。月有光。漏正長。欲去欲去，不忍去、餘韻悠揚。彷彿天邊，遏住片雲翔。好借君家苔徑裏，坐十日，聽千巡，願始償。（南京大學中國語言文學系《全清詞》編纂研究室編：《全清詞・順康卷》第十一冊，中華書局 2002 年版，第 6582 頁）

編者案：《詩詞卷・初編》已收宋犖，此係增補。

孔貞瑄

孔貞瑄（1634～1716），字璧六，號聊園，山東曲阜人。至聖六十三代孫，順治庚子（十七年，1660）舉人，官大姚知縣。順治十八年（1661）會試副榜。究心經史，精算法韻學，而尤長於音律。少好洞簫，盡七調之變，因悟三分損益、上生下生、旋相爲宮之說。康熙二十六年（1687），由泰安學正升任濟南

府學教授。時文廟樂律失傳，學使宮定山命修之。乃選青俊儒童二百三十人，分部教演，凡六閱月，而八音諸器皆通曉之。樂分八部，曰「成樂部」、曰「歌部」、曰「絲部」、曰「擊部」、曰「吹部」、曰「舞部」、曰「引導部」、曰「設懸收發部」，本闕里之條理而參以己見。既成奏之，清濁高下，不失其倫。後陞雲南大姚知縣，因與上官不合，罷歸，搆聊園以自樂。著有《聊園集》、《操縵新說》、《泰山紀勝》、《大成樂律全書》等行世，年八十三卒。見《疇人傳四編》卷七、《（道光）濟南府志》卷三八、《晚晴簃詩匯》卷三一等。

【聽唱謾詞】

莊言經訓共誰論？且聽荒談忿不根。誕慕吳剛揮玉斧，譆同曼倩笑金門。月中丹桂連根斫，天上蟠桃帶核吞。聞說《齊諧》能誌怪，翻騰江海倒崑崙。（《聊園詩略》詩後集卷十「七言律」，清康熙刻本）

【紫薇堂觀滇人賽雜劇】五月十三日。

竿頭欲進掌中身，縹緲射姑結束新。若教瑤臺雙步月，臨風飛下玉香塵。（《聊園詩略》詩後集卷十二「七言絕句」，清康熙刻本）

【滇中風物（之一）】

年來烟火五華多，錦簇香霏盛綺羅。賽劇惟聞提水調，觀燈羣唱採茶歌。（《聊園詩略》詩後集卷十二「七言絕句」，清康熙刻本）

【八角爐詩有引（之五）】功名富貴，聲色貨利，爲八角爐，煎熬盡多少英雄。

世俗以「酒色財氣」括之，如鐵壁銅城，攻之不破，撞之不出，汨沒者終其身焉。人至七十，可以稍淡矣，爲謔詩十二章。

七十老翁何所求，曼絃急管雜清謳。黎園驚散漁陽鼓，花萼寂寥凝碧秋。（《聊園詩略》詩後集卷十二「七言絕句」，清康熙刻本）

【和力菴太守集北園贈歌者作】

春風一曲醉流觴，有美家常淺淡粧。雅會幾同耆社盛，詼諧肯遜竹林強。艷歌不識山、王貴，按拍猶推嵇、阮狂。賴爾風流窮太守，纏頭惟有短詩章。（《聊園詩略》詩續集卷十四，清康熙刻本）

【題一線天傳奇】

（其一）迂濶違時魯二生，叔孫強拉不同行。何當勉慰蒼生望，再起東山一論兵。

（其二）一劍飄零迥出塵，臨邛壚畔乍相親。誰知礬沐登床者，猶是犢裩滌器人。

（其三）卣藏寸鐵逼霜寒，賃舍香魂認主難。不有赤繩生死繫，幾令鳴劍向新官。

（其四）仕路由來有正奇，任將粉墨染鬚眉。趁他鑼鼓轟天響，最苦收場人散時。（《聊園詩略》詩續集卷十四，清康熙刻本）

案：孔貞瑄《聊園文集》收有《一線天演文序》一文，可資參看。謂：「聖夫子刪定六經，三代禮樂之遺，盡在東魯學士家，業《易》、《詩》者有之。至《尚書》昌明，《春秋》微隱，從事者蓋寡。《書》之體博大詳核。事摭其實，文踵其舊，無所避忌，雲亭山人之《桃花扇》似之，《春秋》則異。是深其文詞矣，用筆曲；廣其義類矣，寄旨遠，袞鉞不形於腕底，褒譏但存於言外，一字爲經，片言成訓。自游、夏之徒不能贊，況晚近淺陋經生、猥秢著作者能妄窺其藩籬乎？乃吾於《一線天》遇之。漫翁之爲是編也，蓋身歷乎窮達順逆之境，目擊乎炎涼喧寂之變，意有所畜，書不忍盡言；事有所觸，言不忍盡意，淡淡白描，而仕途之正奇、官場之好醜，俱躍躍紙上，使人服其忠厚、忘其淋漓。蓋名高而成黨禍，才盛而起詩獄。雅人智士，臨文若斯之難且慎也！至其寫閨情，則香艷流於悽惋；狀義俠，則悲壯出以沉雄，是以搏象之全力制鼠，屠龍之剩技調猿，筆挾風雲，思入幻杳，世謂《史記》足繼麟經，何其許廡邁之過也！予謂《一線天》堪追《史記》，庶幾可謂知言乎？大抵吾魯著作淵藪，不獨經學、理學、史學具有源流，即稗官、傳奇、詞曲之小道，亦各有所本，非《四聲猿》、《十種》新書之類悅人耳目、漫要才子浮名者，可同年而並傳之也。」

陳維岳

陳維岳（1635～1693 後），字緯雲，晚號苦庵，江蘇宜興人。陳維崧三弟。晚年自定古文百篇、詩二冊、詞二冊，其季弟欲附梓於維崧《迦陵集》後，未果，遂多散佚。維岳比其兄維崧，駢體略得其格，至魄力根柢，皆遠遜之。著有《秋水閣文鈔》一卷。見《感舊集》卷一六、《四庫全書總目》卷一八三等。

【浪淘沙‧送歌者楊枝還江南】

飛絮滿闌干。春漸闌珊。楊枝此去太無端。我唱江南魂易斷，抵似陽關。　　歌管落花間。一路千山。竹房人記立尊前。禪榻鬢絲消不盡，別恨漫漫。（南京大學中國語言文學系《全清詞》編纂研究室編：《全清

詞・順康卷》第十一冊，中華書局 2002 年版，第 6596 頁）

編者案：《全清詞・順康卷》第十一冊作「歌管落花閑」，應爲「歌管落花間」。據清・蔣景祁《瑤華集》（清康熙二十五年刻本）卷四改。

【賀新郎・席上觀演白兔記】

舊曲元人卷。是才人、胸堆塊磊，墨花排遣。裝演筵前供笑劇，銀燭十行熒泫。窮老卒、沙陀無齣。辛苦李家莊上日，想鶯愁、鳳隱光芒淺。天下事，甚時展。　并州作牧身名顯。更無何、欺他石晉，改元更扁。失路半生奚不有，何論偷雞盜犬。受困辱、英雄不免。拉雜悲酸千古調，儘稗編、發憤寧須典。簾影畔，清歌剪。（南京大學中國語言文學系《全清詞》編纂研究室編：《全清詞・順康卷》第十一冊，中華書局 2002 年版，第 6604 頁）

李良年

李良年（1635～1694），字武曾，號秋錦，小字阿京，秀水（今浙江嘉興）人。初襲虞姓，名兆潢，後易今名。人呼之「李十九」。少時見侯朝宗、王于一所爲文，乃學之，遂善爲古文。與尚書龔鼎孳、侍郎孫承澤爲忘年友。與竹垞太史齊譽禾中，人稱「朱李」。立品尤嶄然峻絕。應召入都，諸公貴人多折節下交，徵士獨高矚雅步，不肯爲翕翕熱。先是御試未有期，寶應喬舍人萊語之曰：「高陽論海內詩家，首推子矣。他日有謂，宜造謝者。」徵士曰：「詩小技也，窮達命也。相公知吾詩，孰與相公知吾守乎？」堅不往。聞者以爲誑，及見放始信。著有《秋錦山房集》。見《壬癸藏札記》卷五、《文獻徵存錄》卷一〇、《清史稿》卷四八四等。

【解連環・同青藜緯雲彥吉小飲旗亭觀劇】

冷雲吹絮。恨片時遮斷，斜陽歸路。一帶寒沙，貰酒旗輕，掛在晚煙疏樹。小橋紅板曾傷別，又底事、玉驄驕駐。怪倡條、冶葉牽情，春向狹斜無數。　十二迴欄深倚，有翠鬟如畫，攜手堪賦。笑語分明，記得曾逢，不省舊遊何處。尊前畫壁重相見，簾外辛夷如雨。且休調、鈿管銀箏，只許鶯聲低訴。（南京大學中國語言文學系《全清詞》編纂研究室編：《全清詞・順康卷》第十一冊，中華書局 2002 年版，第 6630 頁）

編者案：《詩詞卷・初編》已收李良年，此係增補。

陶孚尹

陶孚尹（1635～1709），字誕仙，江南江陰（今江蘇江陰）人。貢生。官桐城教諭。著有《欣然堂集》。是集詩六卷，詩餘附焉。文四卷。王士禛、尤侗爲之序，皆深相推挹。見《清詩別裁集》卷二〇、《四庫全書總目》卷一八二、《晚晴簃詩匯》卷五〇等。

【曹頌嘉漫園大會賓客即席分賦（之四）】

西泠詞客寄情長，天寶遺音金屑香。雞肋浮名等閒事，人間贏得舞霓裳。座客錢塘洪丈昉思，曾譜《長生殿》傳奇，攜入都門，釀金觴演於山左趙秋谷執信行寓，爲巡城者發其事，秋谷落職，洪君亦褫國子生云。（《欣然堂集》卷一，鄧之誠：《清詩紀事初編》上册，上海古籍出版社 1984 年版，第 460 頁）

王 晫

王晫（1636～1695 後），原名棐，字丹麓，自號松溪子。仁和（今浙江杭州）人。年十三補學官弟子，天質茂美，筆疏氣秀，毛奇齡稱其詩自然溫厚，不徒以音節入古見長。遭外艱，喪葬遵古制，銜恤寘涕風雪中，重趼遠涉，徧告當世鉅公長者，乞爲志傳，成帙曰《幽光集》，士大夫讀而悲之。著有《今世說》，另著有《遂生集》十二卷、《霞舉堂集》三十五卷、《丹麓雜著》十種十卷、《墙東草堂詞》三卷等。見《四庫全書總目》卷一三三、《（民國）杭州府志》卷一四五等。

【玉人歌·聽馮靜容女史度曲】

湘簾翠。是何處鶯聲，花間遊戲。櫻唇一點，宛轉意先會。傍人漫說銷魂死。只恐情難寄。更那堪、妙舞霓裳，似風搖燕尾。　紅豆倩誰寄。便除卻周郎，顧伊不止。天也多情，雲駐碧空際。愁香怨粉渾如訴，酒化多情淚。又誰知、簾外絳河垂地。（南京大學中國語言文學系《全清詞》編纂研究室編：《全清詞·順康卷》第十一册，中華書局 2002 年版，第 6685 頁）

徐 釚

徐釚（1636～1708），字電發，號虹亭，又號鞠莊，江南吳江（今江蘇吳江）人。康熙己未（十八年，1679）薦舉鴻博，授檢討，纂修《明史》。會有翰林外轉事，釚忤權貴意，亦在遣中。湯斌力爲調護，不能已，遂歸。性好遠遊，東入浙、閩，歷江右，三至兩粵，一至中州。後起原官，不就。卒，年七十三。年十

三賦詩，有驚人句，長益工詩古文詞，聲譽日起。山水另具孤高之致，兼畫蟹。著有《南州草堂集》、《本事詩》。又嘗刻《菊莊樂府》，崑山葉方藹稱其綿麗幽深，耐人尋繹，朝鮮貢使以兼金購之，并貽詩曰：「中朝攜得《菊莊詞》，讀罷煙霞照海湄。北宋風流何處是，一聲鐵笛起相思。」其爲遠人傾慕如此。釚既工倚聲，因輯《詞苑叢談》，具有裁鑒。見《（同治）蘇州府志》卷一〇六、《歷代畫史彙傳》卷五、《清史稿》卷四八四等。

【和棠邨公韻贈歌者邢郎】

紅兒雪面小蠻身，水翦雙眸好駐春。愁殺香消酒冷後，折花應喚玉爲人。（《南州草堂集》卷七，清康熙三十四年刻本）

【河滿子・春夜棠村公席上觀小伶演劇同蛟門賦】

小部鈞天夜奏，聽來如醉春酲。贏得司空曾見慣，偏愛杜牧多情。記取當筵紅豆，能消幾束吳綾。　　錦瑟初停再鼓，瓊丹細酌還傾。剩有鮫人珠一顆，彩鸞駕出雲軿。惆悵馬融帳底，風流那減安陵。（南京大學中國語言文學系《全清詞》編纂研究室編：《全清詞・順康卷》第十二冊，中華書局 2002 年版，第 6807 頁）

編者案：《詩詞卷・初編》已收徐釚，此係增補。

王允持

王允持（1637～1693），字簡在，江蘇無錫人。康熙二十四年（1685）進士，著有《陶邨詞》。見《國朝詞綜》卷一五、《（乾隆）江南通志》卷一二四等。

【玉漏遲・鮑鶴汀歸自真定招飲寓齋出童子度曲索句】

別君寒食後。吟箋賦筆，拋殘几牖。一刺傳來，翻怪玉驄歸驟。幾許愁紅怨綠，把今日、償他清瘦。杯在手。留髡滅燭，殢人依舊。

是誰譜就新詞，教付與檀槽，曼聲徐奏。良夜迢迢，拈盡盒中紅豆。一種佳人難再，算不減、十眉連袖。月墮否。城烏亂鳴高柳。

（張宏生主編：《全清詞・順康卷補編》第二冊，南京大學出版社 2008 年版，第 1149～1150 頁）

周斯盛

周斯盛（1637～1708），字屺公，一字鐵畊（或作鐵珊），學者稱證山先生，

浙江鄞縣人。順治辛丑（十八年，1661）進士，官即墨縣知縣。嘗以事論繫，出獄後奔走燕、趙、吳、楚間，足迹半天下。與李澄中、洪嘉植以談詩相契，共斥當時劍南流派之非，力主祧宋以宗唐，然筆力薾弱，亦僅得唐人之形似而已。全祖望《傳》略曰：「證山先生爲前明知江都縣周志畏從子。長八尺，面白皙，吐音如鐘，負才而狂。好面折人過，知即墨甫七月，爲鎮將搆禍入獄，論死。以赦免，遍走名山大川，以昌其詩。嘗言諸家所選明人詩無可意者，因遍論定十五朝之詩，自言將以前人之性情因而證我之性情，因以我所陶鑄於人之性情而以證諸天下後世之性情，故名之曰《詩證》，其書未成而卒。」著有《證山堂集》八卷。見《兩浙輶軒錄》卷一、《四庫全書總目》卷一八二等。

【沁園春・和吳慶百觀劇感五人之墓遺事作】

狼蠡星明，狂國泉乾，旋乾轉坤。似周軍媛鶴，衣冠都化，秦庭鹿馬，名物含冤。襧顯宗恭，縲潃亡儉，一網清流津水渾。偏堪羨，是匹夫一綫，支住崑崙。　　至今生氣猶存。便作戲、逢場也動魂。眞氣同深井，勇兼慶忌，憤齊易水，烈比夷門。不慕要離，應爲伯有，朽骨專軍列五人。長嬉笑，問冰山炙手，此日誰尊。（南京大學中國語言文學系《全清詞》編纂研究室編：《全清詞・順康卷》第十二冊，中華書局 2002 年版，第 6986 頁）

【眼兒媚・嚴庶華宅宴集有歌者阿青次關蕉鹿年伯韻】

（其一）春風垂手向閒庭。華燭照彈箏。素瓷傳暖，博山浮細，斜映銀屏。　　新聲昔昔歌成雪，眞個似秦青。扶扶怯怯，能令人醉，又使人醒。

（其二）輕寒宛轉下前庭。夜色壓秦箏。牧之薄倖，吳娘嫵媚，重見羅屏。　　摘來梅子才堪搊，酸處卻留青。樽前試問，翠雲停後，誰醉誰醒。（南京大學中國語言文學系《全清詞》編纂研究室編：《全清詞・順康卷》第十二冊，中華書局 2002 年版，第 6986 頁）

【沁園春・黎川客店十三女子能歌詞以紀之】

花面丫頭，小小腰肢，年才十三。正初勝梳掠，鬖鬖綠髮，不禁寒怯，窄窄紅衫。未泣春風，應憐織綺，對酒來歌昔昔鹽。含姿處，是無情有意，似喜如慚。　　悠揚逸致纖纖。也按節、微敲動指尖。看雪兒聲韻，斜迎客笑，寶兒憨態，漫對人□。新學嬌娃，天生俊質，曲罷移情醉欲酣。匆匆見，怪相逢可惜，地北天南。（南京大學中國語言

文學系《全清詞》編纂研究室編：《全清詞‧順康卷》第十二冊，中華書局 2002 年版，第 6996 頁）

【琵琶仙‧聽人歌曲作】

虛閣松閒，正疏雲、漏月夜寒幽絕。偏憐酒半歌聲，樽前更飛雪。湖山外、清音幾許，都喚到、羅羅堪挹。子野舟邊，鎮西樓上，爲君應歇。　　笑狂奴、故態依然，卻聽罷塵飛意猶熱。漫憶載酒江湖，曾賦江郎別。奈白髮，羞看絳蠟，但無言、擊碎銅缽。試問長嘯蘇門，鳳鸞誰接。（南京大學中國語言文學系《全清詞》編纂研究室編：《全清詞‧順康卷》第十二冊，中華書局 2002 年版，第 7005～7006 頁）

秦松齡

秦松齡（1637～1714），字留仙，號對巖，江蘇無錫人。順治乙未（十二年，1655）進士，改翰林院庶吉士，時年十九。授檢討，以事罷歸。後隱惠山之麓，日與故人遺老唱和。王阮亭爲同年，嘗緝詩一編寄之，題曰《寄阮集》。著有《蒼峴山人集》。見《清詩別裁集》卷四、《國朝詩人徵略》卷四、《晚晴簃詩匯》卷四一等。

【上元詞（之二）】

九衢簫鼓殷晴雷，共道侯家舞隊來。已逐西涼獅子去，還逢調象夜深回。（《蒼峴山人集》卷四「得樹軒集」，清嘉慶四年秦瀛刻本）

【上元詞（之三）】

內廷燈火簇鼇山，院本新呈坐部閒。長信玉杯稱萬壽，君王侍宴未應還。（《蒼峴山人集》卷四「得樹軒集」，清嘉慶四年秦瀛刻本）

顧貞觀

顧貞觀（1637～1714），字華峯，一字梁汾，江蘇無錫人。康熙壬子（十一年，1672）舉人，官內閣中書。貞觀少有異才，尤工樂府。年二十餘遊京師，題詩寺壁云：「落葉滿天聲似雨，鄉關何事不成眠。」魏柏鄉見之，即日過訪，名遂大起。早與吳漢槎齊名。及漢槎久戍塞外，說成容若營救未得，寄懷《金縷曲》二首。容若見之，感動曰：「山陽思舊，都尉河梁，並此而三矣！」漢槎竟因此獲還，時稱嘉話。貞觀晚自選詩不滿四十篇，旨在古澹。其《登滄浪亭》詩云：「由來澹蕩人，別作流傳計。翕毱賤原嘗，盧徐狎莊惠。」蓋自道也。著有《纑

塘集》、《積書巖集》等。見《(乾隆)江南通志》卷一六六、《清史稿》卷四八四、《晚晴簃詩匯》卷三七等。

【金縷曲・奉懷柏鄉魏相國時暫假歸里】

　　黃閣仍開卷。只敷陳、平生四字，疊聒盡遣。江左風流歸冀北，霖雨九垓春泫。看賜甕十圍金繭，公自度曲名《金甖》傳奇。國士無雙親下拜。問感恩、知己誰深淺？先世澤，藉公展。公重刻先端文箚記。

　　副封白去經綸顯。小延英、逾時伏對，懷中鵷扁。太保只今推坐論，西旅徒然貢犬。眞異數、朝綍暫免。所喜聖朝無闕事，且閒刪、雅頌兼謨典。重補袞，五雲翦。(《彈指詞》卷上，清乾隆四十年積書巖刻本)

　　編者案：此處所稱魏相國當指魏裔介。魏裔介(1616～1686)，字昆林，號石山，直隸柏鄉(今屬河北)人。官至保和殿大學士。

成　鷲

　　成鷲(1637～1722)，清代詩僧，字跡刪，號東樵山人，廣東番禺人。明孝廉方國驊子。鼎革後，國驊隱居授徒，世稱學守先生。成鷲年十三，補諸生。年三十五，父故。後婚嫁畢，別母學佛於鼎湖，晚棲大通古寺。一時名卿鉅公，多與往還。藩使王朝恩、學使樊澤達、給事鄭際泰盛譽之，名益顯。詩文最富，所著《咸陟堂前後集》，識者謂其筆響風雷，崩山立海。凡蠻烟瘴雨，渴虎饑蛟，草木離奇，劍嘯芒飛，直歸紙上。浙西陳元龍謂，成鷲墨名而儒行，其文發源於《周易》而變化於莊騷，涵負呈豁，辯才無礙，其詩在靈運、香山之間。時以爲非阿好。成鷲戒律精嚴，道範高峻，與貴人遊，道話外公私一無所及。遇家人輩有所諮，瞑目趺坐，寂然若無聞也。年八十餘卒。見《(光緒)廣州府志》卷一四一、《清詩別裁集》卷三二等。

【跳大王歌】

　　蠻鄉歌舞自稱善，厥聲可聞不可見。四月五日跳大王，家家刻木作鬼面。千醜萬拙由心生，頭角矯矯盡奇變。削成兩耳貫雙環，黑白青紅隨繪絢。長纓分結頂門邊，俛仰周遮任方便。市來絳帛縫赭衣，承以素裳紉新練。長柄牙旗短柄簽，東官草帽岡州扇。龘繪細篾作游龍，肖首肖尾中連串。事事具足人力齊，次第椎牛集歡讌。大王端坐不飲酒，黃童白叟爭酬勸。酒闌酩酊齊唱歌，嘔啞啁哳無分辨。异神

入城城市空，大呼疾走看游龍。馭龍小兒戴鬼面，一步一跌來匆匆。左顧右盼各招手，頭旋尾轉相追從。游龍舞罷撫歌板，唱歌盡是頭白翁。青葵半掩老面目，隨聲答響羞雷同。須臾磨旗萬舞作，朱干玉戚紛興戎。或擊或刺馮而怒，或揖或讓足而恭。忽焉而起忽而止，一一皆與神心通。舞罷偃旗臥金鼓，借問大王何所取。傾筐擎出斗與升，鬼面成群更歌舞。道旁觀者不忍見，靦顏汗背交相覷。吁嗟乎，天下盡兒戲，舉世同奔波。車轂交擊人肩摩，俄而禮樂俄干戈。五斗折腰不足道，傾筐積少看成多。大王乃是死諸葛，含羞忍恥如之何？（《咸陟堂詩集》卷三，鄧之誠：《清詩紀事初編》上冊，上海古籍出版社 1984 年版，第 295～296 頁）

曹亮武

曹亮武（1637～？），字渭公，號南耕，江蘇宜興人。亮武以倚聲擅名，與陳維崧爲中表兄弟，當時名幾相埒。其纏綿婉約之處，亦不減於維崧，而才氣稍遜。故縱橫跌宕，究不能與之匹敵也。著有《南畊詞六卷》、《荊溪歲寒詞》一卷等。見《國朝詞綜》卷一四、《清文獻通考》卷二三四等。

【薄倖·憶看洑溪徐氏女優賦此記事用賀方回韻】

豔情穠態。記眾裏、親承盼睞。道一片、綵雲飛去，卻是風飄鸞帶。況當他、三月韶光，柳慵花倦人無奈。想燭暗歌停，酒闌拍散，惆悵羅襦襟解。　自歇了、歡場後，曾瞥見、湔裙挑菜。問何時偎倚，香肩私語，夢魂還被重門礙。舞衣難再。縱明珠可聘，琴心寄與誰憑賴。都成往事，偏有閒愁尚在。（南京大學中國語言文學系《全清詞》編纂研究室編：《全清詞·順康卷》第十二冊，中華書局 2002 年版，第 7174 頁）

汪懋麟

汪懋麟（1639～1688），字季角，號蛟門，江都（今江蘇揚州）人。康熙丁未（六年，1667）進士，官內閣中書。入直必攜書數冊自隨。薦舉博學鴻詞，以未終服辭，乃授主事。入史館充纂修官，補刑部主事，勤於職事。有武某乘車宿董之貴家，之貴利其貲，殺之。車載而棄於道，鞭馬使馳。武父得車馬劉氏之門，訟劉殺其子。懋麟曰：「殺人而置其車馬於門，非理也。」乃微行，縱其馬，馬至之貴門，駴躍悲鳴。因收之貴，一訊得實，置於法。其發奸摘伏多類此。古文

學王介甫，詩才特雋異。歸田後鍵户謝賓客，晝治經，夜讀史，日有程課，銳意著述，成一家之言。既得疾，彌留，令洗研磨墨嗅之，復令烹佳茗以進，自謂香沁心骨。口占二絕，大笑呼奇絕而逝。著有《百尺梧桐閣集》。見《文獻徵存錄》卷一〇、《淮海英靈集》甲集卷二、《清史稿》卷四八四等。

【柳腰輕·觀女劇贈月娘】

團雲隊裏燈煙暖。梁塵起，春鶯囀。錦靴紗帽，柳眉星眼。就裏雌雄難辨。藏輕鳳、羅帳須垂，護飛鸞、晚風偏顫。　　不用仙盤頻勸。奏新聲，月華堪羨。丹脂微暈，翠翹高聳，杜牧筵前驚見。飲三爵、忽發狂言，笑顏開、紫雲回面。（南京大學中國語言文學系《全清詞》編纂研究室編：《全清詞·順康卷》第十三冊，中華書局 2002 年版，第 7720 頁）

【蝶戀花·宋荔裳觀察招同梁大司農龔大宗伯王西樵阮亭諸先生寓園觀劇達曙和阮亭先生韻】

嫩蕊陰濃繁似繢。曲水池臺，漸逼清和節。鶯語歌喉相間歇。落花驚墜飄紅雪。　　再聽柔奴翻一闋。色比芙蓉，畢竟稱雙絕。惜別晨鐘聲響徹。曉風吹暗垂楊月。（南京大學中國語言文學系《全清詞》編纂研究室編：《全清詞·順康卷》第十三冊，中華書局 2002 年版，第 7722 頁）

【多麗·有園席上聽吳門諸郎歌吹】案：「有園」，《東白堂詞選》作「仔園」。

暮雲高。金堂紅蠟初燒。最怡情、新聲一部，龜年賀老同邀。調鶯鳳、石弦清脆，振林木、猿臂飄蕭。細唱吳歈，低翻郢曲，小娥依約連居巢。還憐取、太平吹徹，梁上細塵飄。催羯鼓、鼛音中節，樂句頻敲。　　奏商風、吹蓬落葉，莫愁反把愁招。消魂也、紫雲寥亮，腸斷矣、絳樹妖嬈。纔令人悲，又教人喜，雍門歌哭可憐宵。絲兼肉、阮咸輕撥，聲斷轉無聊。推樽起、吾為楚舞，休弄檀槽。（南京大學中國語言文學系《全清詞》編纂研究室編：《全清詞·順康卷》第十三冊，中華書局 2002 年版，第 7728 頁）

【春風嫋娜·觀查伊璜女樂即席分賦】

看先生老矣，兀自風流。圍翠袖，昵紅樓。羨香山、攜得小蠻樊素，玉簫金管，到處遨遊。舞愛前溪，歌憐子夜，記曲孃還數阿柔。

戲罷更教彈絕調，氍毹端坐撥箜篌。　　新製南唐院本，衣冠巾幗，抵多少、優孟春秋。拖六幅，掩雙鉤。英雄意態，兒女嬌羞。燈下紅兒，眞堪消恨，花前碧玉，耐可忘憂。是鄉足老，任悠悠世事，爛羊作尉，屠狗封侯。（南京大學中國語言文學系《全清詞》編纂研究室編：《全清詞・順康卷》第十三冊，中華書局 2002 年版，第 7730 頁）

【內家嬌・再觀女樂和姜綺季】案：《瑤華集》題作「再觀查伊璜女樂」。

忽聞仙樂至，霓裳曲、飛下雲霄。記楊柳畫樓，曾邀粉黛，芙蓉水榭，再貯妖嬈。今何幸，徐娘身未老，謝傅興偏豪。未免有情，香兒雪面，誰能堪此，靜琬纖腰。　　時逢殘雪後，金尊倒、梅花清夜迢遙。擊碎文犀簪子，庭葉齊飄。且莫惜千金，燈燒夜夜，只愁一曲，雲散朝朝。願借東風留住，過了元宵。（南京大學中國語言文學系《全清詞》編纂研究室編：《全清詞・順康卷》第十三冊，中華書局 2002 年版，第 7730 頁）

【玉蝴蝶・看美人彈琴】

又見綵鸞飛下，芳年十七，雅調娉婷。斜靠珠簾，玉几日午香清。露纖指、春葱嫩剝，舒皓腕、雪藕香生。素琴橫。撩人腸斷，是一聲聲。　　泠泠。訴愁寫怨，凄同錦瑟，柔勝銀箏。低揉謾撥，小窗兒女說盈盈。愧相如、求凰有意，憐卓女、歸鳳多情。對琴盟。願如膠漆，世世生生。（南京大學中國語言文學系《全清詞》編纂研究室編：《全清詞・順康卷》第十三冊，中華書局 2002 年版，第 7731 頁）

【雙雙燕・紀夢】己酉夏夜，夢二女子，靚妝淡服，聯袂踏歌於瓊花觀前，唱史邦卿《雙雙燕》詞，至「柳昏花暝」句，婉轉嘹亮，字如貫珠，詢其姓，曰衛氏姊娣也。及覺，歌聲盈盈，猶在枕畔。爰和前調，以誌神女宓妃之異，非竊比於宋玉、陳思之賦也。

伊誰艷也，看袖拂霓裳，廣寒清冷。柔情綽態，却許羅襟相並。行過玉勾仙井。更翩若驚鴻難定。衛家姊妹天人，不數昭陽雙影。

溜出歌聲圓潤。聽落葉迴風，十分幽俊。最堪憐處，唱徹柳昏花暝。驚醒烏衣夢穩，眞難覓、天臺芳信。魂消洛水巫山，獨抱枕兒斜凭。（南京大學中國語言文學系《全清詞》編纂研究室編：《全清詞・順康卷》第十三冊，中華書局 2002 年版，第 7731 頁）

【喜遷鶯·中郎存永皁樵醉白夜飲見山樓聽素容校書度曲即席填詞素容倚而歌之】

酒濃香細。正燭暈高樓，花歆幽砌。名妓清歌，狂奴異舞，我輩終當情死。何用激昂意態，但得溫柔滋味。吾頹也，看羅裙揉亂，玉釵敲碎。　　心醉聽一曲，塞上明妃，欲墮琵琶淚。桃頰銷紅，柳眉顰綠，故故酸人腸肺。燈下酒容似火，庭外秋光如水。更殘了，任嬌憨無力，枕人斜睡。（南京大學中國語言文學系《全清詞》編纂研究室編：《全清詞·順康卷》第十三冊，中華書局 2002 年版，第 7732 頁）

【賀新郎·贈柳敬亭和曹升六韻】

何物吳陵叟。儘生平、詼諧遊戲，英雄屠狗。寒夜蕭條聞擊筑，敗葉滿庭飛走。令四座、欷歔良久。說到後庭商女曲，悵白門、寂寂烏啼柳。天付與，懸河口。　　可憐飄泊寧南後。記強侯、接天檣櫓，橫江刁斗。亡國豈知逢叔寶，世事盡銷醇酒。嘆滿目、爛羊僚友。心識懷光原未反，但恩讎、將相誰知否。少平勃，黃金壽。（南京大學中國語言文學系《全清詞》編纂研究室編：《全清詞·順康卷》第十三冊，中華書局 2002 年版，第 7734 頁）

【沁園春·再贈敬亭和升六韻】

狡黠淳于，抵掌而前，似此奇哉。任毀三罵五，河山塵芥，譚玄論白，富貴蒿萊。臨檻狂呼，仰天大笑、舌上青蓮何處來。從他語，學伯倫作達，荷鍤須埋。　　當筵謾道俳諧。看此老前身是辯才。記靈岩山畔，天花曾落，遠公社裏，錫杖常陪。慷慨逢場，悲涼說法，較勝雍門樂與哀。餘生事，但楞嚴繫肘，麴米盈杯。（南京大學中國語言文學系《全清詞》編纂研究室編：《全清詞·順康卷》第十三冊，中華書局 2002 年版，第 7734 頁）

【永遇樂·七夕司農公招飲觀演劉項諸劇和原韻】

金井飄梧，銀河塡羽，嫩涼時節。賀老彈絲，秦宮按舞，此境眞天設。英雄吒叱，美人嫋娜，夢醒半鉤秋月。試回頭、看西風殘照，楚漢一般宮闕。　　不如飲酒，信陵作達，萬事安吾才拙。爭似尚書，文章遊戲，未老三千髮。當筵譜曲，雪歌紅唱，歐晏風流重接。羨此夕、香濃酒釅，旅懷都歇。（南京大學中國語言文學系《全清詞》編纂研究室編：《全清詞·順康卷》第十三冊，中華書局 2002 年版，第 7737～7738 頁）

編者案：清康熙刻本《錦瑟詞》該首後附有司農公原倡，曰：「大火西流，雙星初會，填河佳節。絳燭高燒，湘簾暮卷，歌舞當筵設。賓朋膠漆，披襟引滿，領取淡雲新月。暑將殘、秋光一片，先到鳳城雙闕。　　鍼樓兒女，競陳瓜果，自笑吾生全拙。急管繁絲，好天良夜，莫問蕭蕭髮。周郎在座，伊涼悲壯，千古風流堪接。嘆劉項、紛紛蟻戰，英雄銷歇。」

編者案：《詩詞卷・初編》已收汪懋麟，此係增補。

方中發

方中發（1639～1731），字有懷，安徽桐城人。諸生。篤學力行，嘗捐宇建先人理學祠，刊兩世遺書百卷。讓產推財，鄉黨皆稱孝友。所著《白鹿山房詩集》行世。見《（乾隆）江南通志》卷一六〇、《國朝詞綜補》卷三等。

【任蘅皋五十初度感賦長歌為壽】

世間萬事鳥過目，富貴功名眼前福。至樂無踰賢子孫，百不為多一已足。任公子，今何如，昂藏磊落真丈夫。豐頤廣顙八尺軀，雙瞳掣電戟作鬚。奇懷抱五嶽，英氣吞九區。妙年掇高第，翔步遊天衢。一旦陳情乞終養，拋擲圭組輕錙銖。孝思存沒兩無間，庭闈聚順常愉愉。上禮諸父下羣從，愛深一體無差殊。豈唯推恩洽親黨，亦且隱德霑枌榆。善繼善述有如此，賢聲何恠人爭趨。南園高踞三江上，名流豪士紛還往。門前車馬四方多，樓頭花月終年賞。主人酬酢興淋漓，移日累夜焉知疲。送者未行迎者入，開尊下榻無虛時。猶有閒情教歌舞，紅牙細按霓裳譜。新聲字字叶宮商，擊節逢人誇樂府。二三老友語拳拳，平生大業深期許。方當努力服官政，圖報國恩追父祖。龍馬精神用及時，宴安未可懷鄉土。我聞大笑爾休嗔，腐儒那識英雄人？古來將相盡明哲，每將聲色藏其身。東山絲竹鎮江左，汾陽妓樂清邊塵。風雲際會豈無意，寄情偶爾原非真。君不見滿堂歌吹喧賓筵，觥籌交錯坐屢遷。忽然刻燭賭新詠，收視返聽同枯禪。詩成往往壓元白，搖豪灑墨飛雲烟。即此小事可觀大，胸有明鏡縣青天。識力如山屹不動，有底外物能纏牽。乘時崛起宰天下，何難竹帛垂千年。獨我憶□昔，低頭自歎惜。弱冠侍而翁，住近龍山宅。掌珠一顆見初擎，側席曾陪湯餅客。通家何物致慇懃，錦綳繡褓催刀尺。鶍雛破殼便驚人，已識摩天豐六翮。轉盼滄桑五十霜，果然孤鳳鳴高岡。鷹鳩變化了不

測，烏衣舊燕樓茅堂。我亦同君爲獨子，一飯空憨先馬齒。寂寂書窗老蠹魚，頭白忍饑鑽故紙。仰君不翅千尺松，巍然挺立青霄裏。吁嗟乎！家世誰非第一流，可憐末路各沉浮。景升豚犬成何用？生子當如孫仲謀。（《白鹿山房詩集》卷五「五言律」，清刻本）

【瀨江唐五聚邀遊夏林主人出家僮演劇歡飲竟日同董班若及家仲兄作】

十里河邨畫舫輕，桑麻繞舍雨初晴。板橋香徑亭臺影，曲巷疎籬雞犬聲。盡日笙歌忘戰伐，百年松檜想昇平。醉歸多謝沿堤月，不惜清光送入城。（《白鹿山房詩集》卷八「七言律」，清刻本）

【立秋日過姑溪曹氏是夕值演疊花座間感示念桐表弟】

執手寒溫話不成，且教下馬聽新聲。絲簧入耳偏增感，傀儡逢場歎此生。北海依然盈座客，西州還過醉吟甥。曠懷彷彿人如在，只當辭家向子平。（《白鹿山房詩集》卷八「七言律」，清刻本）

【過霄漢樓蘅皋命家童演劇】

小部霓裳按拍成，花間百囀勝流鶯。高樓夜半江風起，吹落新聲滿郡城。（《白鹿山房詩集》卷十五「七言絕句」，清刻本）

顧永年

顧永年（1639～？），字九恆，號桐村，錢塘（今浙江杭州）人。康熙乙丑（二十四年，1685）進士，官甘肅平涼府華亭知縣。永年作宰西陲，坐事戍奉天。師征噶爾丹，遣其子輸粟軍前，乃得釋還。詩多行役之作。著有《梅東草堂詩》。見《兩浙輶軒錄補遺》卷二、《晚晴簃詩匯》卷四八等。

【蘿軒學使校士之暇王芥山攜尊試館觀小蘇演劇同人轟飲達曙偶記乙酉】

試館蕭蕭集暮鴉，芳樽移就主人家。數聲腸斷迷魂曲，再顧傾城解語花。對壘眼看多勝算，追亡肯令一軍譁。當關縱有雞鳴客，莫遣山樓發曉笳。（《梅東草堂詩集》卷六，清康熙刻增修本）

周之道

周之道，生卒年不詳。一名起莘，原名湜。字次修，浙江蕭山人。歲貢。舉

博學宏詞科。康熙間任宣平教諭。文采風流，日引諸生講學，又於制義外導以詩賦，或謝不敏，曰：「不學則終於不能也。」宣士乃稍知學古。著有《載道堂文集》、《性理日鈔書》等。見《（光緒）宣平縣志》卷七、《（光緒）處州府志》卷一五等。

【十二時・安雅堂讌集觀牡丹亭劇即席贈唐伶歌麗娘者】

簇鮫綃、深圍鳳蠟，影裏紅裙低颺。乍瞥見、麗娘依樣。隱約費人形相。描盡輕盈，摹成宛轉，道臨川無讓。倘或睹，此日風流，握管摛詞，應更峰清江上。　　四顧來、綺筵上客，注目都停杯釀。是處魂消，纏頭盡擲，闔部皆惆悵。總韓娥善曲，豈當今數絕唱。　　細認難分醒與夢，髣髴春魂如向。石畔娉婷，梅邊溫軟，此際何情況。恐傳情非此，入夢已來難狀。（南京大學中國語言文學系《全清詞》編纂研究室編：《全清詞・順康卷》第十二冊，中華書局 2002 年版，第 6925 頁）

陸次雲

陸次雲，生卒年不詳。字雲士，錢塘（今浙江杭州）人。監生。康熙十八年（1679）舉鴻博，放歸。後官郊縣知縣，有惠政。丁父憂，去之日民走送越百里外。起知江陰縣，如治郊。詩筆排奡，獨出新意。著有《澄江集》、《湖壖雜志》等多種。其風雅好士，曾選國初詩，名曰《詩平》，後人謂「博收不逮鄧孝威，約取勝於魏惟度」。見《晚晴簃詩匯》卷三九、《（民國）杭州府志》卷一四五等。

【浣溪紗・觀邯鄲夢】

一枕方酣作大臣，功名得失幾回新，百年日影兩三痕。　　夢到黃粱將熟候，芙蓉冷鐵足驚魂，漁樵真個是高人。（南京大學中國語言文學系《全清詞》編纂研究室編：《全清詞・順康卷》第十二冊，中華書局 2002 年版，第 6848 頁）

【江城子・夜泛聽吳歌】

船名鴨嘴櫓搖雙。過淞江，過吳江，遇著好風，便把布帆張。趕著跕頭當晚泊，剛半夜，早開幫。　　此際吳歌，唱得響琅琅。一條浜，兩條浜，唱到灣灣月子慣拖腔。此處歌聲方暫歇，聽彼處，又悠揚。（南京大學中國語言文學系《全清詞》編纂研究室編：《全清詞・順康卷》第十二冊，中華書局 2002 年版，第 6859～6860 頁）

【風入松・舟次聽歌】

三條絃索響琅琅，曲按北西廂。東西車馬離懷苦，蒲東寺、亂葉飄黃。哀玉鳴時順耳，明珠落處生香。 佳人不減杜韋娘，余亦是周郎。豔歌聽到關情處，動心脾、黯爾神傷。紅袖雲歸巫峽，青衫淚濕潯江。（南京大學中國語言文學系《全清詞》編纂研究室編：《全清詞・順康卷》第十二冊，中華書局 2002 年版，第 6860 頁）

【滿庭芳・倒喇】

左抱琵琶，右持琥珀，胡琴中倚秦箏。冰絃忽奏，玉指一時鳴。唱到繁音入破，龜茲曲、盡作邊聲。傾耳際、忽悲忽喜，忽又恨難平。

舞人矜舞態，雙甌分頂，頂上然燈。更口噙湘竹，擊節堪聽。旋復迴風滾雪，搖絳蠟、故使人驚。哀豔極，色飛心駭，四座不勝情。

按倒喇二字，金元戲劇名也。似俗而雅，賦此以當稗乘。自記。（南京大學中國語言文學系《全清詞》編纂研究室編：《全清詞・順康卷》第十二冊，中華書局 2002 年版，第 6865 頁）

編者案：清・徐釚：《詞苑叢談》（清海山仙館叢書本）卷九謂：「『倒喇』，金元戲劇名也，似俗而雅。錢塘陸雲士次雲賦【滿庭芳】詞云：『……（下略）』徐華隱嘉炎云：『此等題極宜留詠，以補《風俗通》之所未載。』」清・吳長元《宸垣識略》（清乾隆池北草堂刻本）卷十六引用此詞後加案語曰：「朱竹垞、查初白俱有《觀倒喇》詩，茫不知為何技。讀此詞，有如目擊。洵乎詩難狀而詞易工也。」另，清・馮金伯《詞苑萃編》（清嘉慶刻本）卷十八、清・俞樾《茶香室叢鈔》（清光緒二十五年刻春在堂全書本）卷十八均曾引《詞苑叢談》此段論述。「初編」所收盛大士《燈市春遊詞同厚夫樞曹作（之九）》，亦可參看。

【念奴嬌・十番】

虎丘月美，載吳儂滿座，半塘春水。眾樂未鳴齊會守，橫竹悠然忽起。小盞輕鑼，圓魚疊板，間雜偏清脆。九匀偏擊，絃索又調素指。

中置羯鼓花筐，疾徐應節，輕重迴環擂。前後風雲多變調，細聽曲文亹亹。隔舫佳人，繞堤遊子，傾聽方無已。繁音正鬧，妙處忽然而止。（南京大學中國語言文學系《全清詞》編纂研究室編：《全清詞・順康卷》第十二冊，中華書局 2002 年版，第 6866～6867 頁）

周 綸

周綸，生卒年不詳。字鷹垂，江南華亭（今上海松江）人。貢生。官國子監學正。鷹垂爲釜山之子，漁洋門下士。少即工詩，宋荔裳稱其詩有三河少年之俊逸、幽燕老將之雄奇。五言尤勝。其著述繁富，有《芝石堂文稿》、《不礙雲山樓稿》、《八峯詩稿》、《石樓臆編》諸書行於世。見《春融堂集》卷六四、《碑傳集》卷五九、《國朝詞綜》卷四、《茶餘客話》卷一二、《晚晴簃詩匯》卷三八等。

【滿江紅・季友來自南浦招集即席有贈歌妓湘煙次韻示之】

畫舸南來，錦帆挂、桃花水漲。傾筐篋、言成珠玉，苦吟無恙。壯志只縈青瑣闥，柔情驀逗紅顏上。奈金釵、二十戲盤龍，誰曾餉。

春衫怯，秋波漾。黃河遠，憑低唱。問沈腰潘鬢，愁酣於釀。人世那饒塵外趣，洗頭盆挂何仙杖。儘百年、三萬六千場，無多狀。（張宏生主編：《全清詞・順康卷補編》第二冊，南京大學出版社 2008 年版，第 1173 頁）

張廷瓚

張廷瓚，生卒年不詳。字卣臣，號隨齋，安徽桐城人。康熙己未（十八年，1679）進士，改庶吉士，授編修。歷官少詹事。廷瓚以高門華胄，父子兄弟同依禁近。詩情清儁，翛然出塵，時謂其燕許手筆而兼冰柱雪車之勝。扈從塞外，賜新筍數枝，名雁來筍，記恩二絕云：「春林雁筍露華滋，驛使封題進御時。自昔京華曾未識，分頒塞北遇尤奇。」「擘解香生綠玉痕，得嘗珍味荷君恩。宵來清夢留人處，家在江南水竹村。」其風致不減煙波釣徒查翰林也。著有《傳恭堂集》。見《清秘述聞》卷三、《（乾隆）江南通志》卷一四七、《晚晴簃詩匯》卷四七等。

【任蘅皋寓中觀劇】

芙蓉十二繡氍毹，小隊紅牙唱鷓鴣。碧落鸞簫招弄玉，沉香羯鼓出花奴。黃粱事業銜蕉鹿，青鬢年華過隙駒。但許旗亭容索笑，金貂直付酒家胡。（《傳恭堂詩集》卷四，清康熙刻本）

曹偉謨

曹偉謨，字次典，嘉善（今屬浙江）人。平湖歲貢生。著有《南陔集》。見《兩浙輶軒錄》卷三、《全浙詩話》卷四四等。

【秦淮竹枝詞】

（其一）戲演魚龍夜不眠，玉簫檀板按新編。輕輕斷送南朝事，一曲《春燈》、《燕子箋》。

（其二）莫問當年舊狹斜，白頭老嫗作生涯。曾經紅粉香消地，野荣猶開指甲花。（《兩浙輶軒錄》卷三，清嘉慶刻本）

王　度

王度，生卒年不詳。字式如，號香山，江蘇高郵人。康熙己酉（八年，1669）舉人。工詩古文辭，書法尤精。筮仕得潁州學正，講學課士，甄別人材。遵上諭十六條，手撰短歌，簡切平近，士民咸誦習之。遂寧張公視學鍾離，奇其才，與方伯李同舉卓異，授江西弋陽令。弋民貧習散，度因事爲寬猛，民以樂業。俗故不舉女，生輒寘之水中，度作《戒溺女》文與歌勸諭之。貧者給之粟布。未十年，賴以存活者數千。以內召行取刑部主事，期年晉本部員外郎。兩任刑曹，多所平反。又期年遷兵部車駕司郎中，戎政肅然。隨以老乞休歸田，時惟殘書幾籠而已。卒年七十五歲。所著有《書連屋文集》、《詩集》、《詩餘》等集，今僅存《書連屋詞》。見《（嘉慶）高郵州志》卷一〇、《國朝詞綜補》卷四等。

【竹枝·賽會】

泰岱行宮傍水濱，鳴缸擊鼓競迎神。去來雜沓應難數，飛起沙窩十丈塵。（南京大學中國語言文學系《全清詞》編纂研究室編：《全清詞·順康卷》第十三冊，中華書局 2002 年版，第 7824 頁）

【沁園春·聽吳歌】

曉夢初回，忽聽旁人，高歌數聲。似梨花雨濕，呢喃舊燕，柳絲晴漾，的溜新鶯。冰裂黃河，石崩紫塞，一夜鮫人淚盡傾。披衣坐，只鉤輈格磔，聽不分明。　　櫓搖咿啞休停。何用炙、鸞簫與鳳笙。比潯陽商婦，琵琶急撥，天山戍卒，篳篥孤鳴。僕本恨人，年來羈客，一度欣然一涕零。推篷看，正微酸淡月，分外淒清。（南京大學中國語言文學系《全清詞》編纂研究室編：《全清詞·順康卷》第十三冊，中華書局 2002 年版，第 7871 頁）

【沁園春·演邯鄲夢傳奇】

夢境曾經，地近叢臺，河懸濁漳。嘆游仙枕秘，偏多蕉鹿，浮榮世界，倏爾滄桑。夢裏人兒，夢中說夢，覺後依然是夢鄉。何曾睡，

問黑甜滋味，若簡能嘗。　　崔盧河北荒唐。只信手、撚來墨瀋香。但刻舟求劍，便成傖父，移宮換羽，賴有周郎。達者微詞，夢魂栩栩，蝴蝶何由便是莊。聲歌裏，正同床異夢，總未收場。（南京大學中國語言文學系《全清詞》編纂研究室編：《全清詞·順康卷》第十三冊，中華書局 2002 年版，第 7875 頁）

周在浚

周在浚（1640～1696 後），字雪客，一字龍客，號梨莊，一號遺谷，祥符（今屬河南）人，亮工子。繼述家學惟恐不力，時有蘇瓌有子之目。撰有《天發神讖碑釋文》一卷、《烟雲過眼錄》二十卷，編有《藏庋集》十六卷等。其著述精博，以《南唐書注》最有名。又欲注《五代史》，未克成書。好收藏金石書畫，一時名下士皆從之遊。見《清詩別裁集》卷八、《晚晴簃詩匯》卷四〇等。

【賀新郎·次汪蛟門舍人韻為柳敬亭作】

矍鑠龐眉叟。問滄桑、幾番閱歷，白雲蒼狗。今古興亡堪指掌，老向燕臺浪走。尋筑客、沉埋已久。忽漫騎驢歸去疾，莫攀條、長歎嗟衰柳。從此去，須鉗口。　　如今寥落時人後。憶當時、縱橫舌戰，氣吞牛斗。百萬連營看握塵，月夜臨江命酒。羞碌碌、古人為友。太息信陵門下士，且藏身、傭保君知否。年望八，不言壽。（南京大學中國語言文學系《全清詞》編纂研究室編：《全清詞·順康卷》第十四冊，中華書局 2002 年版，第 7886 頁）

【賀新涼·觀五人墓劇感賦】

莫以為優孟。看古今、聖賢豪傑，隨他搬弄。勾黨名高齊李杜，畫出當時麟鳳。天下事、由茲斷送。復社東林妖與孽，但乾兒義子俱梁棟。遮日月，驚魂夢。　　衣冠大半皆趨奉。幸當時、天留正氣，閭閻懷痛。盡是椎埋屠狗輩，拚卻頭顱爭訟。懷叵測，終成何用。可似五人名姓沸，羨蕭蕭、墓草千秋重。歌舞罷，猶悲動。（南京大學中國語言文學系《全清詞》編纂研究室編：《全清詞·順康卷》第十四冊，中華書局 2002 年版，第 7910 頁）

【臨江仙・酒間談蘇崑生柳敬亭絕技再次茶村韻】

莫爲人情慷慨，休言世態紛更。灣頭潮長復潮平。只應同杜甫，相與學劉伶。　忽憶寧南座上，詼諧蘇柳聞聲。清歌妙舌盡凋零。燈前談往事，風雨慘秋城。（南京大學中國語言文學系《全清詞》編纂研究室編：《全清詞・順康卷》第十四冊，中華書局 2002 年版，第 7912 頁）

【臨江仙・秋夜坐雨同杜茶村聽黃文在度曲】

風弄芭蕉窗外響，聲聲助我淒其。隔簾又見雨吹絲。夜長難寐，蠟淚墮胭脂。　醉來拍案歌金縷，何戡老去堪悲。酒闌顛倒說當時。紅妝小隊，笑把玉笙吹。（南京大學中國語言文學系《全清詞》編纂研究室編：《全清詞・順康卷》第十四冊，中華書局 2002 年版，第 7915 頁）

編者案：《詩詞卷・初編》已收周在浚，此係增補。

金　烺

金烺（1641～1702），字子閣，號雪岫，山陰歲貢生。官湖州府學訓導。烺治詩古文，顧善爲詞。是時，雲間蔣大鴻爲蜀詞，宜興陳其年爲南渡詞，各以不襲草堂爲能。烺則自六季以迄金、元，無一不有，而《綺霞詞》出焉。於宛委山邊闢廣園，葺其祖太常公所築亭榭，植竹引泉。暮春雨歇，望南鎮祠，桃花與日迸出，灼然若朝霞之晃於衣，因書「綺霞」二字於石壁，而以名其詞。著有《觀文堂詩鈔》。見《兩浙輶軒錄》卷八、《國朝詞綜補》卷六、《國朝詞綜續編》卷一等。

【眼兒媚・范司馬熊巖席上贈歌者孫郎】

司馬青衫濕未休。偏愛錦纏頭。氍毹初展，十三雁柱，二八鶯喉。　筵前瞥見孫郎好，年少盡風流。新翻樂府，偷聲減字，子夜涼州。

（南京大學中國語言文學系《全清詞》編纂研究室編：《全清詞・順康卷》第十四冊，中華書局 2002 年版，第 8037 頁）

【臨江仙・飲姜氏園亭贈歌者何郎】

綺席雲璈天外落，霓裳一曲翻新。燈前宛轉蹴花絪。何戡曾舊識，一座暗生春。　借問去年年十七，歌喉響遏行雲。明年十九正芳辰。酒巵擎綠蟻，舞袖亂紅巾。（南京大學中國語言文學系《全清詞》編纂研究室編：《全清詞・順康卷》第十四冊，中華書局 2002 年版，第 8045 頁）

【漢宮春・讀吳雪舫新製四種傳奇】

小立亭臺，見一雙么鳳，競啄丹蕉。愛看吳郎樂府，直壓吳騷。移宮換羽，卻新翻、字句推敲。雄壯處、將軍鐵板，溫柔二八妖嬈。

如許錦繡心胸，想琅玕劈紙，翡翠妝毫。自有寶簪低畫，紅豆輕拋。當筵奏伎，聽鶯喉、響徹檀槽。若更付、雪兒唱去，座中怕不魂銷。（南京大學中國語言文學系《全清詞》編纂研究室編：《全清詞・順康卷》第十四冊，中華書局 2002 年版，第 8087 頁）

【滿江紅・自製紅鞓鞓傳奇題詞】

作客端州，正遇着、炎荒時節。小樓外、長江一幅，征帆遠接。瘴雨蠻煙鈴閣上，紅蕉丹荔華筵設。看參軍、幕府盡才人，芳詞纈。

初未識，陽關疊。從不解，鸚哥舌。也邯鄲學步，自慚癡絕。板錯還憑雪舫較，同里吳伯愍。句訛常向鵝籠別。陽羨萬紅友。卻成來，減字與偷聲，紅鞓鞓。（南京大學中國語言文學系《全清詞》編纂研究室編：《全清詞・順康卷》第十四冊，中華書局 2002 年版，第 8091～8092 頁）

唐之鳳

唐之鳳（1641～？），字武曾，烏程（今浙江湖州）人。貢生。弱歲尋親鐵嶺，不愧孝子之目。其詩多愁苦之音。擬古諸作，亦頗具體，然未能變化。著有《天香閣詩集》十卷。見《四庫全書總目》卷一八六、《兩浙輶軒錄》卷二七等。

【柳腰輕・舞妓】

畫堂紅燭青煙裊。氍毹滿，笙歌鬧。玉娥蓮步，輕盈嬌好。正是人間還少。舞場上、檀板頻催，逞奇容、霓裳雅調。　　五色雲霞衣妙。囀春鶯、拍聲繚繞。低垂長袖，回身斜退，能使環觀歡笑。對佳景、涼月疏星，嘆傾城、欲驚棲鳥。（張宏生主編：《全清詞・順康卷補編》第二冊，南京大學出版社 2008 年版，第 1237 頁）

【眼兒媚・舞妓】

剪錦堆綃淑景天。綺閣絳燈懸。歌聲宛轉，舞容窈窕，一顧增妍。

洛神乘霧凌空去，玉笛夜霜寒。餘香尚在，碧桃樹下，明月樓前。

（張宏生主編：《全清詞・順康卷補編》第二冊，南京大學出版社 2008 年版，第 1244 頁）

歸允肅

　　歸允肅（1642〜1689），字孝儀，號惺崖，江蘇常熟人。父起先，明崇禎末進士。官刑部主事。著《易聞詩通解》。允肅少凝重謹厚，康熙己未（十八年，1679）進士第一，授修撰。辛酉（二十年，1681）主順天鄉試，所拔皆眞才，一空從前諸弊。刑部尚書魏象樞昌言於朝，慶其得人。日講官缺，掌院屢列名上請，未俞允。康熙忽於袖中出片紙，則允肅名也。進講《周易》、《毛詩》，進止端詳，敷奏明暢。睢州湯斌歎曰：「講筵得正人，天下有賴矣！」陞中允，歷侍講、侍讀，進講讀學士、少詹事，與議政事，持正不阿。以疾告歸，卒於家。見《（乾隆）江南通志》卷一四〇、《碑傳集補》卷八等。

【巫山一段雲・李畫公招飲觀劇和仔園韻】

　　　香氣簾前出，穠妝畫裏嬌。玉人清吹曳紅綃。縹緲下靈璈。　　　豔拂珊瑚樹，光凝鶒鷉膏。瓊筵宛轉看迴腰。休負可憐宵。（南京大學中國語言文學系《全清詞》編纂研究室編：《全清詞・順康卷》第十四冊，中華書局 2002 年版，第 8114 頁）

孫致彌

　　孫致彌（1642〜？），字愷似，號松坪，江南嘉定（今屬上海）人。康熙二十七年（1688）進士，官侍讀學士。詩詞皆清新宏贍。爲人慷慨樂易，好獎掖後進，有前輩風。著有《別花餘事》一卷、《梅泪詞》四卷、《衲琴詞》一卷等。見《（嘉慶）直隸太倉州志》卷三七、《國朝詩人徵略》卷一五、《國朝詞綜》卷一六等。

【滿庭芳・看淩小史舞戲贈次章仲韻】

　　　繡幕燈搖，畫屏香暖，櫻桃初試新聲。霜濃月淡，何處囀流鶯。最愛夭斜舞袖，暗銷魂、何必傾城。含情處，春愁無那，殘夢牡丹亭。　　　深更。還促坐，蟬聯私語，微霄釵纓。便淳于一石，值得蜚騰。準擬謫仙樓畔，喚羊車、重醉蘭生。又只怕，同雲釀雪，天也妬多情。

（南京大學中國語言文學系《全清詞》編纂研究室編：《全清詞・順康卷》第十四冊，中華書局 2002 年版，第 8135 頁）

【步蟾宮・陸敬峰寓齋聽陸君暘弟子弦索】

　　　檀槽膩滑，蛇皮量稱，鹿爪香絃細輥。一聲聲作斷腸聲，有幾許、彈頭簪搵。　　　六宮遺譜從誰問。倩紅豆、傳他分寸。休教更唱白蘋

風，怕惹起、江南秋恨。《曲譜》近其聲以媚之，謂之簧揾。君暘考定北曲六宮譜，甚詳核。（南京大學中國語言文學系《全清詞》編纂研究室編：《全清詞·順康卷》第十四冊，中華書局 2002 年版，第 8144 頁）

【羽仙歌·季仁山職方席上觀劇同張仲垣作】

索郎旅語，愛新正才破。小隊紅牙夜偷過。向米家、燈影下，一串珠喉，早惹住，擘絮春雲千朵。　　情塵消欲盡，不道今宵，便要無情也無那。漫形相人間，那有舞鳳歌鸞，除非是、畫裏海山吹墮。七十二、仙娥按霓裳，還未抵者番，斷腸眞箇。（南京大學中國語言文學系《全清詞》編纂研究室編：《全清詞·順康卷》第十四冊，中華書局 2002 年版，第 8145 頁）

【琴調相思引·繆念齋侍講席上觀伎】

瞥見驚鴻下錦茵。輕於迴雪軟於雲。綠么聲裏，飛盡杏梁塵。

綺席可堪人落魄，嬌歌偏引客消魂。這回沉醉，不獨爲芳樽。

（南京大學中國語言文學系《全清詞》編纂研究室編：《全清詞·順康卷》第十四冊，中華書局 2002 年版，第 8146 頁）

傅燮詷

傅燮詷（1643～？），字去異，號繩庵。河北靈壽人。廕生。官邳州知州。著有《繩庵詩稿》及《史異纂》十六卷、《有明異叢》十卷等。見《國朝畿輔詩傳》卷一七、《晚晴簃詩匯》卷三二等。

【意難忘·觀伶歌舞有嘲】

夾座傳觴。正氍毹匝地，優孟排場。瓊簫聲斷續，銀燭影輝煌。人擬取，苧羅妝。愛逸致飄揚。宛轉歌，朱櫻纔綻，塵落雕梁。　　翩躚舞動霓裳。更腰肢纖軟，暗逗輕香。有情應重惜，無客不成狂。若個是，鐵爲腸。問果屬誰行。妒煞他，畫眉京兆，賦洛思王。（南京大學中國語言文學系《全清詞》編纂研究室編：《全清詞·順康卷》第十四冊，中華書局 2002 年版，第 8181 頁）

【木蘭花·孫君昌二尹招飲觀閩伶演劇】

瓊筵初啓新腔度，豈是尋常宮和羽。春窗鶯舌曉啼晴，晚砌蛩聲

秋泣露。　　舞徹塡塡鳴畫鼓，曲成不怕周郎顧。毛嬙西子不知名，
見也應須知好處。（南京大學中國語言文學系《全清詞》編纂研究室編：《全清
詞·順康卷》第十四冊，中華書局 2002 年版，第 8187 頁）

【一斛珠·聽歌】

　　紅牙敲徹。櫻桃乍綻鶯調舌。一聲欸繞雕梁側。驚起芳塵，薕薕
如飄雪。　　驪珠一串無爭別。洞簫相和憐嗚咽。春禽啼曉猿啼月。
變徵清商，引惹人愁絕。（南京大學中國語言文學系《全清詞》編纂研究室編：
《全清詞·順康卷》第十四冊，中華書局 2002 年版，第 8215 頁）

馬惟敏

　　馬惟敏（1644～1705），字超驥，東皐（今屬山東）人。諸生。授徒自給。
著有《半處士詩集》。其事見《半處士詩集》。

【正覺寺觀劇】

　　風送笙歌裊篆烟，陽春妙曲勝鈞天。劇中色相空中味，啼笑誰云
不是禪。（《半處士詩集》卷下，清康熙四十八年郎廷槐刻本）

顧　汧

　　顧汧（1646～1712），字芝巖，江南長洲（今江蘇吳縣）人。少勤學能文，
康熙癸丑（十二年，1673）進士，選庶吉士，授編修。丙辰（十五年，1676）充
會試同考官，得人稱盛。歷左中允、左右諭德。御試《班馬異同辨》，上嘉其立
說平正，俄遷左庶子侍講學士，陞內閣學士，進禮部右侍郎。憂歸。服闋，特命
巡撫河南。先是陝西告饑，詔運湖廣粟往賑，而河南民獨當轉輸之役，困甚。上
念陸運艱難，命水運二十萬石入關。汧甫下車，馳赴渭川，酌定運費，又相度水
勢，備述荊子關至龍駒寨數百里谿灘險惡之狀上報。時運五萬餘石，遂命停運。
河南諸郡去水遠，異時歲漕二十五萬石，皆赴大名府小灘鎮採辦。以地非所屬，
囷戶奸牙任意阻過，浮費不貲。汧疏請改徵折色，官爲督辦，部議不允。上特從
其請，民始脫重累。坐才力不及，罷歸。久之起補四譯館太常少卿，歷遷宗人府
丞。致仕，卒。著有《鳳池園詩文集》。見《（同治）蘇州府志》卷八八、《國朝
詞綜補》卷四等。

【外舅偕褚蒼書張德音過小園留飲（之一）】

　　種瓜小圃學東陵，園綺相過慰夙興。宿學談經推絳老，常餐下筯

鄙何曾。苔封石洞門初闢，柳拂方塘水更澄。坐客琵琶如訴語，開元逸事指枯藤。賈生奏伎奇妙。（《鳳池園詩文集》詩集卷五，清康熙刻本）

【壽牛樞臣院長尊人（之三）】

瀛洲仙長廣開筵，拜舞庭階籠禁煙。疊奏雲璈無數曲，一時齊唱《鵲橋仙》。（《鳳池園詩文集》詩集卷七，清康熙刻本）

【踏燈詞十二首耿又樸前輩李雷田袁杜少龐霽菴館丈孔心一僉憲分韻（之三）】

狼坊燈夾兩廊明，士女肩摩不夜城。猶憶當年燭炮夕，畫樓顧曲度簫聲。（《鳳池園詩文集》詩集卷七，清康熙刻本）

【踏燈詞十二首耿又樸前輩李雷田袁杜少龐霽菴館丈孔心一僉憲分韻（之四）】

絃索無聲鼓太喧，六街傀儡競騰騫。新妝學得如花貌，盤髻長裳繞市門。（《鳳池園詩文集》詩集卷七，清康熙刻本）

【踏燈詞十二首耿又樸前輩李雷田袁杜少龐霽菴館丈孔心一僉憲分韻（之六）】

不分趙舞與齊謳，隊隊兒郎氣食牛。燕市遊人強半客，故教韕裹大刀頭。（《鳳池園詩文集》詩集卷七，清康熙刻本）

鄭熙績

鄭熙績（1648？～1705），字懋嘉，江都（今江蘇揚州）人，一說江蘇儀征人。康熙十七年（1678）舉人，官刑部主事。懋嘉年少負儁才，肆力於詩歌、樂府、古文詞。一吟一咏，皆有纏綿悱惻之意繚繞筆墨間。著有《含英閣集》、《慈棲詞》等。見《淮海英靈續集》巳集卷一、《國朝詞綜》卷一七、《揚州休園志》卷三等。

【齊天樂・語石堂觀演吳越春秋即事】

筵前往復興亡事。休認作逢場戲。滿溢宜傾，憂勤復振，天道循環相倚。薰蕕難並，歎伍相孤忠，反遭讒忌。偏聽鴟鵻，渾忘橋李同讎志。　黃池盟先齊晉。笑鷹揚虎踞，富強徒恃。響蹀酣歌，館娃恒舞，致召六千君子。蘇臺休矣。羨霸越平吳，會稽雪恥。俯仰情深，丈夫當若此。（南京大學中國語言文學系《全清詞》編纂研究室編：《全清詞・

順康卷》第十六冊，中華書局 2002 年版，第 9450 頁）

編者案：《詩詞卷・初編》已收鄭熙績，此係增補。

沈朝初

沈朝初（1649～1702），字洪生，別號東田，江蘇吳縣人。康熙十八年（1679）進士，官至翰林院侍講學士。著有《不遮山閣詩餘》、《不遮山閣詩鈔》。見《槐廳載筆》卷三、《清詩別裁集》卷一三、《國朝詞綜》卷六等。

【憶江南（其三十五）】

蘇州好，戲曲協宮商。院本愛看新樂譜，舞衣不數舊霓裳。崑調出吳閶。（南京大學中國語言文學系《全清詞》編纂研究室編：《全清詞・順康卷》第十五冊，中華書局 2002 年版，第 8719 頁）

【憶江南（其三十七）】

蘇州好，紅袖合名班。燈下雲鬟喧角觝，場頭巾幗換衣冠。蓮步慣蹣跚。（南京大學中國語言文學系《全清詞》編纂研究室編：《全清詞・順康卷》第十五冊，中華書局 2002 年版，第 8719 頁）

【憶江南（其三十八）】

蘇州好，盲女撥琵琶。縱少秋波橫翠黛，也多春色照流霞。一樣鬢堆鴉。（南京大學中國語言文學系《全清詞》編纂研究室編：《全清詞・順康卷》第十五冊，中華書局 2002 年版，第 8719 頁）

徐璣

徐璣，生卒年不詳。字天玉，別字畏山，江蘇宜興人。諸生。徐翔鳳之子，工詩文，與從兄徐瑤齊名。著有《湖山詞》。見《全清詞・順康卷》第十七冊。

【金縷曲・甲子仲秋寓金陵桃葉渡聽隔岸絃索】

蔣阜龍蟠里。嘆幾番、煙寒劫燼，塵飛荒砌。剛有無心秦淮水，流着千年情事。還繞住、長堤姝麗。翠館紅樓簾都捲，耀空明、日落琵琶起。聽不出，嬌喉細。　　淒清玉指妝柔媚。卻撥動、水天閒話，關山滋味。憶自銅鞮歌聲歇，法曲何人留記。略付與、三條絃子。年少他鄉多客思，盼相逢、須到烏衣第。終此曲，吾眠矣。（南京大學中

國語言文學系《全清詞》編纂研究室編：《全清詞・順康卷》第十七冊，中華書局 2002 年版，第 9681 頁）

呂繩武

呂繩武，生卒年不詳。字靜遠，江蘇吳江人。見《全清詞・順康卷》第三冊。

【長相思・歌妓】

　　緩緩歌。小小娥。偏向筵前道字訛。探它着意麼。　　顏微酡。眼斜睃。花瓣分開泛碧波。金盆旋雪渦。（張宏生主編：《全清詞・順康卷補編》第三冊，南京大學出版社 2008 年版，第 1287 頁）

趙維藩

趙維藩（？～1705 後），字槿園，號价人，浙江山陰（今浙江紹興）人。著有《槿園集》，今存康熙刻本。見《全清詞・順康卷補編》第三冊等。

【意難忘・午夜徵歌】

　　紅壁青燈。正銅龍漏永。銀鴨香清。金牌贏滿座，玉柱緩調箏。歌宛轉、舞娉婷。都付與卿卿。不分伊、眉言眼語，直恁關情。　　風流未許知名。儘懸霜玉杵，喚作雲英。昵人微帶謔，殢酒半含頰。心裏事、費叮嚀。拚一晌消停。最可憎、離多會少，忒甚分明。（張宏生主編：《全清詞・順康卷補編》第三冊，南京大學出版社 2008 年版，第 1550～1551 頁）

張澂

張澂（？～1709 後），字介文，直隸景州（今河北景縣）人。康熙二十三年（1684）舉人。由內閣中書改羅山令，充甲午同考，稱得士。母早歿，事父至孝。著有《鬝田詩詞稿》。詩清勁，得晴峯、柳亭家學。徐熊飛《序》：「介文五律開爽沈鬱，在太白、少陵、襄陽間，七律宕逸溫秀，如右丞、嘉州，洵不愧風雅中人。」見《國朝畿輔詩傳》卷二五、《（雍正）河南通志》卷三七等。

【憶江南（江南憶，憶演牡丹亭）】

　　江南憶，憶演牡丹亭。曲自妖嬈人自麗，嘉禾署有菊萸馨。玉斝泛紅醽。（南京大學中國語言文學系《全清詞》編纂研究室編：《全清詞・順康卷》第十七冊，中華書局 2002 年版，第 9844 頁）

【憶江南（江南憶，憶聽夜教歌）】

　　江南憶，憶聽夜教歌。古曲新翻非古譜，吳兒妙響似吳娥。鄰月照歡多。（南京大學中國語言文學系《全清詞》編纂研究室編：《全清詞·順康卷》第十七冊，中華書局 2002 年版，第 9844 頁）

方桑者

　　方桑者，生卒年不詳。字號不詳，浙江鄞縣人。累困場屋，以授徒爲生。著有《桑者新詞》二卷，編成於康熙五十七年（1718），時年五十餘。未刊。後游廣州，旋卒。見《全清詞·順康卷》第十九冊。

【訴衷情·擬小青被妒見棄自歎】

　　可憐風雨浸黃昏。春花帶淚痕。檀郎縱有情意，未敢晚偷搵。
　　腰肢瘦，粉何勻。共銷魂。空將悲怨，寫盡殘箋，寄到巫雲。

（南京大學中國語言文學系《全清詞》編纂研究室編：《全清詞·順康卷》第十九冊，中華書局 2002 年版，第 10806 頁）

【風流子·觀劇】

　　旦生淨丑學，傳神摹、擬出百般來。佳人情重處，巫山雲雨，高唐夢裡，夜夜花開。霎時際、悲歡離合異，終得到天臺。若非阻隔，姿情無味，寫風流、無限在陽臺。　　薄情有兄弟，笑臉裡多藏，白刃恢諧。構起無端陷阱，海禍山災。從何處嘔出，忠肝義膽，冤伸恨白，玉潔塵埃。都是南柯枕上，點破吾儕。（南京大學中國語言文學系《全清詞》編纂研究室編：《全清詞·順康卷》第十九冊，中華書局 2002年版，第 10808 頁）

顧　彩

　　顧彩（1650～1718），字天石，號補齋，又號夢鶴居士。江南無錫人。著有《往深齋詩集》、《往深齋詞》、《辟疆園文稿》等。戲曲創作方面，與孔尚任合撰《小忽雷》傳奇，另作《南桃花扇》、《離騷譜》等。見《清詩別裁集》卷二六、《國朝詞綜》卷一七等。

【滿路花·和優童新婚戲贈】

　　溫柔親習慣，忘卻是男兒。今宵眞跨鳳，反矜持。尤雲殢雨，況

味自家知。笑流蘇動帳，紅浪翻衾。原來也復如斯。　卸殘妝、相對成癡。纖手畫眉時。鶯聲猶唱道，裊晴絲。雙雙兔走，真莫辨雄雌。戲拍郎肩語，郎便思儂，怕郎還有人思。（南京大學中國語言文學系《全清詞》編纂研究室編：《全清詞・順康卷》第十五冊，中華書局 2002 年版，第 9030 頁）

【薄倖・觀玉茗堂南柯記】

槐安宮殿，是何代帝王封建。憑空幻、南柯郡守，不隸神州赤縣。最堪思、貴主瑤芳，青槐花底迴歌扇。只半霎斜陽，一聲蟬噪，了卻三生夙願。　記從獵、龜山日，有麗賦、處士曾獻。歎如此文藻，人間埋沒，向蟻國光芒纔現。堪憐司憲。竟英雄失路，醉臥沙場空百戰。醒來酒暖，雨過槐陰綠遍。（南京大學中國語言文學系《全清詞》編纂研究室編：《全清詞・順康卷》第十五冊，中華書局 2002 年版，第 9037 頁）

查慎行

查慎行（1650～1727），字夏重，又字悔餘，號初白，海寧（今屬浙江）人。康熙四十二年（1703）進士，官編修。初受學於黃宗羲，不惑於圖書之學，有《周易玩辭集解》十卷。初白早年行役足跡半天下，其未到者秦、蜀、滇南耳。閱歷山川之勝，多見於詩。篇什之富，與帶經堂埒。年將六十，始以孝廉供奉內廷。通籍後，詩格稍變矣。著《敬業堂集》五十卷，黎洲先生嘗以比陸放翁。見《文獻徵存錄》卷二、《國朝先正事略》卷四○、《碑傳集》卷四七、《清史稿》卷四八四等。

【賀新涼・後二日將蘗广席上聽歌次前韻】

風雨重陽後。乍宵來、微雲澹月，高梧疏柳。病與樂天相伴住，消遣十常八九。更何必、櫻桃攀口。南魏北張餘音在，勝挨箏、擪笛推琵手。當此際，可無酒。　就聾雙耳聲聲透。喜主人，閉關投轄，肯教賓走。門外泥深行不得，老子狂呼小友。聽換羽、移商還又。白日催年雞催曉，問玲瓏、解唱吾歌否。拚醉倒，且濡首。（南京大學中國語言文學系《全清詞》編纂研究室編：《全清詞・順康卷》第十六冊，中華書局 2002 年版，第 9130 頁）

編者案：《詩詞卷・初編》已收查慎行，此係增補。

陳夢雷

陳夢雷（1650～1741），字則震，一字省齋，福州閩縣（今福建福州）人。康熙九年（1670）進士，選庶吉士，除編修。請假歸，適會耿精忠叛，以兵脅諸名士，繫夢雷及其父於僧寺中。夢雷託言有疸瘵疾，疾愈當起，而陰遣使間道入京師，陳賊中形狀。兵阻，不得達。有陳昉者汙賊偽命，京師皆傳以爲夢雷也。賊平，議罪。徵下詔獄，證具矣。聖祖憐之，謫戍尚陽堡。初夢雷與李光地爲同年生，相善。及難，光地亦在假，用蠟丸密疏致通顯。而夢雷方干嚴讞，無以自明，引光地爲助。光地密疏救之。夢雷不知，故怨懟憤懣，牢愁哽咽，往往詭激於文詞，雖過其實，然志足悲也。在獄作《抒哀賦》，間關塞外十餘年。聖祖東巡盛京，獻詩稱旨，召還。教習西苑，侍誠親王禁庭。奉命編輯《圖書集成》。雍正初復緣事謫戍，卒。子孫遂家遼陽。著有《周易淺述》八卷、《松鶴山房集》十六卷、《天一道人集》一百卷，節鈔者又爲《閑止書堂集》二卷。見《文獻徵存錄》卷一、《碑傳集》卷四四、《晚晴簃詩匯》卷三六等。

【勸諸生（之九）】

絃誦吾徒有雅音，優伶何事日相尋。一衿使了芸窗願，負卻天生我輩心。（《松鶴山房詩文集》詩集卷八，清康熙銅活字印本）

【贈歌者】

（其一）衣衫輕染百花香，譜就新聲欲遶梁。回首清源山上月，荔陰深處夢應長。

（其二）遼左歸來客帝京，但聞鄉語不勝情。可堪旅館孤眠日，樹底花前聽曉鶯。

得一道人曰：「然則奈何？」（《松鶴山房詩文集》詩集卷八，清康熙銅活字印本）

【元正嘉慶】外扮東方朔捧蟠桃，生扮李白捧霞觴，旦扮董雙成執玉管，小旦扮麻姑執玉樹上。

〔北新水令〕九天佳氣轉三陽，喜枝頭東風颺颺。瑞靄滿乾坤，溟海無驚浪。盛世春光，盛世春光，合人天共歡暢。

（外）絳節朱幢下玉京。（旦）欣逢萬國樂昇平。（生）霓裳譜得鈞天曲。（小旦）散入春風滿帝城。（外）吾乃漢東方朔是也。（旦）吾乃王母娘娘駕下董雙成是也。（生）吾乃唐李白是也。（小旦）吾乃麻姑是也。（外）吾與青蓮學士，共證南極散仙，董、麻二眞，皆瑤池仙侍。今日玉盧朝罷，幸會此間。當今聖主當陽，睿智聰明，聖神文武，風調雨順，玉燭常和，海晏河清，金甌一統。東扶桑，西若木，咸稱有道聖

人：北瀚海，南珠崖，皆頌太平天子。而且主器有元良之德，屏藩多旦奭之材，武緯文經，小廉大法，士農商賈，共戴堯天，動植飛潛，同瞻舜日。當此新春元旦之辰，正萬國朝宗之會，我等共駕祥雲，縱觀寰海，遙望皇居帝闕，遍歷王公邸第、市井閭閻，賞玩一番，諸真以為何如？（眾）我等亦同此意，請。

〔南步步嬌〕（合）慶新年，又是昇平象。禹甸山川廣，堯天化日長。葟挺瑤堦，露凝仙掌，賡拜睹明良。清寧合德禎符貺。

〔北折桂令〕（外、生）慶元正舊典堪詳，朝會冠裳，數漢稱唐。（外）宴建章滑稽稱觴。（生）供奉隨班，火炬千行。（合）那窮奢極侈非常，卻只是殿陛上繁華獨享，未見得人安歲穰。那如今日巍巍蕩蕩，億萬國車書享王。

〔南江兒水〕（旦、小旦）八駿崑崙後，滄溟幾作桑。代代塵凡空勞攘，為求如願敲灰堁，癡獸誰買通宵唱？今日含哺擊壤，巷舞衢歌，淳風卻出唐虞上。

（眾）我等既歷鳳樓金闕，試觀九門洞開，六街紛遝，車如流水馬如龍，真好太平景象也！

〔北鴈兒落帶得勝令〕（合）只見得掛桃符，號辟袄；只見得折松枝，稱祛恙；只見得貼門楣，頌吉祥；只見得書對偶，求財旺。又見得守戶的將軍壯，又見得啖鬼的老鍾強，又見得紙爆竹連聲放，又見得紛拜節騎車忙。輝煌！共薦屠蘇傾歲釀。芬芳！入醉鄉如蓬閬。

呀，前面朱門翠瓦，畫棟雕甍，紫氣騰騰，香雲靄靄，好個去處也！

〔南僥僥令〕（合）牙籤列縹緗，翰墨盡飄香。苴土分茅誰堪讓？對三雍，法獻王，漢劉蒼，樂善揚。

〔北收江南〕（合）呀！有那樣修德的心腸，正直又端方，立志詩書行謙讓。虛心不自放，高懷自疏暢，自有那天公福善降嘉祥。

〔南園林好〕（合）治無為，聖朝德昌；遵庭訓，聖教有方，因此上同來瞻仰。慶維城，屏翰長；慶維城，屏翰長。

我等既有緣到此，何不各留一物，以佐辛盤，且兆將來佳瑞。（外）我有度索仙桃一枚，用佐千秋之祝。（旦）我有昭華玉琯一事，用叶九如之歌。（生）我攜有滿酌流霞，用增景福。（小旦）我攜來瑤池玉樹，用頌多男。

〔沽美酒帶太平令〕（合）綺疏內，博山爐，爇異香，畫堂上，九

微燈，吐艷光。却不事椒花栢葉絳綃囊。請滿酌雲英玉漿，俺還有偓
佺松實，聊充芥薑；如瓜的火棗，異芳堪嘗。貢新詞，效枚馬遊梁；
獻鳩入，非冒邯鄲賞。羨名藩，天人共景仰。俺呵，仍遊戲碧海扶桑，
還翱翔白雲帝鄉。呀！霎時間赤城霞耀光千丈。

〔清江引〕（合）卿雲惠風呈瑞象，梅柳瑤堦放。天恩爵位崇，府
屬多佳況。翊皇圖帶礪，河山共壯。

得一道人曰：「摹寫元正景物，作一幅極妙畫圖，入俗處更饒情趣，而太平氣象
如見。至於頌禱中無非納牖，眞是撒米成珠手段也。（《松鶴山房詩文集》詩集卷九，
清康熙銅活字印本）

【八仙慶壽】

〔新水令〕（合）和風麗日滿瀛洲，望卿雲霏煙如繡。桃實貢扶桑，
瑤島靈芝茂。駕鶴驂虯，駕鶴驂虯，正當花朝前後。

（鍾）人間五福壽爲先。（李）綵絨麟書下九天。（呂）翠管歡聲傳妙拍。（何）
紅牙舊譜按新篇。（張）芝蘭綺閣飄香遠。（曹）松竹瑤堦浥翠妍。（藍）隆慶日華開
宴後。（韓）河山帶礪萬千年。（鍾）今日乃長壽星君降誕，我等奉瑤池王母之命，
同往慶祝，大家走一遭也。請！

〔步步嬌〕慶嘉辰，飲福宜春候，羯鼓催花放，邯鄲續獻鳩。露
浥蘭英，煙籠新柳，海屋唱添籌，朱幢羽蓋來相就。

來此已是壽筵前了。試看，瑞靄繽紛，祥雲靉靆。圖書滿座，席呈琬琰之光；
翰墨飄香，筆煥龍蛇之彩。積善之餘多慶，太和之氣爲春。我等既登福德之堂，宜
效岡陵之祝。況賚來閬苑奇珍、蓬萊佳醞，何不共伸忱悃，預卜禎祥。仙姑奉酒，
我等祝壽。

〔折桂令〕畫堂開錦燦霞流，雲母屏張，寶篆香幽。列芳尊玉斝
金甌。竹葉屠蘇，琥珀光浮，那麴生風味偏柔。這却是瑤池會瓊漿玉
酬，難說道千十一斗。滿斝來祝天長地久，願歲歲仙家獻酬。

〔江兒水〕桂邸平臺上，芳庖薦庶羞，鍾鳴列鼎千珍有。猩唇熊
掌駝峯厚，馨香差饜凡夫口。這是鸞膏鳳咮、蟧髓麟肝，天廚服後眞
仙偶。

〔鴈兒落帶得勝令〕更有那絳蟠桃瓊液流，更有那紫交黎實如斗，
更有那崐崘瓜玉井浮，更有那峍嵲棗凌冬茂，更有那巴郡橘藏仙叟，

更有那仙人杏種滄洲，更有那太華的如船藕，更有那萬子的水精榴。難求！德行天人方共授。相投！佐珍羞須進酒。

〔僥僥令〕祥雲擁綵斿，福曜拱樓頭。四時吉慶神靈佑。體康寧，天降休，沐皇恩，寵眷優。

〔收江南〕自古道，有德享箕疇，純嘏豈須求。載福根基在寬厚。齊眉共白首，富貴長相守。共卜岡陵山阜，算悠悠！

〔園林好〕瑟琴和蘋蘩職修，誇麟趾負荷壯猷，還共祝綿綿昌後。咏螽斯，燕翼謀，紹箕裘，難比儔。

我等慶祝既伸，應將龍管鳳笙雲璈錦瑟，一齊並奏。玉女輕舒綵袖，作霓裳之舞者。

〔沽美酒帶太平令〕響嘈嘈，奏鈞天叶妙謳；影翩翩，舞霓裳應玉璆。況恰值千紅萬紫惠風柔。請高捲珠簾上鉤，一望裏鶯簧蝶板，春光滿眸。吟風與弄月，一任遨遊。慶昇平行樂千秋。綺疏中甲煎添金獸，九微燈龍膏焚永晝。他年呵，勒崇勳鍾鼎芳流，對三雍禮明樂修，這纔稱配乾坤高明悠久。

〔清江引〕蒼松翠栢雙雙茂，玉樹千枝秀。天官降百祥，爵祿齊台斗。佐天家社稷，山河同壽。

得一道人曰：「寬厚載福一語，一篇扼要在此。雲錦陸離，敲金戛玉，無非為此句作襯語耳！乃知公劉好貨，太王好色，當道志仁者正不在迂闊也。」（清・陳夢雷：《松鶴山房詩文集》詩集卷九，清康熙銅活字印本）

編者案：《松鶴山房詩文集》詩集卷九收「雜曲」五篇，計《元正嘉慶》、《元夜新詞》、《八仙慶壽》、《月夜泛舟》、《四時行樂曲》，其中《元正嘉慶》、《八仙慶壽》應為戲曲。汪超宏曾撰文論及，見其所著《明清曲家考》，中國社會科學出版社 2006 年版，第 398 頁。《月夜泛舟》後之附錄，可資參看。曰：「松鶴老人曰：朱邸千秋賜宴，梨園樂作。王曰：八仙一曲，俗不可言。思有以易之，先生一摧思可乎？余以不習音律辭。王曰：姑勿論字之陰陽，但如填詞，平仄按譜，以付歌兒。不叶，則易一二字可耳。余不敢辭，勉效顰以應命。後未聞有所改易，究未知其叶與否，徒資識者噴飯耳！至此曲則王欲四時皆可通用，不着春夏秋冬一字，頗難措筆。及成，而一夕舟中置酌，余侍坐，奏此曲，亦未有所改也。豈此道可偶暗合耶？存之以質顧曲之周郎耳。」（《松鶴山房詩文集》詩集卷九，清康熙銅活字印本）

佟世思

佟世思（1651～1692），字儼若，一字葭沚，又字退庵，遼東漢軍旗人。官思恩知縣。其秉資穎異，才名噪於京師。韓慕廬謂其抑塞磊落之氣，一洩於詩，王漁洋謂其宗雅頌，匹三唐。著有《與梅堂集》十三卷。見《八旗詩話》、《國朝詩人徵略》卷一四、《（光緒）重修安徽通志》卷二六四、《晚晴簃詩匯》卷五〇等。

【春從天上來·步月後聽唱牡丹詞】

曲檻雲眠。看樹底飛紅，簾外輕煙。玉簫生澀，碧草生妍。夜來人在桃源。正燈前月下，調纖指、搊動冰絃。啓櫻唇，似流鶯怯冷，啼破春寒。　　為甚癡情不已，纔經着春風，斜軃香肩。吹亂遊絲，飄來梅影，可憐夢斷花前。俏心兒欲醉，蒼苔滑、幾度情牽。奈何天。怕蕊珠墮落，憔悴年年。（南京大學中國語言文學系《全清詞》編纂研究室編：《全清詞·順康卷》第十六冊，中華書局 2002 年版，第 9136 頁）

【鳳凰臺上憶吹簫·詠掌上明珠簪贈歌者桂郎】

良月鏤冰，其人勝玉，尊開萬頃澄湖。語喁喁說破，彼美而都。欲掇窟中仙桂，妝成掌上明珠。博得箇，鬢雲半卸，桃盼全酥。　　模糊。恁般識趣，卻何如究竟，究竟何如。願親親近近，遠遠疏疏。仗此大悲手眼，把一切、魔障消除。省得那，拋人腦後，又墮迷途。（南京大學中國語言文學系《全清詞》編纂研究室編：《全清詞·順康卷》第十六冊，中華書局 2002 年版，第 9145 頁）

【雙雙燕·贈歌者畢姻】

薰風乍暖，試冰簟微潮，痕生香縠。藜床斗室，春沁芙蓉小褥。但看今宵局促。怯少刻、將成雙宿。笛中細弄悠揚，親調迎仙妙曲。

怪得。移開紅燭。已枕貼嬌癡，文鴛罷浴。朦朧羞覷，喜煞其人如玉。卻詫青絲眉覆。認不出、郎才女淑。夢回色映輕綃，早又竹搖朝旭。（南京大學中國語言文學系《全清詞》編纂研究室編：《全清詞·順康卷》第十六冊，中華書局 2002 年版，第 9145 頁）

胡會恩

胡會恩（1651～1715），字孟綸，號苕山，德清（今屬浙江）人。康熙丙辰（十五年，1676）一甲二名進士，授編修。官至刑部尚書。會恩少從叔渭學，具有淵源。居官以勤慎稱。沈歸愚曰：「司寇不以詩名，然含宮咀商，天然明麗，其品自貴。」著有《清芬堂存稿》。見《清詩別裁集》卷一〇、《國朝詩人徵略》卷九、《晚晴簃詩匯》卷三七等。

【沁園春·春日游剌梅園適農部宋子招攜歌史飲花下因藉草共酌聽奏新聲三疊憪然忘歸率成小詞】

君坐花間，顧曲銜杯，恰我來斯。喜梁園詞藻，依然步屧，鳳城煙景，莫負深卮。紅豆頻拈，碧簫偷按，唱出蘇臺舊竹枝。東風軟，趁悠颺餘韻，蕩轉遊絲。　　箇人天付清姿。倩宋玉多情好護持。看凝眸斂笑，流雲綽約，迴身弄影。案：以下原缺。（張宏生主編：《全清詞·順康卷補編》第三冊，南京大學出版社 2008 年版，第 1440 頁）

王　焌

王焌（1651～？），字子千，號盤麓，又號紫詮，寶坻（今屬天津）人。諸生。歷官浙江溫、處道。著有《憶雪樓詩》。見《晚晴簃詩匯》卷五〇。

【立春前一日公讌演劇有作】

（其一）陳跡沙中篆，流光錦上梭。當場同傀儡，過眼息風波。<small>午前大風雨。</small>且盡殷勤酒，還聽宛轉歌。一年爭此夜，不必問如何。<small>立春在子時。</small>

（其二）片刻留殘臘，中宵迓早春。湖山膏沐潤，雲物靚妝新。已慰三農望，無憂百室貧。陽和稱有腳，應信到來真。（《憶雪樓詩集》卷上，清康熙三十五年王氏貞久堂刻本）

【西湖泛月移簫豐樂橋聽伶人度曲疊前韻二首】

（其一）遶湖巒嶂接層霄，倒景蒼茫映碧寥。石蘚綠痕消屐齒，徑莎翠影展裊腰。月明杳眇聽三弄，風細連娟度六么。客醉不妨橋上臥，清光相伴到明朝。

（其二）塔影玲瓏透遠霄，雲中鐵鳳響寥寥。碧蘿樵徑風迎面，紅蓼漁灣水沒腰。藏甕旋開浮桂蕊，新房細剖落荷么。重遊好趁仍圓月，莫負明朝與後朝。（《憶雪樓詩集》卷下，清康熙三十五年王氏貞久堂刻本）

【乙亥除夜同袁通政休菴史吉士蕉飲陳太定元敷蔣別駕玉樹周明府漢威布衣陳元孝陳武威吳右文藍采飲守歲羊城寓齋觀劇達曙次秦少游王仲至蘇長公元日立春韻三首以丙子立春亦在元日子時也】

（其一）珠斗遙從夜半回，六街爆竹急相催。椒觴共借新聲勸，莫遣春愁入夢來。

（其二）宦境遊踪傀儡同，合歡端賴鞠生功。蕭騷短鬢添霜雪，感歎匆匆此夜中。

（其三）唱罷鄰雞曙色寒，朝衣更試帶圍寬。史郎假滿供詩帖，好酒珠璣落筆端。（《憶雪樓詩集》卷下，清康熙三十五年王氏貞久堂刻本）

景星杓

景星杓（1652～1720），字亭北，號菊公，仁和（今浙江杭州）人。父邦鼎，字三岳，豐於財，性任俠，出資爲人排大難者三，人呼景三俠。星杓生而磊落，不拘小節。赴友難，散萬金如流水，以此家中落。已而折節讀書，葺屋城之東皋，屏妻子，獨居三十年。好蒔菊，自號菊仙。散菊種數百於城東，後人呼景氏菊。賣文爲活，義不苟取。有楊體元者流寓杭，卒後，星杓卜地葬之。元日盎無粒粟，爨薯蕷爲食而已。著有《拗堂詩集》、《山齋客談》、《蜨史》等。見《兩浙輶軒錄》卷一三、《（民國）杭州府志》卷一四八等。

【哭洪昉思三首】昉思洪君高才不偶，且以謫仙之狂，幾蹈夜郎之放。歸益潦倒，醉而沉水，時以捉月比之。憶嘗訪余於東城，誦詩啜茗，意甚歡洽，自是踪跡夐遠。沒後適遇朱慶唐，言洪君稱道余詩不置。星杓風塵濩落，有同病騎，于君抱孫陽之感，哭之以詩。以其沉於水也，故語兼楚聲焉。

（其一）宋室忠宣後，於今有一人。地靈鍾此傑，天寶寫殘春。昉思撰《長生殿》傳奇。美色恒招妬，奇才竟誤身。堪將流俗恨，灑淚訴波臣。

（其二）見訪柴荊日，吟詩爲我留。豈煩長說項，翻悔失依劉。知己千秋感，哭君雙涕流。何時把椒醑，一酹大江頭。

（其三）津口公毋渡，衝風捲夕波。騎驢寧自意，披髮柰公何。作賦投湘水，登歌賽汨羅。魂乎急歸只，浮浪蝮蛇多。（《拗堂詩集》卷五「今體詩」，清乾道蘭陔堂刻本）

【聽歌】

薄薄南妝淺淺螺，當筵促柱理雲和。香喉欲發宜停瑳，塵事徒勞且聽歌。節爲玉郎流盼誤，語憑纖指寄情多。清音不向梁間繞，繞我迴腸可奈何。（《拗堂詩集》卷八「今體詩」，清乾道蘭陵堂刻本）

王廷燦

王廷燦（1652～1720），字孝先，一字似齋，錢塘（今浙江杭州）人。康熙辛酉（二十年，1681）舉人。官崇明知縣。著有《似齋詩存》。見《兩浙輶軒錄補遺》卷二、《（嘉慶）直隸太倉州志》卷六等。

【宋大中丞憲署觀演桃花扇劇】中州侯朝宗、金陵李香及蘇崑生、柳敬亭遺事。

（其一）檻外河山照酒罇，玉簫檀板易黃昏。此身不是開元老，何故聞歌亦愴魂。

（其二）一時肝膽向夷門，文采風流今尙存。試問當年誰破壁，幾人刎頸爲王孫。

（其三）曲中又見李師師，無價珍珠自一時。不羨通侯千乘貴，丈夫寧獨在鬚眉。

（其四）笑殺當年古調亡，幼時曾讀兩生行。梅邨先生有《楚兩生行》，贈蘇、柳即用其詩爲首句。試看席上鷗絃換，何似從前玉尺量。吳詩：「羊棗分明玉尺量。」

（其五）鉤黨相傾四十年，南朝半壁死灰燃。王師飛渡長江水，舞榭猶歌《燕子箋》。（《似齋詩存》卷五「今體詩」，清刻本）

查嗣瑮

查嗣瑮（1652～1733），字德尹，號查浦，慎行弟。海寧（今屬浙江）人。康熙三十九年（1700）進士，改庶吉士，授編修，歷侍講，視學順天。性警敏，數歲即解切韻諧聲。與兄初白酬倡，斐然可觀。襆被囊琴，轍跡幾徧天下，所至與賢豪長者遊，酒肆旗亭，傳唱無虛日，海內稱「查氏兩才子」。著有《查浦詩鈔》、《音類通考》等。見《兩浙輶軒錄》卷一一、《全浙詩話》卷四四、《國朝詩人徵略》卷一八、《清史稿》卷四八四等。

【燕京雜詠（之十六）】

青紗幔底出聲遲，宮教新傳院本詞。解領聰明俱第一，春鶯初試

李師兒。（《查浦詩鈔》卷五，清刻本）

【燕京雜詠（之四十五）】

碁盤街闊淨無塵，百貨初收百戲陳。向夜月明眞似海，參差宮殿
湧金銀。（《查浦詩鈔》卷五，清刻本）

【程觀察席上戲贈歌者佳郎】

（其一）荒雞關外三千里，壞鐸車前月五更。不信殘年冰雪耳，
天涯重聽管絃聲。

（其二）沈郎官去冷歌場，虞山沈子葵擅名排場，已納粟入宦籍矣。
誰與人間續斷腸。解向何戡論舊譜，惟應宋玉在東牆。謂宋嘉升進士。

（其三）一枝花映一條冰，一串珠消一束綾。知有絕纓狂客否？
煩君滅燭更添燈。

（其四）記取臨窗筆稍停，戲將纖指劃銀屏。妬他留滯吳先輩，
教寫《多羅般若經》。時從吳震一學書。（《查浦詩鈔》卷七，清刻本）

【土戲（東汾繞罷又南原）】

（其一）東汾繞罷又南原，士女婆娑俗尙存。八缶競催天竺舞，
俄驚夔鼓震雷門。

（其二）玉簫銅管漫無聲，猶臁吹鞭大小橫。不用九枚添綽板，
邢甌擊罷越甌清。（《查浦詩鈔》卷七，清刻本）

【趙秋谷前輩代歌者王郎乞詩扇頭即送其北上】

柳花如雪漲春城，誰聽陽關第一聲？不信有心如蠟燭，替人垂淚
送人行。余未識其面，故云。（《查浦詩鈔》卷八，清刻本）

【上元夕觀燈有感（之一）】

月影燈光映幾重，春城佳氣夜溶溶。一年樂事民同賞，三日官開
印尙封。別音璧隊秧歌新姹女，北地唱秧歌，每以男妝女爲戲。攔街竹馬
舊兒童。紙糊竹馬，亦燈戲也。爲氓我願他鄉老，長傍春臺一倚笻。（《查
浦詩鈔》卷十二，清刻本）

【土戲（寒泉惻惻上弦絲）】

寒泉惻惻上弦絲，錦瑟年華嫁未遲。莫唱藍關□□曲，牆頭鄰女
淚偏垂。（《查浦詩鈔》卷十二，清刻本）

江鼎金

江鼎金（1652～？），字紫九，湖北荊門人。康熙乙丑（二十四年，1685）進士，授高苑知縣，調署博、興兩邑。素苦丁役不實，鼎金詳稽戶冊，孤寡逃絕必開除之。民有「我公減丁，願公添丁」之謠。行取刑部主事，晉郎中，尋授直隸口北道，多惠政，民利賴之。著有《問心堂詩》。見《（嘉慶）大清一統志》卷三五二、《清秘述聞》卷一一等。

【新春邀故鄉親友觀劇次蔣占五韻】

玉曆初開第一旬，清樽檀板趁芳辰。廿年風雨交稱舊，列坐團團晤喜新。久客他鄉頻念楚，服官期月竟忘秦。林泉亦有千秋業，謾道今人遜古人。（《問心堂詩》，清康熙六十年刻本）

錢肇修

錢肇修（1652～？），字石臣，錢塘（今浙江杭州）人，入籍奉天。康熙三十年（1691）進士，官至監察御史。曾知洛陽縣七載，潔己愛民。著有《逸莪集》、《前出塞集》、《杏山近草》等。見《國朝詞綜》卷一六、《全浙詩話》卷四四、《（民國）杭州府志》卷一三五等。

【法曲獻仙音・聽石壽咨絃索】

風送涼蟬，月侵朱戶，高閣漏傳初夜。何處吹來，仙音嘹喨，千片紫雲飛下。似雜坐緱山上。心神恁瀟灑。　　景堪畫。更相逢、酒朋詩侶，絃索慢、歷歷歌喉如話。卻憶玉樓人，趁簫聲、秦鳳同跨。鄉思淒然，漸難禁、珠淚盈把。看旁人盡醉，又早露凝鴛瓦。（南京大學中國語言文學系《全清詞》編纂研究室編：《全清詞・順康卷》第十四冊，中華書局 2002 年版，第 8404 頁）

劉廷璣

劉廷璣（1653～？），字玉衡，號在園，漢軍鑲紅旗人。廩生。曾任處州府知府，累陞至江西按察使，緣事降江南淮徐道。生平博學，留心風雅，所著有《葛莊詩集》、《在園雜記》行於世。宋犖謂其天真流露，襟期灑落，凡登山臨水，懷人感物，與夫籌國憂民之心，敦厚悱惻，並形於篇什。王士禎亦稱之。見《八旗詩話》、《八旗通志》卷二三九、《清詩別裁集》卷二七、《國朝詩人徵略》卷一三、《晚晴簃詩匯》卷五○等。

【摑鼓詞】

　　春光一奏柳杏妍，秋風再奏葉盤旋。明皇自製《春光好》、《秋風高》二曲。孰能上奪天公權，臨軒縱擊鼓淵淵，羣音之長推鼓先，萬物和氣賴以宣。劈空製造感聖賢，後人沿習樂便便，尋常鏗鏗雜管絃，未若今日摻摑全。中庭飲罷撤綺筵，有客解衣聳雙肩，接搥到手屢變遷，初猶散漫繼纏綿。忽驚霹靂下遙天，金戈鐵馬搗中堅，須臾簷溜雨連連，眾語嘈切滿市塵，有如長林斷續蟬，有如落盤珍珠聯。併將雙搥暫棄捐，用爪用指用老拳，最後一通更轟闐，河流入海滙百川，耳根莫辨聲萬千，墜石一聲方寂然。座客改容歎有緣，醉者以醒病者瘳。漁陽絕技誰能專，淮陰別駕三韓邊。願君之壽如偓佺，不爾其後恐失傳。別駕祖籍高麗。（《在園雜志》卷二，中華書局 2005 年版，第 69 頁）

　　編者案：《在園雜志》卷二謂：「邊桂巖別駕聲威，性癖摑鼓，尤妙《漁陽三弄》，今時無二手也。自言傳諸舊內宦，然僅得大旨耳。至摹擬盡致，皆從心會。聞其初學時，起居坐臥，飲食寤寐，惟鼓是念，每常對客兩手動搖，作摻摑狀，自亦不知也。與余同官袁浦，間一試之，窮數十刻之力，方盡其妙。予爲賦《摑鼓詞》三十二韻。嗟乎，正平後千古傳心，桂巖一人而已。桂巖亦憂失傳，思得願學者授之，而卒無一能師其藝者。眞絕技也。」（中華書局 2005 年版，第 68 頁）

宮鴻歷

　　宮鴻歷（1656～？），字友鹿，別字恕堂，江蘇泰州人。康熙丙戌（四十五年，1706）進士，改庶吉士，授編修。篤學好古，少即以聲詩鳴淮海。壯歲遊京師，時承平日久，賢公卿折節下士，被褐懷珠玉而自衒者指不勝屈。鴻歷以副憲之孫、太史之子、中丞之弟，其諸子亦俱登甲科、挂朝籍，門地清華，一時無兩。顧日掩關蕭寺，丙夜攤書，時聞拽紙聲簌簌。稍閒則騎禿尾驢，持方麴障面，與一二貧士行歌於酒市人海之間，拍手嗚嗚，亦正復了不異人。著有《恕堂詩》、《金臺紀遊》等。見《淮海英靈續集》庚集卷一、《晚晴簃詩匯》卷五七、《碑傳集補》卷八等。

【木蘭花慢·觀女劇作】

　　問珠堂絃管，今此夜，略長邪。正鼓絡青絲，箏欹鈿柱，且住爲佳。就中易撩人意，有一枝、解語錦江花。舞罷柘枝無力，知伊舊住西家。　　罘罳窗網漾晴紗。無意點鉛華。只青螺淡掃，低歌金縷，

淺拍紅牙。欲得周郎頻顧，誤移宮、換羽臉生霞。無奈鼕鼕戍鼓，教人腸斷棲鴉。（南京大學中國語言文學系《全清詞》編纂研究室編：《全清詞・順康卷》第十七冊，中華書局 2002 年版，第 9809～9810 頁）

【漁家傲・觀女劇作】

掠就青鸞雙鬢窄。乍歌金縷櫻桃劈。眉黛衣光相與碧。嬌無力。含羞強學男兒揖。　媚眼窺人波欲滴。叢鞋踏地香無跡。見慣誰知真愛惜。難再得。且拚暫醉金釵側。（南京大學中國語言文學系《全清詞》編纂研究室編：《全清詞・順康卷》第十七冊，中華書局 2002 年版，第 9816 頁）

【沁園春・上元觀影戲作】

是耶非耶，立而望之，姍姍來乎。笑錦衣玉帶，幻如蟻聚，黛蛾釵燕，嬌倩人扶。影便窺人，炎還炙手，酷肖官徒愛五銖。升沉事，對侏儒傀儡，一樣糢糊。　芳筵一笑掀鬚。正檀板、微聞間楚歈。恰斗橫參落，良宵不禁，人生仕宦，當作金吾。車馬無聲，旌旗有影，彷彿金城破敵圖。來朝事，看烽煙未息，頓許馳驅。（南京大學中國語言文學系《全清詞》編纂研究室編：《全清詞・順康卷》第十七冊，中華書局 2002 年版，第 9824 頁）

徐旭旦

徐旭旦（1656～？），字浴咸，號西泠，錢塘（今浙江杭州）人。十歲舉神童，以《燕子賦》、《榴花》七律受知當路。一充拔貢，三中副車。康親王尚善貝勒延置幕中。康熙十八年（1679）舉鴻博，旋以河督靳輔薦，監開宿遷新河三百餘里。河成，以六品服補興化知縣。聖祖南巡，召對五次，應制撰《西湖》、《金山》諸賦及《迎鑾詩》三十六章、《西湖十景》曲，援筆立就。丁母憂起，以連平知州終。著《世經堂集》三十卷。見《兩浙輶軒續錄》卷三、《（民國）杭州府志》卷一四五等。

【清平樂・荷亭聽曲】

新荷萬點。雨潤紅粧倩。一曲春鶯嬌百囀。花亦含情腼腆。　香風吹動羅衣。羽霓偷度偏低。花氣歌絲一片，月鉤初上憐伊。（南京大學中國語言文學系《全清詞》編纂研究室編：《全清詞・順康卷》第三冊，中華書局 2002 年版，第 1813 頁）

【清平樂・俞子廣淵招飲聽歌】

天開如許。燭燄紅偏吐。長倩春光來作主。聽得輕鶯初語。　　玉簫金管無涯。聲聲顫落梅花。醉後徘徊起舞，一鉤新月橫斜。（南京大學中國語言文學系《全清詞》編纂研究室編：《全清詞・順康卷》第三冊，中華書局 2002 年版，第 1814 頁）

【西江月・贈歌妓】

舞弄團團明月，歌留片片行雲。嬌羞未肯脫紅裙。背着銀缸微哂。　　亦復誰能遣此，相逢我見偏親。橫姿逸態逗香魂。漫把睡鞋兜緊。（南京大學中國語言文學系《全清詞》編纂研究室編：《全清詞・順康卷》第三冊，中華書局 2002 年版，第 1817 頁）

【臨江仙・漁壯園觀春戲和潯江太守韻】

燕剪流雲爲雨，鶯梭弱柳成煙。雙鬟好逞蔚藍天。輕蓮立畫板，纖手挽金韉。　　不是淩波蕩漾，還疑美玉翩躚。生花活鳳蹕雙肩。紅流香欲濕，裙縐肯留仙。（南京大學中國語言文學系《全清詞》編纂研究室編：《全清詞・順康卷》第三冊，中華書局 2002 年版，第 1818 頁）

編者案：《全清詞・順康卷》第三冊作「生花活鳳蹕雙屑」，似應爲「生花活鳳蹕雙肩」。

【兩同心・贈歌妓文倚】

秀色宜餐，風流徹骨。芙蓉面、笑靨盈盈，荳蔻結、羞情脉脉。最撩人，一曲清歌、偏殢狂客。　　攜手花陰雙立。悄憐低惜。梳粧巧、鬢薄春雲，閒愁積、眉彎新月。從今後、見慣司空，也應難別。（南京大學中國語言文學系《全清詞》編纂研究室編：《全清詞・順康卷》第三冊，中華書局 2002 年版，第 1825 頁）

【江城子・七夕補山園賞蓮適錦泉舍人攜家樂至即席分和】

一池秋水浸芙蓉。晚粧紅。態逾濃。並頭解語、腒腓向吾儂。驀地一番花氣馥，風過了，有無中。　　今朝乞巧女牛逢。鵲橋東。醉仙翁。好將清宴、搬入蕊珠宮。不管城頭燈火暗，吹一曲，酒千鍾。（南京大學中國語言文學系《全清詞》編纂研究室編：《全清詞・順康卷》第三冊，中華書局 2002 年版，第 1826 頁）

【金縷曲・夏夜舒嘯樓聽度曲偶賦】

夏夜天如洗。薔薇開、月華光滿，冰荷池水。共坐高樓風來處，陣陣豔香叢裡。聽響遏行雲，留只一曲新詞，歌白苧，更柔絲、濃引簫聲起。漏漸轉，入初醉。　　看來世態皆如戲。笑仕途、黃金意氣。何如玉樹皎皎，臨風依稀。覺花底秦宮堪擬。說不盡、許多事情。再進一杯貱此曲，避炎歊、河朔今無二。君且去，吾眠矣。（南京大學中國語言文學系《全清詞》編纂研究室編：《全清詞・順康卷》第三冊，中華書局2002年版，第1882頁）

編者案：《全清詞・順康卷》第三冊作「薝蔔開」，似應爲「薔蔔開」。

【十二時・贈孔東塘】

想先生，紫眉白眼，傲骨稜層長嘯。試咳吐、青雲瑤島。意氣千秋同調。遜志石門，蜚英闕里，共仰眞師表。況又是、嫡派文宗，杏壇重開，禮樂兵農皆妙。　　二十年，讀書等身，料得藜星知道。繡剪鳳凰，花生鸚鵡，賦就凌雲好。舞彩毫十丈，嚇蠻殿上醉草。

喜盛時，鶴書徵辟，天子門生原少。皋比登壇，決排行水，總國恩難報。看治河底績，金甌定枚元老。（南京大學中國語言文學系《全清詞》編纂研究室編：《全清詞・順康卷》第三冊，中華書局2002年版，第1905頁）

編者案：《全清詞・順康卷》第三冊作「總國思難報」，似應爲「總國恩難報」。

【南鄉子・伎席】

躡珠履，舞羅衣。清歌寶瑟自相依。此夜不堪腸斷絕。紅燭滅。歸去豈知還向月。楊衡、李白、駱賓王、權德輿、李順、李商隱。（張宏生主編：《全清詞・順康卷補編》第三冊，南京大學出版社2008年版，第1522頁）

編者案：此詞爲集句。「躡珠履」出自楊衡《白紵辭》，「舞羅衣」出自李白《前有樽酒行二首》之二，「清歌寶瑟自相依」出自駱賓王《帝京篇》，「此夜不堪腸斷絕」出自權德輿《秋閨月》，「紅燭滅」出自李順《絕纓歌》，「歸去豈知還向月」出自李商隱《促漏》。

吳啓元

　　吳啓元（1657～？），字青霞，安徽歙縣人。太學生。少孤，嗜學，專攻詩，好遊覽名勝，以助其超詣。不妄交人，與傅雪堂友善。雪堂顯達，位至大中丞。青霞落落，目中如無其人也。後雪堂以事戍遼左，青霞不遠五千里，走塞外慰問羈客，胸襟磊落，視世之翻雲覆雨者爲何如哉？著有《秀濯堂詩集》，時謂與程嘉燧抗行。見《清詩別裁集》卷二〇、《（乾隆）江南通志》卷一六七、《晚晴簃詩匯》卷六三等。

【醉太平·贈歌者】

　　雙眉鬮青。雙波溜人。杏黃衫子紅裙。立華堂繡裀。　　流鶯弄春。飛花散雲。當他一笑盈盈。教今生怎生。（南京大學中國語言文學系《全清詞》編纂研究室編：《全清詞·順康卷》第十八冊，中華書局 2002 年版，第 10230 頁）

【減字木蘭花·贈歌者】

　　龍泉寺角。拖地絲絲煙柳弱。十里荷香。愛打銀塘鳥一雙。　　今朝重會。小院芭蕉秋雨碎。莫作秦聲。此曲凄涼不耐聽。（南京大學中國語言文學系《全清詞》編纂研究室編：《全清詞·順康卷》第十八冊，中華書局 2002 年版，第 10232 頁）

【傳言玉女·戊子元夜人傳女優孟病甚戲填此】

　　一片清光，照見萬家簾幌。玉人何處，自形單影各。愁裏病裏，有甚心情絃索。憐他憔悴，替他愁著。　　錦繡春光，好韶華、又過卻。踏燈時節，這凄涼院落。輕羅薄衫，甚日酒痕重閣，休教相見，那回還莫。（南京大學中國語言文學系《全清詞》編纂研究室編：《全清詞·順康卷》第十八冊，中華書局 2002 年版，第 10240 頁）

【東風第一枝·席上觀劇贈歌者沈子夒】

　　皎若春冰，淡如秋水，何時謫向塵界。方疑侍宴瑤清，還擬弄珠瓊海。鸞群鶴侶，強判作、蜂支蝶派。自生來、愛撇銀箏，鎮日孤吟無賴。　　是一片、閒雲天外。眞一箇、流鶯柳內。悄然處，驀生愁，沒心情，都是態。風酸雪緊，梅花瘦、休教冷壞。問錦筵、甚日重開，定索那人歌再。（南京大學中國語言文學系《全清詞》編纂研究室編：《全清詞·順康卷》第十八冊，中華書局 2002 年版，第 10244 頁）

龔翔麟

龔翔麟（1658～1733），字天石，更字蘅圃，浙江仁和（今浙江杭州）人。康熙二十年（1681）副貢。官工部主事，擢監察御史，號敢言。以文章名，所爲詩出入六代三唐，歸宿蘇氏。自少即與秀水李良年、朱彝尊、李符，平湖沈日曅、沈岸登齊稱，號「浙西六家」。著有《紅藕莊詞》三卷、《田居詩稿》十卷等。見《（雍正）浙江通志》卷一七八、《國朝詞綜》卷一五、《清史稿》卷二八二、《（民國）杭州府志》卷一四五等。

【摸魚子・高謖園座上贈歌者】

厭朝朝、輕衫細馬，鞭絲帽影塵土。匆匆不料逢吳客，一笑渾忘羈旅。深院宇。正滿徑吹香、半樹桃含雨。紅牙未度。見蛾約修眉，螺盤小髻，錯認是番女。　　氍毹上，葉子晴窗同睹。未燒花下雙炬。青猼懊惱催歸驟，不共吟邊清醑。眞箇去。空惹得、菰村曼士塡長句。重來記取。是蟾魄將圓，茶煙未歇，鈿檻卷簾處。（南京大學中國語言文學系《全清詞》編纂研究室編：《全清詞・順康卷》第十七冊，中華書局 2002 年版，第 10169 頁）

陳大章

陳大章（1659～1727），字仲夒，號雨山，黃岡（今屬湖北）人。康熙戊辰（二十七年，1688）進士，改庶吉士，以母老乞歸。有《玉照亭詩鈔》、《軥輈》、《敝帚》等集。通毛詩，用功頗深，作《詩傳名物輯覽》十二卷，是書本百卷，凡三易稿而後成。見《文獻徵存錄》卷六、《國朝詩人徵略》卷一五、《湖北詩徵傳略》卷一六、《清文獻通考》卷二一三等。

【臺城】

國勢民心急倒懸，久知無力可回天。千秋碧血梅花嶺，一部新聲《燕子箋》。黃鵠紫雲多故事，銅駝石馬記流年。空餘萬樹臺城柳，長伴春風泣杜鵑。（《玉照亭詩鈔》卷十六「秋蓬集上」，清乾隆九年陳師晉刻本）

編者案：《詩詞卷・初編》已收陳大章，此係增補。

吳貫勉

吳貫勉，生卒年不詳。字尊五，號秋屛，祖籍安徽歙縣，流寓金陵。諸生。

著有《秋屏詞》二卷、《江花晚唱》一卷等。見《國朝詞綜》卷一八、《變雅堂遺集》文集卷五等。

【八聲甘州‧春夜書局聽吳人度曲歸來又值秋矣悵然有作】

記年時聽曲海棠邊，涼月過樓陰。甚孤雲遊倦，人隨愁老，怨與春深，竹屋苔荒闌鎖，客裏短長吟。鶴去天風冷，何處招尋。　　不怪空江浪湧，怪松窗夜半，剪燭搥琴。料高山流水，難覓是知音。忽無端、單衾薦爽，又無端、夢到舊園林。煙波外、千帆遙掛，片片秋心。（南京大學中國語言文學系《全清詞》編纂研究室編：《全清詞‧順康卷》第十七冊，中華書局 2002 年版，第 10068 頁）

陳汝楫

陳汝楫（？～1731），字季方，號需齋，亦號初心居士，江蘇常熟人。生活於康熙、雍正間。著有《賞詩閣詩集》、《賞詩閣文集》、《賞詩閣詩餘》。見《全清詞‧順康卷》第十八冊、《清人別集總目》等。

【洞仙歌‧聞歌】

鶯鶯燕燕，向風前爭囀。彈舌分明春碎翦。惹風懷，便篋裏黃金賤，爭索與、花鳥禽蟲同玩。　　隔牆拋盞後，輕按陽關，玉連環櫻桃破點。料楚楚芳年尚淺，聲前句後，有無窮離怨。只如今、到處是吳音，恨觸我鄉思，奈何空喚。（南京大學中國語言文學系《全清詞》編纂研究室編：《全清詞‧順康卷》第十八冊，中華書局 2002 年版，第 10294 頁）

【木蘭花慢‧夜聞琵琶】

迢迢清夜永，誰獨自，在高樓。知一片幽思，未曾動撥，先蹙眉頭。地是皇州。豈花月、勾闌尚與遊。滿把風沙如此，羨伊本領非猶。　　凝眸。有幾斛離愁。妮妮語難休。他八月良宵，羌盤貂炙，嘈雜間歌喉。似此輕攏慢點，盡泛出、琴音對凜秋。露滴蘆花成淚，不須江上扁舟。（南京大學中國語言文學系《全清詞》編纂研究室編：《全清詞‧順康卷》第十八冊，中華書局 2002 年版，第 10295 頁）

胡　榮

胡榮，生卒年不詳。字志仁，號容安，浙江錢塘（今浙江杭州）人。工詩。

朱彝尊曰：「五排在諸體中別有氣韻，最難擅場，今讀容安所作，工麗流逸，老眼爲之一明。」七言如「輕風幽韻敲青竹，落月殘光點碧苔」，「千村樹影當窗出，一鏡湖光到檻浮」，「爲愛孤山不辭冷，忽來疏雨未嫌狂」，「堤沉水底煙初障，寺隱湖南山欲屏」，亦皆可採也。著有《容安詩草》。見《兩浙輶軒續錄》卷二。

【風中柳・贈歌姬張友蘭】

　　董氏妖嬈，斷是再生重遇。覷芳姿，巫雲峽雨。曲欄攜手，莫教仙飛去。惹多情、秋波斜注。　　親捧金尊，笑唱後庭玉樹。轉香喉，滾盤珠露。臨風舞柳，勝當年張緒。總拚個、玉山頹住。（南京大學中國語言文學系《全清詞》編纂研究室編：《全清詞・順康卷》第十八冊，中華書局 2002 年版，第 10315 頁）

【虞美人・贈歌姬青蓮】

三晉臨邑多官妓。立春前十數日，選聲技之精者約三十餘人，日供署宴，名曰迎春，祈年豐也。內得一最尤者，名青蓮，聲技角於眾。每多羞澀態，然頗會人意。予目知其非風塵中人也。後未及月，聞斂容以避跡，因爲口占一詞以誌之。

　　歌聯舞串琵琶曲。粉隊人如玉。紫雲偏繫杜郎情。怪你有懷含笑、欲傾城。　　錦綳繡簇紅裙襞。纖步雙纏窄。強顏歡送恁甘心。漫說章臺個個、戀黃金。（張宏生主編：《全清詞・順康卷補編》第三冊，南京大學出版社 2008 年版，第 1808 頁）

　　編者案：《詩詞卷・初編》已收胡榮，此係增補。

丁　介

　　丁介，生卒年不詳。字于石，號歐冶，浙江仁和（今浙江杭州）人。著有《問鸝詞》一卷。見《八千卷樓書目》卷二〇、《國朝詞綜》卷一二等。

【摸魚兒・元宵集霞綺堂聽曲】

　　照清宵、滿街燈火，誰家競奏簫鼓。西園才子乘春興，邀取盈盈嬌女。杯未舉。且聽卻珠歌，字字如鶯語。春風欲度。儘梅妒紅妝，柳舒青眼，明月映朱戶。　　偏多誤。不管周郎頻顧。暗中惱亂情緒。銅壺滴盡天休曉，待把幽懷深訴。愁間阻。須信道、萍蹤絮影渾無主。重逢何處。怕夢隔巫雲，淚凝湘竹，花落又春暮。（南京大學中國語言文學系《全清詞》編纂研究室編：《全清詞・順康卷》第十八冊，中華書局 2002 年版，第 10356 頁）